瞿沐學　主編

建川博物館藏侵華日軍日記

第五册

國家圖書館出版社

第五冊目録

新羅實藏日記

一九四〇年

平井正男日记

一九四〇年

一九四一年

平井正男家書

四月一日 いよく今日から四月だ。始り今日から三年生になった。
今日は晴天のいい日だ。あまりよいから雨にでもなればよいがと思ふ位
昨晩はおそく迄かゝってすゞ師への返事を一通かいておいた。[illegible]
ぐっすりと一晩中ねてうすぐらい六時半起きて床をかたづけて居る。今日から平
時日課になった。総教師へ集合して点呼をすまし馬の手入れにいく
シャツ一枚でかけてゐる作業はよい気持だ。帰って顔を洗い朝食を食了
をすます。演習開始は九時からで会館で印下だ。会了から演習迄が少し長くなっ
たからゆっくり新聞を読んだ。梅田からの手紙をうけとってよんで
居た。午后から兵部の広場へ隊の者全部集まる。聯隊長殿の月例
の精神訓話があった。久し振りにお話を聞いた。衛生についてマラリアについてかーらん
あとに病気にならん様にと又其他去年の様子を生かして帰って
からやら馬の手入れがあったが今日から夕方の体操が始まったので、名が
呼ばれた。俺も水をはりて居る。馬の室へ集って話を聞いたり

2

馬の毛を刈して実地につけて見たりした草原の上で坐って休んだり芝刈
かみつたりして午前中は過って帰った。暑い日になった。昼めしだ
午后は雑務の手入れ。医務所に書をすっかりかいてすいたり汗かいたのは洗ったりした
俺は洗われのがなかったので昨日の手紙の返了をかいた。満支、久大、福田、
つるへと四通かいた。枕木はすっかりをぬっておいた。やっと昨日の返事をかいた、
別れたかった見方が十分思い探しにはかけない。四時近かった。そして馬の手入れに
出かけた。ぬるい春の日馬にぬめるを入れたりえさをやったりして片付けて兵舎へ帰る
今夜は活動を見に行く日なのだ。私たちも行こうくと云ふので一しよに行って見ることに
なった。行きは八時の点呼になると帰りかけ家くことに一寸めてそれで一寸まてよう
兵ぬははみらんから知らないのだがそれのの映画は一つん見てすぐたいと思って
と行ことにした。今度行かけるのだ。暑いから帰りしようかろうと思ふ
久し振りに富士が蔵しなどのを新酒は「日本の鬼」(夕暮イ)しただ、よかろう。楽しみにして
出かける。子供に久し振りで行く探すのだ。又ゆっくり明日かこう)

四月一日 ……

P46

1

映画「日本の魂」のあらまし

夫に死に別れた妻は先妻の子文吉と自分の子孝次とを育てゝ居たが夫の弟も妻に死別し其の子静子との二人ぐらしで子供たちは仲よくして居たが静子の父も又急死したので文吉と孝次の母は静子も引取って三人の子をつれて看護婦の友人をたよりに東京へ行った亡き夫の約束で子供らを強い立派な子供に仕上げやうとして、はるばる東京に来てたよりにした友人は昨年死んで今は居ずがつかりして其の夫の家へ厄介になってゐたが其の男が一しよになろうと言ってくどきいやなら出て行けと言ふ

途方に暮れたがしっかりした子供らに力を得て決然その友人の男の家を出て一軒の家を借り三人の子供を学校へやり育てゝ行くことにになった 母はせうらを売らし働き母は看護婦をして通って負けずに寝食を忘れて働いた 子供らも母を助けせうらを作ったりどんなまづい物でも小言を言はずに一家は明るく仲よく暮して居たそして十年立った 兄文吉は大学を卒業して会社につとめ．弟はもう三月に大学を卒業する事になり 静子は音楽学校を之れも卒業する近くなった それでも三人の子の母は 子供らだ どうぞ子供ら三人で働いて母上を楽にさせたいから隠居

新興映画

主演　母 秋　浦辺粂子

兄 文吉　河津清三郎

弟 孝次　舞井 実

娘 しづ子　山路ふみ子

を止めて欲しいと女の人たちが　母は「私は死ぬ迄は[illegible]の先頭に立って子供達

進めし生命をかけたい　働けば体だ楽いんだよ　とつけ　もったいないと言って　きかなかった

そして一家四人は朗らかに仲よく暮して居たが　静子も可愛い娘になり　兄は静子を

愛していた　所が静子は中の兄　孝次を愛し　孝次も又　静子を愛して居た　それを兄

の文吉は知らずに母に静子と結婚せよと言はれ　私は異存はないと言って　よろこんだが

弟に相談をした所　それはよかろうと言って賛成をしたが　心には　がっかりしたのだ

毎年一回　母の念願の道路が通った時に　うれしかったことを　記念するために　お母さんの日し

として家中揃って当時ひどい貧乏をして居たのを思い出し　大根をたいて当時の

苦しかったことを思い出して母に感謝をしておるのだ

母としては自分の産みの子　孝次よりも　義理の先妻の子　文吉を幸福にしてやりたし

静子と結婚する様に話したが　文吉はよろこんでも　孝次　静子は困るのだった

それからは家の中も急に暗くなって　孝次は毎夜の様に大酒をのんで　夜おそく

帰る様になった　苦しい思いを母にも兄にも言えないのだ　そして静子に兄さんが君を

妻となる人と結婚したと言ったが静子は喜べるわけなかった

こうして一家はなんとなくいんきな家となってしまったばかりだ。そして或日のこと兄の名は

弟の友人の家で弟と友人の妹との話を立ちぎいして 弟と静子とが愛し合っていることを

知って決心 無断書きおきを残して大陸へ 支那へ そして宣撫班となって苦しんでいる

人民や家のない子供にあたたかい手を伸して救っていた。文彦の家出を知った母や弟静子

の驚きは又格別なもので皆泣けた それから暫くして又静子が 兄夫の後を追って支那

へ行きます。兄を探しにとかきおきを残して支那へ去った 度重なる驚きに涙もあらた

なった所へ又三度目の驚き それは府次への赤紙 兄弟全部なくなった こうして母一人を残し

て三人は支那へ来た 母は一人淋しく三人の子供の幸を拝んで座って泣いていたが

一方支那では兄の名が宣撫班となって活躍をしている 小さい子供らを集めて

話をしたりしろじに赤く日の丸をかいて あの美しい日本の旗と歌を教えたりして

生き甲斐のある生活をしておった 或夜友人たちとまつりに行きビールをのんでおった

所カフェーの舞台に歌っていた日本の女を見た それが「日本」で忘れたことのない

1249

静子であるとは 女の兵の方面へ出発しなければならないので 友人の従軍記者
に言づけをして別れた 若い従軍記者は静子を舞台裏へ訪ねて 今貴女の歌
を文吉君と一しょに聞いてゐたと言った時の静子の驚き はるばる文吉兄を探しに
来て今はすでに出発したと聞き 驚き又悲しみ泣いた そして言づけの手紙を
見たがそれには ただ「お前は何故こんな所へ来たか」としかかいてなかった 静の心も知
らずにと思ふと男の仕打ちに泣けてくる なさけなかった
其の後文吉はトラックにのって 全隊以下井名あまりの兵と一しょに宣撫班の友人三人とつつ
前線へ進軍してゐたが 途中トラックに故障が出来て日は暮れるし なまらないので止むなく
一軒の家を探してここに兵隊と共に一夜をすることになったが 夜の敵の襲撃 夜襲に
会って勇敢に応戦した サイワイ 火を吐く 炎はものすごく 味方を倒して行った
そして夜が明けた時には 文吉一人となった「あゝ夜が明けた 助かる」と言って叫んだ時
ねてゐると思った田原友が ことごとく戦死してゐることを知り 始めて自分も負傷がある
ことに気がついて そのまゝバッタリ倒れて失った そこへ増援に来た部隊の中に慰問した

1250

5.

弟の孝次は来た　そして戦死した兄を見た時の驚き悲しみ．たゞ涙のみであった．
全部火葬にし「宣撫班 荻原文夫戦死の跡」の墓標を立て、一同は次の戦いに向い 広場に休んでゐる時 静子の両手を取り合って喜んだ 兄の遺髪を真中に 二人で久し振りに 二人一しょになれたのだと 泣いて手を取り合ったが 二人の母の不安なけはもの言はぬ かたみの髪だけなった．孝次は言った「俺は次のはげしい戦斗にはどうなるか分らないらしい お前は兄さんの髪をもってお母さんの所へ帰ってくれ」と言った「私はどうすればよいのです」と
静子は泣いたが 出発だ 別れくになった．静子は兄の遺髪をもって 船の上に居た 内地へ帰るのだ 船長が言った 誰しも故郷は恋しい あんたは若い 早く帰ってお母さんの所へ行きなさい
お母さんは何でもよく知ってゐるのだから」と．
内地へ帰ってすぐ母を 赤十字病院へ訪ねた 派出係になって働いてゐたのだ、
文夫の戦死をきいた母の驚き悲しみ 二人手をとり合って泣いた あまりの驚きに気の狂った
母は 病院の生垣の上に 休んでゐる白衣の勇士を指さして「あれく あそこに たしかに 文夫が
居る」と口走ってゐた 進軍又進軍 孝次の勇士…涙を頬にぼゞ下ら 静子は泣いてゐた
とはう

上

四月二日 風雨 暴風雨の様な日となった 雨は少ないがひどい日だ

昨日は夕食後すぐに浅草を見に連れて貰った 松本、伊藤、榛木、中村と今度で六人いった 皆で四人あまり、バスをまってるたが外の隊の者も大勢だ バスへのるのに大さわぎ走り廻って漸くのった 浅草へはいって東亜劇場へはいった もう満員で一パイだ むせて汗みどろになった この小屋へは二回目だ 二八年頃に歌劇団が来て見に来たことがある それから今度は兵士をがまんした 見て居る内に一パイだ 二階へは大人(タイジン)たちや日本軍人の男 日本の着物を着た女たちが来てゆく 三四人も来ただろう 美しいのも少々あり大していゝ こいう歌ばかりだ それだけで日本の女だと思ふと悪いことない 春の夜のこしを着て居た 電気がつかず 始まるのはおそく 七時半頃になった 松本、山口と三人一しょに行く 帰りかけ見るた 「宮本武蔵」と「日本の魂」 二つで中々面白いこんな所で見て居るとはかくも思へはなった トモエ座で見て居る様な気がした 日本の魂はとてもよく何回泣いた 又あとから わけをかいて話をしてゆかう トーキーもよくゆかう 一寸嬉しよかった 十時後に終って外へ出たら 何と雨が ジャジャ降って居る 四五人一しょに歩いて

P47

朝から（？）まつくらな雨はどしどしふつてぬれるし 外とさしあればよいが何もない
読めばすぐぬれた ねてしまつてから流れる服がぬれてしや分沢たくはり 今すぐからは雨かふかもし
朝も雪が（？）へ流れる遊び場にして帰ると 十時頃に兵舎へ帰つた 翌日すつかりぬれてる
るさい 裸になってシャツを干した 一晩ついてたが 洗濯はよかったが 雨でひどい目に会った
すんだが今朝はわれわれの団長も字で雨風の中を馬の手入れにいく 従兵会了をして
服を火でかわかした 九時から三中隊の廐兵舎で火の番があつた 十時終つて帰り 日記
をかいて居る 今日は天気が明日は休みだろう 天気の都合で休めない それも仕方がない
夜になつたら雨も止みたくなる どうかして今夜は降らないで居て呉れ 昨夜の様に降
られたらぬれた衣類をたいて 身体をけいこさし 昨夜のシャツを着なければならない 衣類が
足りないのはさびしいのに引に引のしたしでおり だけど 雨は止んだらしいが 風は
よく言つてやる タオルをかぶつて休んでみる 寒いし 昨夜の洗濯のまわしをかい
た よく穴をふさぐ 今度来る時見せてやれ よかつたな
洗濯をして 身体をけいこし（？）雑談で よんだ 一所にしたいが させてくれるか

四月二日に 一時書

良夫

ま へ

1

四月三日晴天 寒かったが午后は割にあたゝかい日になった
昨日は工場の者は午后休みだと思って居たら午後に出掛ればならず
寒い中を昨夜の倶楽部で忘れたニッポン・タイムスを読んでおいた 雨は止んだが
中々寒い 一時半から銃廠へ行って タニの手入れをした そして三時頃に帰って来た
工場の用意をしてあって サンデー毎日 お茶の昨日来たのを読んで居た すっかり
よみ終って少し眠くなったので ごろりとし 四時起きて 出発の支度をした
病院に交代した 今日は当直係りだ 当直は楽だが 一時間毎に当直を
交代しなければならない 相当疲れる 火をおこして あたってゐた 中々寒い
夕食をあげて来たゞろ トン汁にねぎの白いのが沢山はいってゐるので
中々おいしい 夜になる 寒くて風も中々きつい 当番者はフルエテ居た
時々降って雨が降ってゐた外 止んで まつくらな暗夜になった 夕時頃に来た
星の中へはいりこんで 病人ほどになったりして 夜中になったら 雲が流れて
星が出た 風も少しなった 十時半から二時半迄 起きて部の二時半迄起きてゐた

949

うすぐらい起床らっぱが鳴る、点呼をとって顔を洗いにいく　めしを取りに
いった　せりを入れたみそ汁でいいにほいがしておいしかった
日が出て寒いのもすっかりいったんが　隊では蚊の予防で池のみずをうめてる
マラリア予防のためだ、歩哨の交代をしてるん　夜なぞ　まぐろのブツ切りに十本を、
ないなれの　又すがすがしい気になって　空爆用の一つの様が、次々おりて来て一列に並んで
とまった　新しい愛国機だ　スマートな形だ　航空用のヒコーキも来着し　今日は飛行
場は大にぎわいだ　幾部長の帽子を見て早く懐かしい　飛行機の近くへ行った
なりしている　午后　師団長で　神武天皇祭記念は菓子の角がある　うすい服部が
来た　役務団に来た　午后も終って　土曜半に交代して点呼へ行ったが給品にすぐ
五日から二十七日まで海七句で、頭　皆と一緒に　南の土が史海をかしで、よばれて
よい気持になって　点呼　イワシの天ぷらにしただ、一眼く目を手紙をかいて　いい気持
になったのだ　字を思い出すのにかけない　骨が折れる。風呂は[illegible]すぐにはいった
していた総つ　外はもう明るい、米をとって点呼　一ゆうしかつ雑誌でいよんで

四月三日午后七時[illegible]

四月四日 晴 よい天気になつた 少し風はあるが あたゝかい
昨夕は久方の休みで雑誌をよんで居たが 一つをよみかねてゐたらとてもねむたくなつてたまらないので そのまゝねて寝たら どうだぐつすりねこんで 失って目をあいたら朝になつてゐた 昨夕の七時頃からねて 六時迄一ぺんに よくねてゐたのだ
一昼夜の工兵さんは 寝不足だ——相当なものだつた 睡眠をとつて
馬やへ手入れに行く 朝の内は一寸寒さが日が上るにつれて めづらしい暑かつた
帰て鞍を洗て 朝めしをたべる 九時迄 雑誌をよんでゐて居た
今日は馬の手入れだ 徳馬の手入れ以外の者は 土工作業や外のことにいつた 馬を日なたへ出して 水でたてがみや尾の毛を自分で洗つ
鞍を洗たり 馬の体をふいてこすつたりして居た 手が冷い 馬の体全部洗ふことは風を引くかも知れないとのことだつた こすつてやくはこれは
寒くても体にきれいにはなるものだ 庭に帰たのは一時迄 ねて又日の寒さを
よんだりした 午后も手入れで検査があつた 鞍を洗て 油をぬり又馬体を

951

イモン袋（梅ぼし一、おつまみホテト一、仁丹一、かつをでんぶ一、ちり紙一（加悦町奥丈番通）

（ようかん一、中内野菜煮一、ゆであずき一、仁丹一、マスク一、手拭一、ちり紙一、張などう）

京都府加佐郡加悦町加悦下町 細見真弘 大江道太郎 から

来た。しかし四時頃検査がはじまった。階級、年令、氏名を尋ねられるので

俺の番も直ぐなるなだ、あまたゆっくりと待っておりが、検査が終ったので

ゆかうを入れて身体をくわしく調べて来た。イモン袋が来て居た。くじびきで

しゅけた。一人三つづつ。あけて見た。大へん好いことはないが、まあ普通だ。

おれのはハワイからので、アメリカ製のホンプドーの缶詰、梅伯の大きな、もみ、探山銀

りにしてはいってゐた。外にもまで見せたら梅の缶詰だと言ってゐた。俺達は今

まで、外の者にもおやつをおすそわけしたのかあるが、俺のは京都府の人からだ。

手紙も入ってゐたのが嬉しかった。封筒は梅田さん、手紙は久史と桑原一男

さん。一つは保ちゃん等で、あちこち見ておるくと曇／行くと思ふ

ならみの人で紙は少しのにやら大きなもんだ。くじをひいてあけて見たら、それが

一つで、俺のは何か言って中々にでかい。今一つ出してかたなるが大きく

のハワイからのリビーズと言ふ人の缶詰がでた。珍らしいのもたいしてみた。ホンプドーと

いった物だ。送ってもらはなければならんが、明日は休みだから今日は止めようと思ってゐる

四日 午后七時

952

四月五日 晴 今日は又別に寒い日だ 風もきつい 一冬の朝の様だった
今日は休み 外出も出来る 点呼 体操をして 馬の運動に出た 馬場で走っ
たく 少々危く落ちそうになったが 大丈夫だった 馬にのるのはよいものだ
帰って顔を洗い 食事をする 遊びに行く者は出て行く 静かになる
レコードをかけてみるもの、歌 浪花節 万才 等、床をとってねる レコードを聞き下
ど、そして昨日の手紙の返事をかいておいた きいちゃんに一通 りかに三枚と。
イモン袋の礼状を二通かいておいた 昼寝し すやすやと軽いいびきをたててねる
昨日来た ガンバレ! 週刊朝日をよんでいた 夕方 食事をして、イモン袋の
かめを切ってたべる 午後は そのまゝねころんでいた 雑誌をよんでいた。外は上天気だ
が室の中はじめじめと寒い、雑誌をよんでいた レコードが聞こえて来る
南京の夜の町はよい レコードに合して歌っていた クーニャンの歌だ
風呂へいこうと杉本とねころがって 風呂へ 誘って一眠りしていたが 又ぼつぼつ
ほてる体をふとんの中へもぐって雑誌を見ていた とうとう一日中寝ていた

953

6

雑誌も沢山よんだ　富士下とうとうよみ切つて失つたで　例によつて少々すの
切無沙汰な雑誌をかつて見た　少々手も沢山あるし　一週りかゝつて見やうと思つてゐれ
ので、十三枚かいた　馬の手入れだ　四時頃散歩へいつて　わらびを採れたりさうさをやつ
たりして帰つて来たよい運動だ　外出者もぼつぼつ帰つて来る　皆随分かけて大して持つて
めがいほ明と頭のに出た　下ジムの横になつて十日以上たつた　俺が病院では一週間しかあら
れない、水谷が帰つて来たので　これをそへて山口と二人、植木と三人、中西と四人、俺一人さうし
の写真をいろいろとつた　うまくうつてゐたら君の方へ送つてやらうと思つてゐる。水谷は中々
うまいから　よからうと思ふ。が林檎ならば山口　佐藤と四人　買つて食つたさうしたものを
水をうつ（冷水鏡）幸せだ　これ俺の　めんこい。これがいいねぎ水だらう等を寝台の上へ　一パイにかう
べてみたが　西か東からか佐オヤがいい　四人で大オ水をつくつたのんだ　いゝ気持に飾つた者に甘い
もの、福しんづけ　これ等からいのとごつちやくで口の中があまたるくなつた　歌をうたつた
そして　晩めしにちやんぽんでゐた　牛乳もよくのまれてゐたら　そこではない　こうして安静
になつた。上安静をすまして　山口と遊んだ　あーもゆつくりになつてゐた　すゝめた

四月五日　潮

良夫

青へ

P54

四月六日晴 例によって朝の内は寒かったが あたたかい日になった
昨夜はよい気げんになってぐっすりねた 変な夢ばかり見て
うすら寒い中を朝の点呼に出ていく 体操をして皆が揃った所で
点呼をとって 馬の手入れに出かけて行く 例によって手入れをして帰る
諭を読んで本をよんでゐた 朝めしだ 福神漬を出してたべた
今朝は「上海陸戦隊」と云ふ本を借りたのでよんで見た 中々面白
い 一生懸命によんでゐた 九時から初めて軍記教練にいく
十二時昼休に出かけ 今日迄 四ヶ月目であった。
銃剣をもって馬場へ出て行った 各隊毎に教練が開始される
一寸寒くはないのでオサシくとせっせとやったのは丁度よいかげんだ
一時昼しばらくやってから ネズミと猫の遊戯をやった 皆いでした
あそびなどゆっくり言って一寸遊び止めて帰る 十時まで 最近は
工夫の余 例のけいこでぬりて 自由に本をよんでけいこをした

P55

2

No.

昼飯やまを甘酒のたんしで丈夫にかいて食べてもらった
松本が今朝本部へ出頭しにいくことになった夜だけは出るのだが
何度も呼んでみたが午後の駅に帰る午后は二人で以前の馬の
出張所があるので下流で主人のをよりめたため手入れた所前で二匹を
ていねいに手入れをした外の杭へつないで検査を受けた幹部の人々
がていねいに調べられる。代手入れ、資産等を、借り合って見ておた
五時頃に失去か結果は夕兵の兵舎みな乱れと言ふことになり手入れにつて
各班よりあつまる愛馬をかけたのだ。ま、急合たる次の馬が出るおに何るか
手入れ終えて わらを取りに行って帰る 夕食づけをなつはりたのだ。ともう
まじこの頃は いくらたべても 腹がへって よくなるのだろう 昨日の残りの
牛乳を出しとコップに二杯ぐらいのんだらおちつき 本当によいあんばいに許ってやる
夕食をすまして一時間ほどかいて兵隊は上海陸戦隊を
よんで無法な人々を取り締って自分を出そうと思っておる文明的に
六日午后

956

3

No.

四月七日 晴 久振りに青空、ぬくい よい日になった
点呼、体操をして馬の手入れに行った。今日はぬくかった
手入れをして帰った顔を洗って掃除づけ食事をして一服して
側のりう手をかき出した九時迄に十枚かいておいた。雑法をよせた
一時休んでりう手を書くことにした。九時から馬の手入れにいく、昨日中十五等
に通った中西の馬を午前中かえて手入れをすることになった、そう云は十二
番目だった話合だが仕方がない 中西と二人で ぬくいので外へ出して水で
足けんを付けて洗ふ 一寸前の足は汚なかった 首、尾、足迄等大分洗った
出て所に出しておいかれて帯にて眠ってみた。かれてから手入れをして
して居たなる。今日は午後二時から職隊の検査なのだ。昨日十二頭の
四五頭をよりわけ其の中に中西の馬が入選したのだ。職隊へ出ては
通らないだろうがそれでも一生けんめいに手入れをしておいた。夜に帰って
午後の作業一時迄 食事をして側によってりう手をかく 十文故かいた

957

4

大体護田をえんのうすい人を除いて大方かりた 外はあたゝかい
風もなく暖い午后は一時から馬やの北の広場へ集って増田中尉殿
の馬の話があった 今日は愛馬の日で内地では全国一斉にいろいろの催し物
があるそうだ 青く芽も出かけた草の上へ腰をおろして話をきいた
其の馬が種付が始まって知らせにきて一同見学にいく 井上部隊長殿 副官隊
長殿其他沢山の方々が個室に種付された後又々中西の馬が獣隊二十
五頭の中で入選した事がわかって大変よろこんだ そうして五時から馬場の西へ今度
作られた陣歿軍馬の墓（其の墓地）が出来た 竹矢来をめぐらし今日には
しんがの門を作られ墓標が沢山立ててある 一同拝礼して帰った
手入れをして兵舎へ帰った 夕食だ 昼は もし汁だんご 夕食は野菜の天
ぷらだ それに酒も出る位あてほうりと甘い十枚ばかりの給（配）
消燈の後 かたもし焼了から帰る 一しよにいろいろかしは豆をたべて話もし
ておたいうち十枚位かうたかれが又明日にすることにした 今は寝る ゆる

七・一九 九州手町

958

四月八日晴. 本当にあたゝかい春らしい日になった 体ものび〱とする様だ.
夜もおそく迄起きて行くのでねむい 今朝もよくねたのにねむかった
点呼をすまし体操をして馬の手入をしたら もう冬服が暑くて仕方なくなった
なにともいへない陽気だ 春かすみだ 遠い山はぼんやりとかすんで居る
手入れをすまして兵舎へ帰って顔を洗って食事をする. 一服してから手紙を
かく 数枚しかかけず 間もなく九時から 演習だ 俺達はガスの資料で
三中隊の室兵舎へ行った 外の者は大砲を引く演習に出てしまった のんびり
とうとう今日あたり気晴り馬にのってねるのは申し分がないだらう
俺達はガスの資料を受けてゐた ガスのすいから遠い山がうすく
かすんでゐる 煙も青白くたなびいてゐた 春だ、 夜になって兵舎へ帰る
食事をした. 今日も卵やきの大きなの一つとほうれんそうのしたしだ. とても
おいしい. 昨日の夕食には ふかすを二つづゝ貰ったり 中々御馳走ばかりだ
演習に行った者はまだ帰らない どこ迄行ったのか 見えなかった.

一服してゞ鉢を作りにかゝる この鉢作る材料を入れる鉢は小さくてかたいのがはいらないので松本にやり大きな鉢を買って小さく思ひ切に切て作る つもり作って置いた荷物を入れておいた 丁度よかった 今日は朝から実施日で休み。整頓を一度して後始末をした。修理をしたりして自分の思ふことをする日だった 整頓をキチンとしておくミサンガカバンを入れておく 鉢へうえはりた。リカチを四枚かいて無法法人新を送ることにした。この鉢をおさめて四日あまりかゝるため七十枚かいた。新人を出来るだけかいておいた 月に四回は早すぎるので一ヶ月半に一回位の割でかいたこのみは二月のおわったから。この次は八本も沢山あるおもしろいのでもかけるのだが又こう無意しさかいかけるかもしれない。四時頃の半あたりに行った 今晩は浩二郎があるので早くして早く帰った 風はあるが一寸新もすれば雨になる 帰って日記して手紙をかいておいた 今夜はお湯とゞのあったもので つけものもあった

一服して之を終り 就床 でもよんでおろう 風呂へも行かねば 寝る人

今晩の浩二郎は沢山なことをしたいのらしく あとおいてかかすりよい

良人

四月廿一日 土曜日 夜

妻へ

今日の手紙（アトー　喜枝、久夫、松田千代子
八ケ岳　宮崎、安藝、正平、久夫、寅一、源之助――小六　　三

四月九日　晴、今日もあたゝかいよい日だ　朝のうちは風があって
寒かったが午后は申し分のない、春日和になった
昨夜は救だらは活動を見に行った　遅く行くと佐久家　トラックにのって
よかったと言って居た　夜は好めずしまった　つぎさで　よかったとのことを
ここ久しあきたと言っていた。雑誌をよんで　旅行をとりいれしていたが帰って来た
トラックなら早かった　名所に帰って来たのだ　汗をかいていた
隣家のは例によっておもい　之からは両要だが家では　朝は出なかった
おりでしたが、上野停場へ行って体操をして馬の手入れにいく
平九郎し帰って来た頃を待って朝食をすます。と小沢だった
サンデーをよんでいた　九世が昨日とけど　父の教育があるので　三中隊
の空気へ行った　田中大尉殿の冬訓　多くの器具を見せて貰ったり
種村の実験の指示をして見せて貰った。例へ出し　眼鏡をまくいけいことを
したりして居になった　今日から　殷村の丸橋が来た　弟の家をまとてた男

P67

2

だ。里に帰って早く元気な水泳三人 よく遊び食うので うれしい
夜に帰って食事 すませてから 隣国の話 絵本を入れて 中々おもしろい
一服して雑誌をよんで居たが ねむくなって ついうとうととねて失ったらしい ねている
一時半「牛乗りし」の大声に目をさました。牛ならば馬の体の二の丸れたのを
修繕することになって居る 自分の馬をつないで居るを借りた、隣りの馬
の鼻の頭が出あくなったが 頭を振ってひっかけたらしいのだ 外の者は草をたべ
伸びて来た草を食べさせに野原へ出ていった。馬はうれしそうに 青草を
食べて居る のどかな春だ 仕事も終えたが 今後の事だ 一時頃 帰った
自分をよんで居るが 相変わらず言って居た 机を作ってやった 大工箱を二つ作って
せまいし棚を作った 少しは広くなった 大てい出来上がった お前達を入れて整頓
してやった ままがつくって片付いた もう少しだ 野菜の天ぷらだ レンコン ニンジン ネギ
等を沢山食べた 中々おいしい 食事をすませて 日記と手紙を書いて居る
手紙が何日も来ない 何通か 何人が居る ア文は役所けだ お前達が 丈夫だくの文だ 文

大ノ紀 之附で

968

3

今日の下絵（タバコ二十本、御七夕、ぼたもち）

四月十日 晴 風は寒いが 春がすみで あたたかい よい日だ

昨夜は風をひくと思って風呂は止めし 外は道に出て行った工員に

分かけ 皆に会って帰った 五枚書いてあた 一通りよんで 台所へ行し

持帰って 監督にも見せたが 春の青空した野草の伸びた所

傍を見て居ると のんびりとしてよい 飛行機も沢山あって 並んでいる

なんだかくれて行くと 文句して帰って来た 手紙を持って来てくれた

三通 あてて 別にどうってことはないだろうと思って居た 五郎のと

久米、村田先生と 村田先生のを見てから 武藤にパスして 飯原に

廿日の学芸会 米太と二十人の中で 200人ぐらいしたのだと知らせてあった

久夫は写真を撮って来たものはうまくうつって居た、青年の時の

久夫を見た時は ぼくのは 主側の男らしい 気眼鏡をかけて 大きくあった十

と思った、上等兵になって 威張って居る 少し丈が大きくて 実にりっぱらしい

最後にすてきのをよんだ しかしかいてあるうちに これから三回よみ返し

969

No.

見た 又別の便りで返事をかくことにする で程も剣にめでかえん来ので
あなたへのことを話をしてみた原田さんの筆にも又一寸言葉のことがかいてあった
一回あげたが今度はぬけ上九日かつたと見える 柳若者坪た 深さを知ったかな
で夜が明けて引き返して見舎へ帰りゆかしくなかつたので頭を洗って寝
込ーゆうした 整れて食事を一つ又ずゆっくりした 宿帰始ぢ ぐっすり眠た
九時から事務所へ行つて 対休みに後集めた大会を 実際でみつけた
を持ちた四十九報を見てめでたい みてしまった 中々広た 室 今度大分
家が売れた 工場らしいところへ機の切れを帯て食卓を作って代用にして
帰って来めを丸めてすぐに又ねた 結局をとるのでねるかねむくなってしまったので ぐっすり
と一ゆうして一時半すぎの 列を持ーた 平安科学研究所の手紙を
して帰る 土民が三十人ゆかりの絵をほり所へ集って西も会うをやってみる 中々面
白いのでしばらく見て居た 帰ってはね 手紙をかく 先生が今夜は風呂へ入に行
のうち返事をかくつもりのだがねむいから 明日にする 金なれば 今夜は休むことにする

十日夜 土井生

5

四月十一日　晴　今日もぬくい上天気だ、いよ〳〵本格的の春だ
山はぼっと青かすんでゐる　野原は青々となってきたし　今か
ない咲いては桜花の咲いてあり咲いたりするのがあるし　すみれを半分位つかんでぱら
しーたれので　あんまり体に上手に出来て居た　酒をのんで　咲いたまゝをたべし
夕食の肉と十八個のおいしいので　たべたので　腹一ぱいになって来た
で風呂へはいって来た、この頃は　行けば　お仲になった　又けんさくする
山下清　ゆで雑誌をよんでゐた　筆の運び　五枚だけかいてかいた
貰ったが下手なので　ゆきとし　すらく　字がかけない　日記だけ　やっとこさ　だ
山下清かすんで　酒が二人はおりあるので出ると二人　めんごめを切っての人だ
おたけのみたくないと言ふので　ねて居る人　かきとおまめ　ごはう　のはりつ
て居るかんごめでのんで居た　山下清だ　終ってゐたかほろくと降ってゐんねる
れなかった　今日は　このごろ　おせにしいめむしてきまう　ねくなって
山下清体操と毎日だ　ここをとら通して馬の手入れにいくことになった

971

多香(?)待つ頭を抱へ(?)合事 一服してお前への送了を一週のばした(?)

九時半(?) 昼たのろ(?)者らは土工作業だ 砲の方は今隊財務(?)で久しぶりに

既に(?)場へ出て(?)偵察をして居る 俺達は十三人で砲廠の横に ぽかりと(?)あいた(?)

穴があるので ルつニつ(?)土をはこびてれを埋めた 汗が流れる程に暑い(?)[illegible]

草の上へ腰をかけて休んだりして 昼に帰って待て(?) 顔を洗ふ(?)[illegible]水を

うすを(?)持って帰る 立ち(?)上手(?)[illegible]作る(?)一つ 今(?)仰(?)[illegible](?)[illegible]

午后 手ぶらな(?)人には はりきって(?)ゐた(?)荷物を(?)[illegible] 木の箱へ入れて その中の

ものは今作った新しい箱へ 入れた大箱へつめておいて 発送する(?)[illegible]

服の寸法と(?)三十(?)[illegible]の[illegible]又下(?)[illegible]の寸法をはかって[illegible]の寸法

足型も印(?)[illegible]でつくったりした 帰って(?)[illegible]

の[illegible]待って(?)[illegible] 久しく送了を[illegible]一週(?)[illegible]午時を

[illegible]三(?)[illegible]の[illegible]

[illegible]明日帰ると言って居た[illegible]明日か(?)[illegible]

四月十(?)[illegible]午后(?)[illegible]時(?)

[illegible]より(?)

まあへ(?)

三月廿二日彼女時書の手紙　四月九日に　ついた
手紙をなくして失ってから　書いたらしく　すこし遅　書いてある様子
大勢の子供で中に留めて失ふ遂には出来ぬ。位紙四方なると相の海
気をもんで思い出してみる。待って居る手紙　京都等に
前あの手紙で俺のとこへ　京都からの便りが届いたように　の返事が出
た様子。安心したことと思ふ。約三月目　この機会で　僕への来ない当時
の心配は満しさを　何十回も何度も書いたが　手紙が来た時のうれしさに何週
目ったか　一緒について来た様子。其の後優しい京都のがきて居るのみ　行くことと
思ふ。留守宅からの便りの来ないのが　何と言っても一番よくこたへる
この頃なれて二月以上家から来ないと言って心配して居るかよく　其の心
持が今分かる。悔しいことも悔しい　用もあり返事はないにかかって
居られない自分自身の様子がわからないのだから　来ないと寂しい
いる様にするのだ。でも俺とこの方もどうやら仕事手に取れる様になったのがよい

937

2

No.

例によって研究一ぱい元気でやつてゐるので何よりだ。お前も元気で
叔父夫婦と仲よく働いて居てくれる様子、それが何よりかんじんだ
みのるも二年を終業して三年生となつて各様々行つて居ることはなか〳〵おもしろい
が、今三学期に全甲と思つたが、乙と優秀がでゝあり他は甲ばかり
とのことは仕方がない。一生けんめいに勉強をして居る様子だが、それでも元気を
なくさず、はりきつて居ることのこと。修之は七つにしておあつたとか。そのことを思へば
まだよい。叔母さんはたゆまず勉強をする様にさせてくれる様に相談する
三年生とはだん〳〵むづかしくなるから、必ず〳〵をさせることを忘れない様
に。毎日の宿題を帰つたら先にしておけば、する様になるから。すなほ〳〵を
一番と忘れてはならぬ。わからない事はなつて先生からよく気をつけて見てやつて呉れ、
みのるの三年生の体付はどう〳〵見ずに大陸で終つた。三年生の海は知られる
こと。ゆつくり育つが、毎〳〵大きくなつたこと、思ふ腹が一年〳〵わかる
なつて行くことだらう。丈夫が揃つてるから、まあ〳〵ゆつては行けるからよいが

938

ハルミ、文夫、勝男 三人とも大きくなって 丈夫し 遊び、良く笑ったりして居るの
見て居る事と思って居る。いつ帰っても 今は ミテアルミと
言はれないと思ふと 残念だが 大きくなったのなら 仕方がないが
俺からの手紙と 後々と 行く、字も 安心して居る 一日に 二三度まって 沢山 行く
時もあり 時によってはよまれない 全部よみ切れない時もあるとか 俺の方へ下も
思へば よからうと思ふ。この前 言ったが 俺の便り皆失はずに まとめてしまっ
てあるだらうな。子供にわからないなら 所へ だいじにしまっておいて来る時に
お前達も沢山ついた事だ。ミんなの三人を 一緒に 合せて見て居るとか 二月日
あとは 日記のはかりなのが 面白いだらうと思ふが まこと 額へ入れてしま
ってあるとのこと、俺によく似て来た、段々大きく付いて来たとは 嬉しくなるよ。
所で 三月九日について 全三通は 俺が送ったものではない。俺の送った時には
毎日の手紙に必ずかくから よく分るだらう。それに五月の分文 汁実素を送
って居るので わかる事と思ふ この頃は 皆 あづけて居て 少しも送らないのだ。

939

で東京にゐてよく来て見たがかーしゃ。今になって母の死んだ時など又来てかゝらかと
思ふが、三月に来てから後は、松本がばかに来て呉れたが、どうしても合はなかったが
昨日東京で何をしてはゐないに卒業の時、今の先生に時を見てもらったら、ばかに気に入った
ったとの事。その後自分に会ったので話した時に、ひどい時二人で行って家族の事を考へ
て泣いて話って居た時、僕も母の死んだ事を言った。が、ばかにはまた言ふと何か死をする
と思って、なかなかうにしておいたが、びっくりしておいたが、女の人に運送があった時に、お前の所
へ送ってくれたのだと言っておいた。もってあったらよかったのだが、あの時は金もかなかっ
たので、ーーと言って居た。あとそれを言っておいたが。ばかに気になった
彼の母の死んだ時には僕の送ったのはかわいそうであったのだと思ふと、気の毒に
思った。よいのだと思って居たけれど、ばかに気の毒な気がしなかった。
大さうじをすんで掃除もあり、弟の家も新しく出来た。先生大将、平一をたのんで経
ったとのこと。妹も苦労なった。まだ小さい家なので中々しばらくかかるから十
五六ー一人の葬式で立派にやれたとのこと。偉いのは大きな人だけに惜しい…

940

5

No.

俺は親の膝にも思い出くのことを思ったり教へて貰ったりしなければ解らんから
帰って来られる事をお送り出来ないかしと思って来る
方々からいろんな今までの事を知らして呉れた 兄さんは主人でも家の中は例によって
こまかく親切の言ふ通りさっぱり家の事はなまけてくれないものだ 仕方がない
よく人に言ふ者だけ 家では出来ないのだが 傍でやかましく言はないものだ
母の記録は少しすみませんには母の墓ありに行って俺のことを良く報告して呉れた
とのことと母もお前に感謝をしよろこんで居られたことと思ふ お前に一人で大しい
旨 二十年近くも別れて居って漸く父母一しょになれたのだ 良く俺たちのことを
話して居られることと思ふ 母も老くしたれば 苦労のし通しの一生だった
俺が日本と居て帰ったら 母を大切にして楽をして貰はねばならんと思って居たのに
それも出来なくなった よく人の言ふ「孝行のしたい時には親はなし」と
うまい事を言ったものだ 内地も俄に雪積が激しく寒くなったことと思ふ
同じことだなあ 二十五日に慰安会で招待あったとのこと 記念品を貰ったとのことを

941

6

出征して居るおかげだ。皆々の親切には涙が出る。ありがたいものだ。そこで
自分の国は強いのだ。二度ノあとで居る者にも安心して生活することが出来るやうな
今一息にも二回目の今状で一日に大勝されたといふことを浮世から知らして来た。そして
近く出帆するといふ二三日すると二八上陸されやう。久し振りに顔合わせすることの
ことづけ。家の様子でも少しは知らせる。そして一日千秋の思いで待って居る
だ。今まではお互に二人との事が少なかった。去年意志は、まだ生まれるかわからぬもう来
るべき人はかつ生まれた。兵事課に居てもかけ付ければ会へぬものでもない。見ころ
今日で四日目を待って居るのだ。四日の話を聞けるので楽しい
だ。生まれる人は本当に物事の意味だ。廿八日に満ちで鉛之先生と皆様その
こと。忙しいが、大事な子供のことは思ふが、目あれば忙しいだらうと思ふ
あるくの時代のことも、この前の意図にも少しわかって出し方からよく読んであろう
と居ることと思ふ。文便が帰って来る話をすることにしやう。使ひが届いたらす
皆様によろしく御元気で居ることを思ふ。今日も早い方がかい。ここで返事にしよう

四月十七日朝　定一より

香へ

942

今日の郵便（１２本 宮杖、知三、みや、梅田、西村、小林みち子三）

四月十七日 晴 なんとあたゝかいのが過ぎてあつくなって来た よい日だ
朝の内一寸白雲が出てくもりかと思ってゐたがだんだんはれて行った
今日は起床してすぐに兵舎の前の道路へ整列をし隊員の全部が
の、寺内閣下の遺骨がなつかしい祖国へ帰る日だ、英霊を惜
しんでか天も日をくもらすかに曇てみるのかも知れない 一日道の両側に
整列をして待つ 某隊戦友に守られた遺骨がしづかに、一同敬礼を
して安らかに眠れよと瞑目した。東洋平和の礎となって
白布に包まれた四角な箱 勇士の冥福 静かに見送った 此一つ
せきをするものもない、今日の船で三六十がいせんをせられるのだ
見送りをすましてから一同馬せへ行って手入れをして帰って来た
頭を垂れて瞑目をささげて一般な護国の礼を捧げられた勇士の
家族の人たちの思いはどうだろうと我を忘といろいろ話し合った
明日は[illegible]の出倉柳迎祝 馬匹紀数等の柳迎祝がある

P61

2

今日の加給品（タバコ二　ハム一）

ので其の用意だ。兵舎の中や外を掃除したり整頓棚の整頓をしたり又方々へ掃除に行ったりして大掃除の掃除将…

天気はよい。日がキラキラとかがやいて来た。いよいよ夏の訪れだ。

整頓をし合ってすぐに終って室馬に水をかえて来て室め―だ。給間を十分を利用の為人づつ分れたってとてもすご―い。この人の給間は小さい。三寸から四寸位のもの位だ。上手に作らずいらしい小さなものだ。

午后は と馬の大掃除。俺は馬から帰って内外をきれいに片付ける。あつい位だ。営内はこれから掃除づくめ。皆外へ出て来て居る。

終って夕の手入にぶら兵舎へ帰って手紙が来て居たが今日はハガキ二枚故郷からと友達から。又お前からハガキが来ていた。うれしかった。久一ちゃんもいよいよ生まれたとのこと。途中のへよって来られるかな。活だ月末頃には二人来られると思って居る。兵舎もだいぶりの大きなにつけて内地を少しも寒がないおっしい。風呂へはいって外出を見る。又夜も出たさがしくある。

962

写真も出て居る、又彦も三月末迄に卒業式があったと共に
終って居た　又一振りで少し大人になった事と思って居る。
お前の手紙は四月六日出のだ、今日十七日についた　此の頃は便りも
早くて十日位でつく様になった、母さんも無事でいるのか　よく判る様になった
お前の手紙で見ると　便りも其の后　相変らず毎日の様に行くとのこと、この頃は
大体きまった様だけれども　まだ遊んでゐて大して多くは行かないと思ふが
もうそれでも三月廿五日からだったとのことで　○○の陣地から多賀へ
帰って来てからが行った訳だ。多賀へ帰った　といふのが行ってみると
おかげで言うかね　多賀にかかってる事になって　毎日かいて
居る。今はもう皆ことをかかないと　おけない位になって来た　大へん毎日忙しい
ことをして居るからなよく、出る文書を　面白いことも　あるがここでは
又一言に言えば　仲を言づけたとのことを　何が来るか楽しみにして待ってみるよ
今月の末には帰へるだろう　のよく早く会いたくなったよ

963

と

留守宅も前以て御母人に見られてのこと何より安心だ
絵もうんとよく勉強して行って勉強してみるか、うまくなまして手紙
一行のおはなしにしてやって呉れ。もう少しすると勉強をしていることと思ふ。
今日もポケットの写真を出して皆の顔を見ていた。皆な元気の話。非時の
時の写真等、ドイツで見ては家へとんでいた。この写真等はいつ
も貰って大きく元気になっているだろうと思っていた。公子の絵を見て面白く
すって来た。よく肥えてかんちゃんをしているだろう。一人笑っていた
細木まで送って呉れた封筒の中に、愛媛封筒があって見ているうちに中村
松村の葬式の事が書いてあったのでびっくりした。和子兄の小学中学の
りの方にもかかってあったので、びっくりした。あの人も元気なんだったが、
何だか夏の日脳溢血をやられて急死なったとか。和夫の便り、この頃
今年もかの急死せられる様になった。何が悪いかしら、ゆるんで居るのかは
わからないが、陰気であはずに生きてゐて居るか。

964

早速悔み状を出しておいた　君子達もよろこぶだらう　あの娘達はまだ
一人で居られるのか。それとも君子をもらはれたか　まだ一人の様な気が
するよ　三十四五になられたんだらうな　全く気の毒な人だ　俺から見れ
ば許すに心配をしておったけれども　それからお前が世話をするかりん
無理もせないで、いいいい……。だが安心せよな遠いから大丈夫とし
て気づかいはないだらう　い、腹をとるだが　命をとられぬ
もう此の頃は支那の日割をして居るよ　早いものだなあ　花が咲い
て来たね　それに肥のみが又　麦の中へ入れ肥をする頃だ　さぞかし
忙しくなって来た事も苦労がふえて来ることと、思ふ。
嫁も病用だらう　花見はどうだ　子供等につれて出るとよいが、
忙しい事全体あって何とも云ふ出来ないだらう　しかし　たまには休んで
からだをのばしとさせないといかんよ　働くばかり居ては体をし
まふからな、活動も見にいく様に　又たのしみに働けるからな

弟らと仲よくやって居るかい　つるへの勝も　この月は四ケ月　一寸目について
来たかな　あれば常陸で大きかったから　四ケ月に相当すると云う人の云
位には見えるだろう。大事にして居ることと思ふ　この留守つるへがいろいろと言って
来たので返事を出すが　弟に気がねせんかと思って居る。兄さん兄さんは
つるへにはかかりつくと思ふかもしれないが　思って居るのか　便りが来ないのだ
来って見たいと思って居る。悪口ではない　本当の事だが　気を悪くして居るだろう。が
近所も何かと一寸も便りを呉れない　困ったものだろうとは思って居るが
平一の方　嫁の話しどうだ　近いうちに来るだろうか　五月頃には甘いと夏に成るから
その頃にでも急ぐ不便よかろうと思ふが。まあまあそのうち又知らして呉れる様に
両親も無事でおられるか　兄达にも大へん愉快　指揮官になって行かれ
なそうだがもう任ぜられた様子か知ら　相当なお勤めではあるが　しっかりとやって居るが
又留が出てほしいそうだ　良く体に気をつけてやって呉れる様に頼むよ
俺は相変らず元気　水戸の宮にて　ここで出来て居る。井　来たら足るかい
四月十七日夜九時　　白
妻へ

966

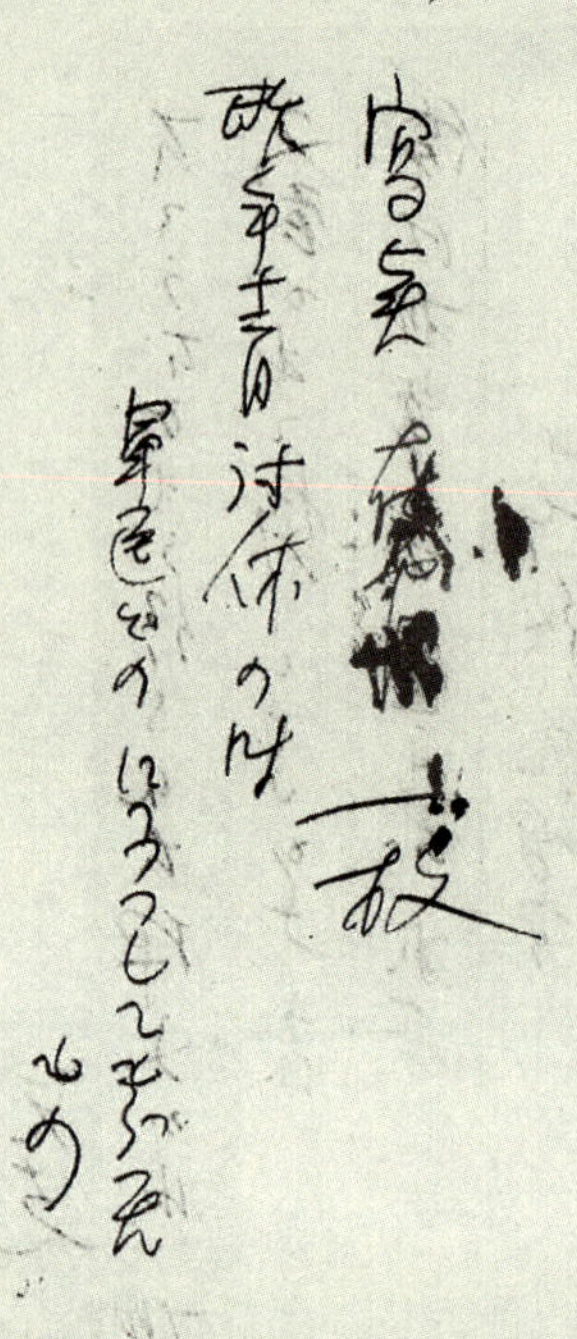

今日の如き日（夕めし＝りんご（一））

四月十八日 晴 毎日よい天気だ なんとあつい様な気がする
野原も日に見えて青々として来た 春も過ぎた様だ
初夏の日の出前の起床は何とも言えんいゝ心持ちだ
起床 七時 馬廠へ行って馬の手入 毎日日々日課を終えて
兵舎に帰る、顔を洗い朝食だ 朝の運動が食事はうまい
一服して水谷に借りた「壮年」と言ふ本をよんでゐる 中々面白い
今日は[struck out]隊長殿の内務検査だ 兵舎内全部の建物を見て廻ら
れるのだ 昨日大体にやってあるが今日又念入りに大掃除だ 寝台の
横の戸棚をふいたり 私物をきちんと四角に積直したり中々忙しい
兵舎の中が外に、草を引いたり ごみをはいたり全く辛苦し
こういう事をいくら手があっても足らない 馬の[struck out]事などでもある
あちこちを片付けて室に入る 一服して立ちした 紙面にふくのも
のを入れた 味噌汁だ とってもうまかった 中でたべて居るのを口にしたんだ

2

午后ゆつくり休む間もなく又撮影をして検査を受ける準備が出来た 一時すぎ 太郎の方から綺麗に撮られる 僕たちは写真の方へいつた 身体も写真もきれいになつた 検査が済めばうんとには[illegible]きれいにはならない 気持のよい位だ 写真は三時頃に撮つてしまわれた [illegible]終つた 身体も[illegible]も終つた 何もかも肩の荷がおりた様だ 家の大掃除によくにたものだ 落付いて一眠りして 四時から写真の準備に行く 暑い 汗が流れる様になつた 今日は又一寸むせる様だ 一度になるのかもしれない 僕は夕食だ レンコンや豆の天ぷらだ おいしい[illegible] リンゴ一つ タバコ二つづゝしぶつた 加藤君に[illegible]から手紙が来た 一冊出版業[illegible]廿のことで失敗して やめさせられて かつてあつた わけはわからないが [illegible]へ行く 汗を流して[illegible]を洗濯して来た いい気持だ 之から[illegible]自分の体「荘子」をよんでゐたが 一寸眠れと[illegible]かゝれないのだ 今回はむせる 量も[illegible]様だ [illegible]

十八 [illegible]四時半

974

四月十九日 晴 無風 すこしづつ あつくなって行くなあ 今日は風があるが
あつい方が勝って風を却って丁度よい かげんにして呉る いよく冬眠が
寒さうちもなって来た 今年で何年もいやなくなって来た
夜が寒くて寝るのがまだはなさずに居るが 初夏だ 日ざしがきつい
六時に起きれるようになって来た 日が長くなって来たのだ 但 おそく
近所人が居るを おはじきに遊びと来る ですぐゆるやかがすでなる
食前体操をして馬の手入に行く 朝の仕事は午中一しよだ
今日は休みだ 朝食後外出するのは出て行く気持ちよくなって
から木を砕って つつの叶を出かりて居るのも申し分がなかろう 花の香りのび
どう疲れても満足だ 之は大陸だ 仕方がない 内地では家の中でサクラ
を見 一歩家を出ても 目の見る方に桜が見える 公園の方をあけば桜の
花の中に埋まれて がら人で居る こんな一寸見ても目のさめるみずみずし
昼食は文郎のところへ行って 見れないだろう 全く殺風景だ

975

この頃の陽気になるとぶらぶら歩いて居っても汗が出るだらう 内地ならもうせんだ
めずらしく昨夜金庫をあけて雑誌を読んでゆとりがあた 今の総平しい
とうとうすっかり人が来った、なつかしいものだったが とうとうよみ終って来た、
レコードをかけて居る 言葉のわからないから面白くないが 何かいゝことを思へば
調子が又よいものだ 至極大阪にマグロ、鮪のないないのでこゝ又中々おいしい
鳥が泣いて鮭で大分ゆっくりであった 北海道の知らせへの返事をかいておく
又先生もこの月の末に帰へ来ないらしい、湯川の吉村が来た
そうだ 太郎の学校行くのを待つ人待つ人が中々忙しいなつ子
側によってゆっくりで雑誌をよんでゐる あまりにも ばかりよんで居るので
頭が痛いとしそうだ 陽気のせいかも知れないが でも今日はよいのだ
一日ゆっくりして 何でも自分の好きなことが出来るよ とく言って ゆっくり
心を入れかへての勉強には出来ないが 寒い時でもかはらぬ体のことだ
ゑらく元気で早く帰って 学校が出来る様待つと 又騒がしくなるだらう 又

十九日 石田[illegible]

四月廿日　上天気だ　昨日は夕食頃からパラパラ降って来た
あまり出なかったが雨だと言って居る内に降り出した　後になって
雨じとじとと音を打つやかましい雨の音それに加って風の音もしていた
了君　案じげになる家を思って居たが清澄子供の寝る頃には雨も
止み書屋にはなかったが風もなかなか静かであった
朝になって見たら雨の風はどこであったと言う様な晴になって太陽は
出かけてみた　初夏の朝　何とも言はれぬよい朝だ
毎日の日課の乗馬体操をしてうまやへ行って馬の手入れをして終る
顔を洗って食事。今日は皇軍慰問団が来る日だと言って
居たけど之に行かず　自分の仕事の張收等をして居た　昼になって
皆とともにそろそろ出かけて行った　将校は方面であるのだ　決心も早く
また〳〵敵の方は一寸だった　今日は京都と滋賀県のであった
慰問使のあいさつがあった後　慰問演芸団によって　最初は一寸だ

977

中々上手だ。派手な春ものの　こい色で　ずいぶん　なまめいた　もんだ
長い袖ので　あれを　ふり袖と云ふのかも　今ふんと思って居た。面白く　気品を見せ
と大笑させて貰った。二番目は　舞妓（舞踊）だ。人間体のすき通る様な
ウマイ所をまで　キレイに写して　あつかった。中々之もうまいが　短かい。次は
松尾節（乃木将軍）で汗を流して　出ておる。木乃とさせられた。一生懸命だ。
最后は　又万才　別の組の人で踊られた。之も派手な　手毛ノ一帯で　目のさめる
なかもの。あまりにも　として居た。　スッ入らんかと思って居たが。不思議の　座団で
思いがけない。足取をたのしませた。並べ得て今年もまた　楽しみ
おもしろかった。一番上手い唄某　の座役に出かけた　多くの従業員
引き続けして居た四時頃の手にかかり　得って　多気に休む
親族を呼んで中と居た　気分良い仕事だ　汗を流しておって　入院へいく
今年の万年筆の女が　入院ウワサで大にかわいいだ　若い女を父子と
宜しく　青くなって　青年の様になって　いくと　困るなあと云んだよ　いつか

四月十一日　七時半

実篤

真人

978

No.

四月廿一日、晴、毎日よい日がつゞく　結構なことだ
日中は大分暑くなつたが　其の代り朝起きた時は一寸涼しく
とてもいゝ気持だ　実行体操をやつて居ると汗がにじむ
シャツ一枚で合切つて出て来た　汗ばんでゐるがいゝ気持であつた
顔を洗つて　みそ汁で食事し、汁の中にはせりがはいつてゐるが
みそ汁にせりは不釣合としか思へぬ。保橋のたらいをせりのにほひと
うちからかつて寄宿に居た味がするしたしか　肉とたく杉にはいる
食事後一服して雑誌をよんで居た。大体馬の手入れで後連
は昼前へ行つて患馬長馬をつないで爪を洗つて十分でさつく
たりした。馬はいゝ気持になつて目を細くしてしがみついてゐる。
少ぜ一服してゐた　日は一日とまつてなつて行く。もうかげの方が
よくなつて来た　午前中平穏無事、十時水をのむ　ことさきかく
行つて洗う了。食事し　近は大分ゆ食が多い。この頃は食付十時過ぎ

SHIRAYUKI

1231

No. 2

すゞんは出来ない。整備から帰ってからは出張も大変御馳走をたべ
させられておなかになったので胃が悪くなって困った。近頃は甘いのにし
た。又前二つの卵を使ふから大きなものがつくられ居る。卵も今日は段々出来が
大切なものを以ってだいじなれないがそれだけされたからうまくはなれ
一時迄位人がゐた平針の近くをかいた弟へ一通　一時すぎて又今后の
日課についた。午后は昼寝で風呂か湯わかしに使ふ木を切って割
たよ。仕事は思ひ切って出来る。四時迄やって休む。馬の手入れにかゝ
る。あつい。帰って平常の通りを父へ一通と青山寛七宛へ一通を
かいた。弟も又一通のとりをかけて葉書を手紙にするといって居たが
下宿よいのがあってよかった。十五円とはどんなのか知らんがよかった
もう出来ないでゐるよ。思って居る。一生懸命やって居ることと思ふ
佛を頂いた者宮に行くとかいてあった子が出来たので近く大阪
は海にやってやる予定だったがよいとよろこんで居る宮だ。利だらうよい

若

SHIRAYUKI　　1232

四月十二日晴 五日ノ上天気で あつい位だ それでも雨よりはよい
例によって起床ノ点呼、体操をして馬場へ行き 毎日の日課の手入れを
して帰る。いゝ天気だ 朝のうちは全く何とも言へない..
昨晩は非常呼集の演習があった 七時半頃 寝ようかと思って居た
それ非常呼集だと用意をしてとび出して中隊のいつも定って居る所へ
かけつけた しばらくたつと 敵が来たとして バリケードを作ったり 煙幕をたいたりして
居るものと想定した 八時半頃演習終りのラッパがなって兵舎へ帰る
すぐ点呼だ これが一寸にも出来ずに困ったが ーーーーー
汗を出して稼いだが 手入れから帰って顔を洗い 食事をする。この頃
又なかなかを知る様になったので 腹が少ない。
一服して演習開始までの間 ぬこうんが雑談をふんで居る。
又此の馬の運動で 今日も一かうにのって見た 俺の馬は一寸元気が
小さいが おとなしくよく言ふ事を聞く 汗びっしょりになって走った

1233

No.

演習を終って馬の手入をして洗た。水をのませてやった。ぶらぶらと一寸位のむ。寝ころんだ。兵舎へ行って昼めしした。しかし皆んな事がたいくつであった。午后は旧い実施で休み同様。食后一眠りして洗濯だ。シャツ、パンツ、襦袢、枕オイ、布団（フトン）のオイ等を洗った。汗が出る。[illegible]をなりして横になる。例によって雑誌をよんでゐた。ねむくてたまらずうとしてゐた。ぶらぶらしてゐた。プロペラ二つある大型の重爆がとおろう。少く来た。今日迄には来なかったので皆空をみてゐた。飛行場も各が着陸をして来る一機になってゐる。四時頃馬の手入りに行って来た。あつい。夕食はみんなかサウマイでの方がうまいところもある。みんなはのんびりか。うまい。風呂へいったりして来た。すばらしく暑さまつい日がもえんで来て夏の夜に思はれる。いよいよあつくなって来た。横になって雑誌をよんでゐたが自他を可附をかえてゐる。久しぶりが早くば明日つくとか云ってゐる。二十日の封筒がいよいよ近づいて来たらしい。何を書こうかと思ってゐる。ねむい。ねむる

二十三日　后六時

SHIRAYUKI　1234

5

No.

四月廿三日　二十四日　上天気だ　あつい　と言って此の夏程でない
が冬服に冬じゃつを着て居ると重苦しくて別にあついのだ
朝から銀の色をぬったヒコーキがブンブンうなってとんでいく　訓練が
始まって居るらしい　屋根の上をゴーゴーとんでいく音はすごい
これが敵のだったらどんなだろうと思ふとこわいなんて思ふ
日中は暑いが朝の内は何と言っても涼しい　上天気　馬の手入れ
と毎日同じことをくり返して居る　僕達が毎日三度同じめしばかり
くって居るので同じ事だが腹がへってめしをくわぬと弱ってしまふ
自分がたべられなくなら　ゆかを掃いてかわかしておいて板の上を
きれいにしてやり水こてをかけて手入れをするのださっぱりして気持が
よさそうだ　夕方にはかんにかわいたわらを入れてやるとごろんと
あの大きな体を横に倒して寝て居る　いい気持らしい
朝の手入れを終って帰って来た　顔を洗って朝めしだ　周辺部を

SHIRAYUKI　　1235

するから飯はうまい 家に居る時の様に起きずに居ることは違ふし
シャツ一つになつて雨も雑誌をよんで居た 午前中は銃の教練で
教練がすむと 一寸行つた馬場の広場で けいこをした
遊戯をたくさんした 午前の演習が終り帰つて来た そうして来た
食事すんでから一時間近く 雑誌をよんで居た 今日は 良介の助の
採集など 得意から 急いで来たので 皆も 大よろこびになつて来た
今日も 大採集をした 一寸部分汗が出る
四時すぎたので 帰つて来て 風呂で 皆はまつてゐる
ワーナーが来た いぬやの菓子を 過ぎ 隣 方家を三度 其他には何
なかつた。お前の所 ... と思つて居たが なかつた 一寸淋し...
いぬやの菓子屋が面白いことを言つて来た 大笑いした 又 面白い
ことをかくから と考へて居るが 目が大分下つた
兄さん近 大分自分がある 御健康には元気かお前達 仲よくして

春へ

四月廿二日 七時

良

SHIRAYUKI

1236

No.

四月廿四日 晴 面白く 初夏の上天気ばかりで申し分ない

日が長くなったから 朝の六時半もあかるくなって来た

六時、体操をして 馬屋へいって シャツ一つになって 馬の手入れをして

帰って来る。面白く ヒコーキが朝早くからいそがしくうなって 空襲に出掛

けて行く 青い草の上をはなれると上っていく すばらしい

ものだ 人夫はうみにのせてやったら 大よろこびだろうと思ふ それなのは

内地では絶対に見られない ホンとうの戦争なのだ

顔を洗って 朝めしをたべる つけものがあるので うまくて[illegible]たまらない

この頃はやっと前から ここでとれる米を大分入れて 内地米をかくして麦を入れて

たべて居る 始めの内は一寸閉口していたけれど なれて来たので

今ではなれて来て 内地のものよりおいしい ここにないのめしをたべたことが

ないから なれて来て 何とも思はなくなったが はじめて来た時は なんにもわからず

だ 針の様で たべられもしない たべたいのだが [illegible]にはかなはないのだ

SHIRAYUKI

No. 2

父は近新聞をよんでゐたが午前は芝の草刈りなので三四人の友達
とぶらぶら外へ出て行って一人ばかりの麦や青草を刈って遊んでゐた　思ふだけ刈って
帰って来たが気がのびのびして気持がよい　抑身の節々は大分だ
座に帰って食事して三十分ほど英文を入れてただそれので眺めよん
今日は新聞をよんだがみなだめになって来たので〈ぐっすり一眠りしたと来る
めざめを思ふ時の一切絶えた気持のよいものはない　起されて勉へ出して貰たが
午后の日課は土方作業　池の掘り穴の前て許で山の土をとってしまふの
だが手のもので　やって居たが汗だくだくだ　暑つい〻　今日も一眼あと　農具の
修繕の工作は夜にお出来よった　これ等は皆ここでおもせるなにたるのだ
四時から車を入れに行って帰って入浴へ　汗をすっかり流して　夕方加藤らと二つ
酒をのである　湯でよりとよい気持になってしまひ行き　会了をする
夕食をいただき今日の夕方に来るとよふこうた　本末すべ今いに行こうと思
ってゐてるそれのよい頭をして　本を読もう　多くの詩を写して文書こう

七月一日　吉村手ら

SHIRAYUKI

986

No. 3

四月廿五日 晴 面白く上天気で あつい 昨夜は社に帰る 以外
出んの飛行場のはしを廻って来る人を見へみたが とうとう見えず くらくなって
来て何も見えん様になったので 帰って来た そして様子を見へみたら
彼達に宿田をはらった様子で 去っていったらしい 一寸の 天気のよい方が中学
でみたが やかましいと思ったが 昨日 別の便りでかいた様に土地は広くて
酒をくんでみたが 仲々酒が切れないので はなし 二人共 見えん事ばかりで
帰って来てねたが 珍らしく前夜のことを考へてしまって ねむれなかった
朝はねむい 目をあいても物が見えない位 目があかん位 ねむたい
兵何をすすめて 島の手 小にだし 野宗は丁寧になって いい字か
急だ 農夫は其の肥を取りに来て 返事をして居る 田畑へ入れるので
いくらかはほしいはなかろう 天九を焼いて 帰って来た 際を焼って 全焼し
をする又一寸して 早く寝そて アナチ上がりして居り わぶれなかったらしい
めしをして来た 遊びに行ったと 思ってみたが 又用があっては 人を思って

P87

No.

居たら云って出て来た外の人は大せい一しよだが久一さんだけは一人さ

ご活動写真を少し見せやりたい子の衣がきたないので困ると言って

多勢大せいで来て居た。先頭へ行くと云って出て行ったが

あとから俺と四谷の然と牧野の者が来たので之な力強いことはない

然〔抹消〕ならず一しょに居ることは出来ない四五日すると この陣地の方へ行く

かもしれないそこには皆居られるのでどうぞ宜しく行かれは郷里への

四五日ぶり別れて失ふのだがどうもこれは仕方がない今は涼しい

午前中は馬の手入れですませた一人活動写真へ行ってぶらぶら歩いて見る

急に帰りたくて又来て見る酒保で何か買って来て気を上げていく

外の者と遊んで居たが茶がやってきたので又今夜はいとしく帰って

おいらで盛りをたべた久一さんが炊地米を始めて食ふので不憫な

に思ふがあるいは又ハラでホッとしたから位でたべられんと云って見た

又あれて居るをたべられますよと云って笑ったが俺は一寸すぐで返る

SHIRAYUKI

988

No.

なかったものだ 二三日は仕方がないと大分のでは腹具合が悪くて困っ
たのだ 外へ（一日の事）出たりしてフライをたべた 白いめしだったりと
思ったのだ それから腹具合の悪いのもよくなって来たんだが不思議だと言って
笑っておったが、医者は海藻へ（アーマキかホタイ豆を買いに行って持っていった
三田隊の留守居はマドを閉して板がはりつけてあるので風もはいらず
うそー…ー あつい まるで山の中にはいる様だ シャツ一つでも汗が流れる
二人共あーあついくと汗をふいてはこまってくと扇バタンをして居たが
うそー…あついのだ 部屋をかえてからと 廊下くいくと涼をしておった隊の
縫部屋へ入ってまーしをした 捕虜を寄せて あつい部屋の中を出していた外は
何とも風がすーっといく 今日のは前の窓から入った 一寸風が付いて少し明るい
机もあるー ここに寝ていたと もう少しと文部省を貼って居る
海藻が買って来た アーマキをくって お茶をのんで 涼をとして居たが… レコードを
かけようとしたのだ 貸してくれんかと言うので 俺とこのを借りて来たよ 一人かけて

SHIRAYUKI 981

No.

居た、浪花節をかけると皆家を思い出して沈んでしいんと静かにし
居るのだ。どうしたと言うと家にもこのレコードがあるのだ。家でかけて居ること
を思い出したのだと言って居る。いろいろの話、母の事、なつかしい勝男少年のことにつけて
妹たちの葬式に訪れたこと、祐男の家、春一さんのこと、西出さんのこと、外の人のことにつけて
も思い出してはいちいちそれを話し言ったり黙ったりして居た。四時頃風呂へいく。
一しょにいった。このかめ風呂へあんたとはいれるとは夢にも思はなかったと俺が
言ったら俺もだと言って大笑い。夕飯を食べたので又出かけていく。二人では淋しいと言って
中村さんの所に居る大西捨三郎の娘（黒田につれて来た妻の妹だ）の婿村林君を呼
びにいった。自分は俺がいいと言っても頑固にいいと言ってきかない。夕方つれて来た
で三人で賑やかに何かかや話をして居たら夜になって静かだ。長屋に別れて
久作と九時頃外へ出て星一ぱいかがやいて居る夜空を眺めて遠く内地のことを
思って居た。ずっと遠く光って居り三つ星七つ星、日本のとは方は東北になる
と指さして見たりして居て居がしれぬ淋しさに何か涙が出たのだ。今日は是でやめようと別れた

四月廿五日夜 B

良人より

妻へ

SHIRAYUKI

990

四月の中頃から毎日々々待って居た久一寸ぶりのゆうやし
昨日来られた　早く来られると思って居たので迎へたいこうと思い
まってゐたがなくておくれて失って抱けば済ましたなってから
隣へ来られた数日済みなかい　旅館の近所へ行って見たあいさつを
して居られたので直を申して久一寸だとわかってよろこんだのだ
別れるのをまって■の座に居た毎日一度今度の中には指役の
君は来てゐないと■一寸の顔　元気のよい日焼けした赤ら顔
海寿よ偉くなった立派な海だ　かなわきれんなあと言居
泳ぐと言ってくるゝ中を誘をのぞきこんで居たが　君が元気だナア
それで始めて今夜らしい　よいなと思ってゐたが　お互しが返ってから
来てと仲々元気がよい　海寿が待てすぐ代りに来られたのと
言って大笑だ　おそくなって失った風呂々々毎日たからね風呂々々
○○へ降りて着席て　これらを併して風呂々々は君のだ　何とも思はない

SHIRAYUKI

1252

No. 2

お母さんもよいのだナと笑って居た　荷物を上げたり手傳ってゐた
船長はずーっと居た所で終るものかやね。十時迄話をしたが
船の中の生活で大分疲れて居るらしいのだ又明日会はうと言って別れて
来たが　うちのこども大体ようそ　母のすゝめた　あやめにて　今年の元ん
だ近のことを、僕を云ふ飲酒は大きい　死人なと水もち、うちの母　おさゝ　ちん等
近三君の喜造君等で誰も変ったのは一人でいる　どの家の事かしら　大得で
奥が話して居たらちーとこぼしてゐたと言って大笑いだ
とり第の話しした久一さんが二人来られたするんだでとても不安になって
外に書って貰へたのだと言って僕に話をした　六坪のものが大きいものだと
言ってみた。ミカンのあいであるのを持って話をしてみた。今日お寺へいくと言って
二人寄っていたが又遊びに行こうと思って居る。一中隊付をふれた
のだ。皆のんびりしてゐるので又近い内には下谷のある所へ行かれるだらう
大分遅い上流だ。外をとってみられたのには驚いた。それと喜ばしいと思って

SHIRAYUKI

1253

3

No.

私たちが二年生に出すに今老けくみた。年を五十アと言って笑った
土は道に作って見たが こてつけた等のをもって作つたのが気になってゐる
れば喜んで見た。弟等もかし我がかたり様等 又 女子が珍らしくしてよろこん
だ。はずかしい。大根のはは一つ／入れてからだ見た。其の女子のみせけ
がたべたいと思つた。こんどれ又ひすを入れて作って見ようにいはれた
お菓子のは久大二十枚とアメダマ。タオル一円半二ずつだ。タオルは
僕はたれ位あるので これはなと思った 今朝から又 食みの中へしまって
おいた。残りの物も何もいらない 十分にあるのだ とこれ 僕は これがなのだ
ゐなく、思いつめのを写ってきた のはありましよかったのだ
アメダマを一つ ゆずって見た 甘く アメダマだ 手前が二週はつてみた
お話の方は先によんでみた 雑誌の方はゆっくり いろいろをかいてゐて居る
はずかしい。お話を借りられた。雑誌を一寸よみかけたが十時になって
電気が消へて来つたので 又明日にしようと思って寝るよふしてゐたが

1254

1

No.

りえし存く　思いは遠い故郷の家の中にとんで行って中へはいれる家
附与弟の手紙をよんだおた　わしかってあった　りえしのことが
で弟へ返事をかく　だかつて又お前のをよんでみた　俺の手紙はついて安心をして
居る様子うれしい　妻は大分働いてゐるが丈夫になった様子　来年妻は
二回目だそうだが二回目もこれでおちついたとあるので生まれるだろうと思ふ
[illegible]も　この次は男の子は生れるとよい　[illegible]の用意だね。
弟も子供が出来るらしいがよろこんでゐる。つるへも二十三になったのか、忘れて
居たのか。今朝考へて見たら　男の子と言ふことになった。この頃つるへの所へ
言って来ましたが　今年二十三才　男だ。八月に生れるのだったな
間違いないよ。りえ[illegible]の妹が[illegible]て来た[illegible]　言ってゐた
四月一日の二人の[illegible]には二人で仲よくよばれて行ったのだと言ってゐたが
子供が出来る様になってから別に仲もよくなったらしいので　よろこんでゐる
つるへの病気も出ないと言ってゐたが　子が出来るまで　病気しないかもしれないけ

SHIRAYUKI

1255

5

No.

う（の所）、出した便りが出口につくと大将隊が出口に突かれたとの事 ワシや私が
しい アッハハ……不動尊の秘密を話れ出雲の天神様には宗教で示された因
皆救わる人ばかりだ不動尊も愛と手厚を下さるので有りがたい
蚕の事迄は一寸ひまにして田の耕作位ではあいまな時にのんびりとすれば出来
人が体を休めることだ。新に五月のことについて相談をして来たが一万年まです
すと三人仲よく相談をよくして決めたと言っておいで皆相談して決められ
れる相談を受ければ何でもかまわず答えて見たかう張りなさい。田を世話う方に
うまく済んだことをおちょうしの話ではあるがどうかと安心して居た方が安心した
この五月は三人で大分言ふよ、覚悟をしてかかれ新たに座して年に二人に
なったら思い切り仕事が出来かろ 体をこわさん程にしてはつくりかかる
如何なる時にもーとふれる人だとのことトつれ二百家が二郎の手合とみ、あげ、
れ三方になったとのこと何れかは上つ方かて。新しい年がありて沢山
今年はかけたのだ 今家を大の人で済ませの状態／（小屋）へいって貰う

SHIRAYUKI

1256

6

No.

たとのこと却々労力だった。はこやのはうふが家事へよかつた十
しいまでも家に寝つた十一つ位三時とはべうぼしる相場すかるいが、作るのは
安つてこと、思ふ。うつかりして汽車が作時沢山しておくれたと思つてゐたが
しいまして寝てしまつたので、そうおきい。だから乾燥器を使はうと思ふとしいまし
がるかうす。又それはその時のことにしやう。午前も一日かゝり五日迄とのこと。お考
しとされたことだらう。今朝言つて来た。君等三日の送金はすでに君のと今夜
そのこと。最初の手紙では俺等のだと思つてゐたらしい。乳彼を出しておいたとか
俺もよくそれを言つておいた。又俺はあの時には一日しかしなかつたのだ。奈良へ行つた
杉本通つて来たさうな。皆と別れてたべから、杉沢の味のするすゝめを
ミんな元気だ。来月へ行つてゐると思ふ。久美、ふんこ、[illegible]も[illegible]
と為たりしてすわだ。通つてゐるだらう。又[illegible]の所へ遊びに行つて話を
写して来ようと思つてゐる。すぐく話をきいたりいつて下さいとおかん
様に思ふ。明の分は[illegible]さうなつた。小包の送つてしまへ又例の便りに

四月廿一夜

[illegible]へ

一夫生

SHIRAYUKI

1257

No.

この頃はどうもお前の事ばかり見て仕方がない
何つてもお前がどこに居るのかさっぱりわからん　お前が――がに
ゐて居るのだ。何ぞお前――と思って見てもわからない
近くに居るのに一寸も思ふ様にならない事だ〳〵と思って居ると
うつむいて居ると目がさめる。お前夢なったのかと思って、ほん
やりとして居る。お前とは夢の中にはこの頃出てこなくなった
こうした貴方夢を見てばかり居る思われるのだ
お前は故郷の家にとかと言ふが今でも又一寸お前が〳〵
のことを心配して居るので思ひ出して居るのかも知れないが
お前の顔が心配ばかりして俺の側をはなれない
母も無事で居られるのを今朝見たが母が目をさまして何故ち
ただ居られるのに俺とお前は離れて居るのだ。母にすまん。
と思って――――――――だ。どうも早く帰りたくて仕方がない

SHIRAYUKI　991

2

No.

昨日のはっきりした夢は中々頭の中から消えてしまはない
困ったものだ。海も十里はなれて居るから どうにもならないが十
久一君が来てからは大分毎晩の様に お前の所へ行ってゐた
お前は僕の夢は見ないらしいが いつもいつも夢 また夢なのだ
子供は元気で居るかナ 近所の子供もお前の写真がないので どん
なに大きくなったか想像もつかないので 去年の夏母の悪い時の姉妹
大ぜいうつしたのを出して見たりして居る あれから12月もたった
が又々大きくなってゐることは思って居るが どんなに大きくなったのか
見当がつかないのだと久一君と大笑いをして居るのだ
梅田も四月には帰らなかったのか、梅田が帰ってくれたらうつしてくれる
だらうと思って まって居るのだが 田舎へ行ってるとかして居るから
駄目だと思ってゐるが お前の方からも最近の姿が見たいし
久一君は兄さんもだが、写には言ふことが出来ないといって笑ってゐた

SHIRAYUKI

P.12

3

No.

ミんなもごぶさた三吉は　それも一ヶ月たつて来たナ　返事もせずに
実家へ行つてるかナ　実家へ行くのを　たのしみにしてよろこんでいたな
たまよいが　治かつて困るが　大分大きくなつたから　まい日かけも出来た
ことと思ふが　大事にして一人居　にいちやんも　どうだつた　大きくなつて
ガクに出る屋のオバさん　続に　たのまれるだろう。かわいい一人のスメに
見られないので淋しい……　にいちやんに面会い　文郎殿を
文郎ぼうを　みやげに買つて来ると思つてるだろうな　持つて行けないだろうが
まもてやりたいが　いもうとらしいのが　がつかりしてる　人一ちやん　厚ナちやんは
洋かんでも買えん　方法（女の）に　買つて行きたいが　持つて行けんではナ
アと言つて居る　持つて行けなら　まもて　与へやりたいが　仕方がない
みのるや久美子は今何をはいて居るのか　昇郎ぼうは思い出に思
つてるかい　物資統制で　思い出に買へず　それもスフ入りの綿いれの
で十日も持たんものではないのが　これを一ぺん知らしてほしい……

SHIRAYUKI　993

4

No.

皮ぐつは中古品…少しとうも内地では手にはいらん様子で持って行けたら子供のくつを買って行こうかと思うのだ。なるべく外の靴下と子供の足の大きさを紙へとって送ってほしいが、こっちで大して安くはないが内地からそれは安かろうが郵税にかかって買って行こうかと考えて居る。これをよんだら子供らの足の形を紙へえんぴつでうつして の様に、それとくつの外側を型にとって送ってみたら の様に紙の上へくつをおいてふちをつけるとよい。足で日ーなりにしてさ。三人共一人二枚づつ（足の型とくつの型）を送って見てくれんか。買って持って行けるなら持ってやりたいと思う。子供らにはハッキリ言うとアテにしてよろこんでまっておって持っていかん時には力をおとすから十子供らの足の大きさが見たいと言って来たからと言って取ればよいよ。高物も相当にあるから買って持っていけるかどうか今ぶんが出来たら無理をしてでも持っていきたいと思うのだが。

SHIRAYUKI

994

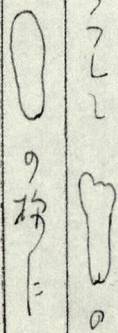

No.

それから お前の方へ、この手紙の内 これから先の分を 一緒にして
ほしいのだが 五月一日から先で 四角のノートー 表の上に 日の丸の旗
と軍艦旗の 絵のある ノートーが 売っているから 何日に 何通、裏に日付（ヒヅケ）を
をかいて 忘れん様にして 知らしてくれ、お前の方で 皆俺の名に
なって居るから 大切にしまっておいて 呉れ… 忘れないようにな
失くと困るから、ゆめゆめたね
何月何日 何通・（日付なし）と、返事は ノートーに限る。
俺の方へ 送ってくれる時に ついでに かいてくれたらよい 別にしなくてよい
一通で 銭が三しいらんのだ 使えだけにしておくのだがよ
この前 ノートー 五六通で 送った 文郎サの写真は お前が 送って来た 家族のも
母と弟るへものが つれてってたんが まちがったか うんと送ってくれ 余了
だ 三十枚近く送ったのだが つくわからないと すると し―――……
都合送ったのに つまらなかったと思って居るが 仕方がない

6

No.

以上　子供の足跡はなるべく早く　書留便でよこすがよい
ここでは何と言っても太郎へには分らないから駄目なんだよ
それを別々の手紙がついたら　別々に郵送してくれることと
普通の手紙の中に何日に何通とかくのは普通だから「別口何通」
とかいてくれ　中に中のことをかいて　かくといかんよ
俺の写真は水谷にうつしてもらったのが出来た。又今日十五枚出し
中に女の人ですが　送る二三日中に発送しよう　お迎えして居るよ
いれてやれ　笑ふかも知れんよ　ジャケットきているのもある
それは事務所作りで惜しいだろうと思ふ　それのみならず出来ればならん人ね
いよく俺の帰る時の便りになるまで待て　お前もつらい／＼もえらいだろう
おまへもよくやってゐるから体を大切にして働いて　ゆっくり休め　なるべく下らぬ行ひ見るな
毎晩のおれはお前の元気な姿を見て居るから　大丈夫だと思って安心をして
して居る　子供らもその意味で　出来るだけ困ることと思ふ　では又

四月廿一日
定吉
妻へ

SHIRAYUKI

. 996

今日の手紙（ノート・リーフ）小林次作　―出雲塩田

貞之助、初三、常三、安人寺瑞七、五　―蜷川家の人　あん吉―いけす

五月一日　だんだんあつくなつて来た　いよいよもう初夏らしくなりし

本当の夏らしい。日中は外を歩いてゐるととてもあつくなつて来た

昨日も久しぶりに一寸の室へ遊びに行つて満鉄店　をみな話をしつてゐた

部屋の中はむしむしとするので外へ出て見たりして涼みがてらにしてこうだ

木の腰かけを持つて一本の木の下へ二人腰かけて星をながめたり遠い土民の部落

のあかりを見たりしてゐた　涼風がくると何とも言へない心持ちだ　あつい所だ

と言つてゐた　満鉄らしいがなつてゐた　ねようかと云つて別れてねた

今朝から土曜の趣味になる、明いことは明るいのだが土曜中で日が出てゐた

から手は自分でさんぽになる事だ　内地の土曜ならば大したことはない

場を出して土まみれにする便所を水で洗ふ　一週間も残して土を

一枚ずつかけるとよい気持だ　紙で所を洗ふ　炊事へ行くと　汁もある

てゐた　もつて行つて今朝のみそ汁は　あげ入こをおとしてたべたけだ　ワカメを

入れて　どろどろとしてゆでずっぱかつた　外の菜は　兵の手がたりない　腹を出し

SHIRAYUKI

1003

2

No.

に行つたりしてゐた、俺は雑誌をよんでゐたが服の所へ手傳に入れ
久一之は今日も馬にのつて遠く見て廻りにいくと言つてゐるから居ない。
今日からいよいよ夏服だ去年のを出して体に合はしてみるとシャツ、パンツ、ズボン二着づゝ
服一着と、冬服のシャツをとつて夏服へつけたり冬服を洗つたりして昼になつた
始めはまごつくのにつけて中々うまくなかつた。一服してゆつくり雑誌を三
つよんでみたらねて丁度三時頃目をさました、久一之が来て居る。風呂もわいた
外務省に出かけ二つアンパン一つもらつた。しかしそれを食べて久一之を風呂へやる。
汗を流して帰り俺の所で喜んで遊んで居たが又来ると言つて帰つていく。今組は皆、
今晩は沢山がよいしつを掃除して読む剣を三本もやしておく。足と手拭をかく
事中々よい。夏服は大軽して気持がよい　近頃の夜中から細明けに
かけては夏服では寒いかもしれないが外に出て見る方もそれはよくない
シャツだけは冬のを着て居る。又三日もたてば夏服もかいて出ようと思ふ。
うまではもみ作をして居る頃だろう。春も三日たてば来るまで又待つてゐよう　又

五月一日　仁志

SHIRAYUKI

1004

No.

五月二日 晴 だん／＼あつくなつて来た いよ／＼夏になつた

昨日は久合田にすゞみ 二三だし そらまめをたべたので 中々すゞしかつたが 一晩して

父一支の所へ行て遊び 今晩の客を行し 今日から夕食を七時に 二晩 七時になつ

た 一晩キンたついた 當間の日は丁稚よいが 私んが 外から帰つて 帰ったが 祖中からは [illegible]

れ奈をさしまつた 父一支は二ヘ来て 初めての退院に来た 二時まで居たので 丁稚

俺は野菜の中へ行つて立つておたので今は居なかつた 今夜 三ヶ月の様な月が出た

五郎助は居た 居た 三つかを出して来て 寝床へ行て来た ねむい 許して [illegible]

たにそのまゝフトンをかぶつてねつちゆて夫れ 朝めしに起きたろうたがねておて

何も知らず九時半頃迄ねておた 父一支が遊びに来て目をさました よくねたので

気持がよい 腕にけがのを見てくれと言て来たので 一しよに行し 上田の所へつける

皆吸膏をつけしかたで 外の所は [illegible] 腕の [illegible] 日に [illegible] つけて来た

俺のもむらつしかぶれもして行く 父一支の腕 夏服 夕飯 [illegible] つけてすいた

どこかへいつか居なかつたで 自分の所へ行て 腕へつけてあた 外 [illegible] をよく見てゐたら

SHIRAYUKI

No.

今一之が来た、兄貴の室で遊んでみたと女房を見てゐたが変りましたにみえた

の御便り一寸拝見しました 暁の半年の過ぎてからかいておいた七枚 大陸の沿岸之が

手紙を呉れて去級写真を二枚送って呉れた 出発之際 数ヶ所に御会しましたが三年目、写真

での顔付などなかなか送ってかいてみたら 又吉郎様 女の室はあったあつくして時事之

ますて信の孫へとうとうもとめたところが数枚を見ましたがその着をきていました外の方を見てゐた

上手にかいたといふ丈之が大陸へ働きに又ペキンへいくと言って来たが小説家之になるだ

らしい、この本を又一之に見せて見たりして浪花之の写真を見せたらこの人は母の弟子の時

に見たことがあって言ってゐた 大阪あたりにいたのでといふので始めてさうして大阪を見よう

すこしをすゝめるをかけてみてくださいと言って、今会へなくとも信

い、信もすこしで会をたべ久之町へ行って帰ってからうまいくと会も過ぎ大よう

こんだ日記や手紙を下さらん先人の前で一之が何でも来たまつり日に書付過ぎまして

一寸会ったなつかしい日は忘れはしない。あつい日記手紙をかいてゐる所へ之に

写真を送って来たと言って居るが、今日は出来るだけ材料を集めて書いてゐるのだ

二月六日 ...

SHIRAYUKI

1006

No.

四月十五日 廿四日かの手紙か今 三日の遅延に来てゐた
父一志の郵便が遅くて居たら 栄子さんの手紙を持って来たので
いつものやうに今日は早すぎると言って待って見たら 信の所へも一筆
四枚をお前からのプートー一枚とが来てゐた。父一志が 妻前さんとよむ
のをたのしんで居たので あゝ信の所へも来たらと思ってゐたら うれし
かってゐた。それからやと 写真をよんだあとでプートーを被った。
お前も丈夫で働いて居ることのことを何よりうれし。お信らも大きくなって
仲よし遊んだり笑ったりして この長い日を遊んで居ることが
度々お信らの遊んで居るのを見たいものだ この家へ帰って来たらば
お前人のお信らも遊びが言葉が出来ずとも淋し…
幹いた事は仲よく共同作業をして居るらしく 何よりうれし…
と小さいのを二人の母。父一志の手紙には 今日こっちに来て居るとあるし
あるし やってみるを話しをしたいのだそう 四月中には 彼の… 行くとした

SHIRAYUKI

979

No. 2

二どと君に手紙がかいはをする所に出来るだらうと評判あると言つ

て居たのだ。さうよからう。いゝ出来があつて丁度よかつたナ。これで一文

なしるのにはお前も行つて会えで君ふが手にはうはいつてみつたらうナ

俺の便りもつきおれが四月十二日についてから一週に行く人とか、あれをかいて

居る時に三人への五万字が通りいたらしいが、便りはいつもの様にあつて

居る事。俺はずいぶんで船の都合でおくれるであらう。何も心配をすることは

ない。安心をして勉強をやり、お侍ぐを育てゝくれ。俺のことを心配して体でも

こわしては困るからな。お前も中々大事な体だ。一家を守り、子供を養育し

て行かねばならん。母上様が在る。俺が行く道は色々人が言ふ事があるかもし

れないが、それらは皆お前の為だ。二、三日共へあつて来たのだから、俺の分に付て

人に言はれる様な事があつては、つまらないから、立派にして下さい。ばらして

やつていくこれ、三人仲よく俺の居ない時の様に笑つて朗らかにやつて居れば

よい。子供たけを俺は頼んで居る。仲違ひをするとすぐお前ひとりなのに

980

SHIRAYUKI

3

No.

のうてあかれるからナ、今年は作りも倍になつたし何だか秋の来るのが楽し
みだと喜んでる。植付け迄にも都合よく、植付田の案も出来た。喜んでるナ
るたけ幸い弟が帰って来て俺の代りにやってくれるのでよいが、弟もやがて二十
のお嫁(?)作りたい。先づ牛は二頭売るから苦しくせず使ってるが、弟もいつもと仕ってる
ちゃんが骨を折って居ることと思って居る。今度帰った男も始めから家の為
通りにはしかし俺今は日本の備(?)もの(?)だ。自分が土へかえればよいとはどうなっても
よいと言う人たちばかりだ。俺が受(?)来て居る時には嫁田さんもやって来て
ついでけんかをつんで沢山いるのを見かけたものだ。峠にある大木田へかえって来て
とある所で、その田んぼに十三反の土地を用意しておいたのに作人に渡し
たまが帰って、俺はふる三人が居たろうが、今度世帯の時には倍大ぬ損と言
う訳になる。田は一反に二十五俵穫れる様になってみたらが、それが五つ迄だ
おいらが言うとは全く困ったものだが、今更何と言ってもはじまらない
俺が弟の居ない時には人にたのまねば作られないのだから仕方もない

981

SHIRAYUKI

二畝が一町農家の作りのゆうながら二町になるのにはかなり無理がある
ためしには俺はやはり草が肥料を沢山出し堆肥にするのは俺が好きなもの
だ。田へ平均に撒いて見た所が一町を越すとやれないだろう
まあなるべく楽にしてやる様な事を思って見てもどうにも出来ない。なまじあて切る様に
していれば貧乏しだい。なかなかどうにもならない。まあ勢にまかしてあるもの
なまじ考へを立てずに言はれる様にした方がよい
冬作田にも皆すやを作ったとか仲に入るだらうナ。俺は気楽な気ばらしして居る
まあお前達にもしないが弟が居られるから安心だと思って居るからナ
みそいうまい素麺とか作っい時など平めん大事だナ
この頃は陽気もよいし弟俺も近所のによろう庭のせんていを弟がやる
ということが。あのおそいおくりは良い花がつくだらナ。いいのは派でほしい…
宇津の久米田君へ奇。かりせんなられたそうでいるので俺と弟夫を
二人切りになって失ったなその当時あんなのは大変辛かったナ

SHIRAYUKI

982

5

No.

無事で居ります 又いつでも会へるから 帰国の来る迄 まつておくれ
お互に気をつけて 先づ第一に体が大切だからナ
この頃 労働で居るより手は大へん目だつのがらがらなるよ それも居るから
ならうと思ふが 達者でよいのだが 今月は如何か 沢山に送つて貰
へはじよ 望なつたて 母さんはよろこんで居るだろう
久夫は この頃沢山手紙をくれる 俺が出すのより先々とくれるので 返事に困
ははやで居る。呉だ 字は俺よりもまだ下手だ よくにしよみにくい
わり肥に送つたですナ。この頃は松田の稲刈りもしてみるとあ 中々沢山
ならば大変だろう 冬仕事しているのもあるだらうがナ
もう慶ちやんも大きいこと 思ふ 日ましに大きくなつて行く 昼の大きくなるにつれて
又苗代もすんだこと 思ふ 麦を苗場の苗が大きくなるにつれて下し 農繁期
に向つていく。弟と仲良で二枚同じ様になつたとの 家の出来は大して
よくない 荒れたと言つて居たが、それでも二枚位は楽に入るかナ

983

SHIRAYUKI

6

No.

田地は今なたねの花盛りなそうだ。大分ニーよりはおくれる
ね陽気も大分遅いらしい。当り前だが、ニーツは大あれもしない。麦が
ない。畑に一面に穂が出初めて、きれいになって風にゆれて居る
そらまめや、えんどうはみそ、五月まめ——やまどうとなって居る
春田を水牛ですいて居るのんびりとしたものだ。夕方になると子供が
乗りになって水牛の背にのって、ゆっくりと家へ帰っていく
内地では見られないのんびりとしたものだ。こちらの土民はすこぶる
落付いて耕作して居る。どこを歩いても一面の麦だ
黄塘も大分伸びてみのり始めた。その次田植えはじめるだろう。麦つくる代
の揚げ水車が方々で水をかけて居るのは一寸珍しい光景だ。この頃は
雨がふらないで水田へ三千年揚水しても足りないということ田んぼに
いん居る。水がなくなって田植えしにくくなる様子に上表と次の
なるが、内地人には出来ない。今日はこれで終りにする。又明日かこう

一男

しげ子へ
五月四日夜

SHIRAYUKI

984

No.

五月二日　昨夜は山の方でぴかぴかといなびかりが光ってゐたので
はれて気があるのかと思ってゐたが空はいゝ天気になったので妙だ
と思って居たが今朝になったら曇って居た
風もきつい　土ぼこりをまき上げて木をつよくゆすって居る
昨夜も相おそく迄久一之の室で遊んで居た　ふとんとあつい紙で
小さな室はほとんど仕方がない　寿郎の村林君は遊びにくる）
明るい内は三人で昨列の（山も材木やの弟）森本君の所へいった　少し
僕なすら早いらしいので久一之がことづけをしにいかれたので案内
をした　僕もついでに呼人が済をしてやってくれと頼人（あの）ですが[illegible]
いつのことか今度はいが僕と同年でよく知って居る男だ　久一之とこの二副の
今も材木田の一番下の人だ　又お頭を呼びに行くかわからないナ
でづらくない営田を放棄して行って居る　村林君が来てみたのだ
二の二副の人だ　写真が出来て来たのだ　十五枚もらったので方口へ送るつもり

SHIRAYUKI

1088

たまかれにも二三度あるがこれへ入れて送るが汲の便にするがわからない
今日方故送たから首くある人にやるとよい。俺のおけ大きく手中に
少伸しきれのんであるが出来ないから送る。小さいかいさう含る水箱がこぼした
のだ。又一支にして見せた。又一支ここへ出して友人にとってもらえと言って
二枚見せつてもらったが其日幸子さんとここへつながって見せて貰ふとよい
そし幸子さんに会ったら言いたいことの平田だ、しかしよいある所に
話をしに帰りて上げて来、母へを来れるが才
で又一支の後のうちに一本送って初めて一本送った日だ。此の日悪いが仕方
がないと言って大笑いした。村林君と話をしているが、あせるので
皆へあなた勝手に行って独の空をながめてよく話をしているが笑
時になったので帰り二人は九州旅行遊びに若い時の昔ばなしをして笑っ
ていた。昔のはいなかの両親が来た話を思い出して二人で笑った所
れが、此から後へと話をした。話は海をせはしまりながら久しぶりに昔の

No.

SHIRAYUKI

1089

No.

了と思ひました。今朝は珍しくあきたから早くやめようと云て別れた。

夜が明けたら あさめし 掃除と毎朝の仕事を 早い所やって来た

朝めしを食べたらお茶で眠れのではこぶ おやつを作りかけたが

つく又一さんの所へ来ていたんで自分もたべて来たら大よろこびだった

服のボタンをつけたり シャツを整理したりしておったが又一さんが遊びに来た

よく遊んでいたらしい。昼、朝のおやつを作ってやったら喜んでおった

かおを見て又よろこび、明日の分をたのんで話をしておった。今日は風呂へは入った

今日は休みだ 大掃除があって それの大分かかった。汗をかいておそくは入った

手紙をかいて、写真を送る。順子さん十日夏旅。又きよ子さんと四国へ出かけ

せめて一ぺんには出来ない。又一さんに手紙をかかせに帰って来た。気になっていたので、

めしをたいて三人で食べた。おくれて送ってもらいげて。一しずかなる所には

みんな元気。向小原の人達が来た。眼がさめた。いつもの通り来た。一寸この頃は

一寸寒い住だ。今日は又遊びにいってこう一日は大才一しずかなである。

三日 寿

SHIRAYUKI

1090

ヤ

No.

今日の手紙（ノートー 宮村 ノート 宮本東一 安全 鹿三 四）一

十月四日 昨夜からの雨が上って 天気になったが風があり寒い
夏服なだけは忘れず外套を着ていたいのだ
昨日は夕食後久しぶりの室へいったが 室もようやくきれいにしてくれて
ようやく机の上もあたる様になって来た 今日は外へ出て済ませて
おいた。丁度よかった 風もあって雨もはげしくなって大がかりになった
久し振りの雨だ 畑の作物のために 息を吹き返すことだろう 又あついと言って
ゐたのも気分が冷えてくるだろう 久しぶりに雨をみるのもよいものだ
ゆうべ 打つ雨の音をきいて いろいろ考えて居た 昔のこと 今のこと これから
先のことなど とりとめもない話をつけて居た 家の方の話もすっかり消えてしまい
又少しばかり失った勘定だ 一しきりねころんで天井をながめてみた
雨も止んだり降ったりしていて それ以上何もうまくして行く 頭の中を
ながめてみた 久しぶりに近い内には陣地の方へ行かねば 地図を出して
調べたり、又家へ手紙を書いたりしてみる 幸子からも三四週手紙が来ない

SHIRAYUKI

1091

僕たちの上陸以来のはげしい射撃の話をして見たり、女のこと、子供のこと、支那の絹で作る赤や青の糸をぬいつけた可愛い小さいのが持って行けたらいいこだよろこぶだろうと思った。又一大尉は村林君も子供に買ってやりたいが船に持って行けたらよかったと言って三人笑ったことがあるが、子供らは本当によろこぶだろうと僕は思っているのだ。持ってゆけるなら喜んでよろこばしてやりたいものだ。いろいろ話をして見たけ遂にするた帰ってゆくよう今夜は淋しいが帰れるかも知れないと別れて帰って来たら正直すぎるので淋しい。夜は昼早く林の中へ入りこんでいる。すぐ消燈されば寝るが、テントの中へは入る。淋しいがげんがよくゆられた。昨夜はよく降ったらしい。外は水たまりが出来て居る。からりとはれてあるい。雲があって日はまだ少しかすんで見え、朝早くから陽を浴したりその附近の掃除をしたりして顔を洗い、炊事へ行った。外はもう出来て居る。はこんでゆけて食事をしただんごはおいしい。

1092

6

No.

大体の用事も済んだ。この店は一日三円、大抵おかしとなにかをけずって持って行って
やるのだ。はんこでめしも沢山くれる。おいしい。金が無いと言っている
昼ご飯は又遊びに行った。皆さんで色の話を、お所々が悪いと大変楽しく
てんなに話があったと不思議に思いなろうが、又いくらでもあるのだ
古本に何でも安く、映画へ行く。御馳走は大きなお一切れである。大抵おすしを
作ってただ、午後は又一寸で遊びに来たり、又俺が少しなどして居た
この室は畳で、からいいだから寒いが、大きな小室は暖い。そして大学に
火を入れてある。すぐに着て遊ぶ。みなもあい、二時頃風呂がわいたので
又風呂へ入った。皆来て俺の前で遊んで居た。ゆっくり入った。今日は
舟などで自分で来たが、めしい時になった。晩餐八二ゴで、めしを食べて居たり
おかしを食べたり、お茶がしをけずったりして、僕を困らして居た。ちょいちょい遊びに来し
夜、皆で、めしを持って来て、夕食にする。日記を手紙で、かくしおく
今度二、三日のあいだはない。今日手紙が来た。お前のが来てうれしい。又返事をかく

五月四日 午上四時

春へ

良

SHIRAYUKI

1093

六月十日、昨日の雨で昨日は寒く今日は朝の内は一寸寒い様な
具合だったがだんだん日が出て来てだんだん今迄のあつさになって
行く様に思ふ。まるではれた日本晴 いゝ天気だ
昨日も夕食がすんでから久一さんも遊びに来て皆といろいろな話をして遊んで
居たが日がくれてから今度は俺が遊びに行った 何と言ふ事はないどうしても
退屈になると出かけていくのだ 向ふらんが遊んで居たがたゞ入れて丁度
よい所だった、点呼迄遊んで帰って来た 今晩は寝よう、早くねむられ
やうと思って出たが今夜は星で一杯だ 洗濯をする 風はない
今日週番も昨日で送って来たので又毎日手入れか演習に
ある様になった 点呼をすまし体操をしてから馬やへ手入れに
行く 久一、白馬には今は本当に思ふが大した事はない一週間だ
手入れを終って早く帰り顔を洗って朝食だ 食事当番は川
とたゞさんであったので すこしをすまし久一さんだけで手早く食事をした

2

食事をしてから出かけて居た、めがうまいと言って居た。
もうすこしで陣地の主人さん達まあまあうまいめしをくってみると何ぶが
陣地の川ぐちおかあさんがなつかしがんからかしにしろ、米は出ますかと言って
あた、海保へ出てしまちを買いに出て、二人ぐらしたべる菓子をのんだりして
文化前に行く、今朝の日記につける。今朝は馬の手入れである、皆がなく
の馬を一生けんめいに手入れをした。馬でなんでもかなしもしくうまくなっていく
仲人なり平和になりして互を楽して待つ。互はちーけであった…
午後は出かけて居た。班では各分隊の手入れで自ら許しておいて、
風呂は今日は燃料が故障して水がきて止めたので入ることが出来ない。
明日出かける馬の手入れにおいて各分隊天長節の祝賀用品酒一本づゝ
とみかん一つ、おかし一箱を貰って二人に一つがーるぶつん各分隊には之れも
あり、大人の大和で酒を一杯やったほうしとよりも楽しくなく之を書い
て居る。又まいから自分が一人で来たあるい。又之から遊びに行く。

[illegible]

1073

3

十月六日 より天気になった 雨より二日目で また大変あつい
こともなく丁度よい陽気だ 風もあって 内の奴は 一寸寒い位
昨日は日記をかりておいて 久一先生の所へ遊びに行った 向山先生の今井
軍曹が知ってゐるので 遊びに来て居たので 長時間遊んで居て帰って
長時をすごして居たら 大正の丸橋が呼びに来たので 出かけて行った
役所の山田村木先生の家の森本伍長と遊びに来ていた 久一先生はるすで
陸後の村林の所へ行ってしばらくして帰って来た、森本を丸橋と三人で
いろんな話をして 賑やかにすごした 水谷を呼びにやったが 工兵で居ず
四人で遊んでゐたら 去年の 上田准尉殿が遊びに来て 又一層賑やかに
になり 満州時代に居た面白い女の話 戦争の話 現役時代の話で
あきないたので 笑って 大笑いだった 話にみがなって 相手をしてゐたが話が
終えたので 先へ森本を丸橋で三人別れて帰って 又みんな別れ室へ帰った
火をけしまして よの中で 今日の事がはっきり浮んでまた話をして居た

1074

八日は朝の内は涼しい。点呼をとって体操を一寸やっていて
手水を済って帰り顔を洗い朝めしをたべて三階にあがる。午前
は談話の稿書でおそくは終了しようと思っていろいろとあれのを手入れをして出し
て見るべく半年が稿書を直す。その合々よいく返事にいってあたか手紙を
あいてあた五めもあいて（五めし）昨日の手紙の返事を出す。きよ子さんとこ
千葉の兄様、深田広生君、不二郎さんと二三日写真を送るのにかかればかり
りかったが又二通になり当りました。豆丁のは又出して見て二枚かいて入れた
きよ子さんに柳多留が面白いとかかいてある。林口文章、家庭、面白い歌
を作ってかいてあった。桜の花を送りたいがもう散ってないかなとさとしらつの
の花を入れてあるまいかなまつかな花びらが咲き出して見てゐれ
豆子さんは学の不自由なことか徳永所の事がかいてあった
広生君も正雄君の部屋で大分さうどうをかいてあったり
不二郎さんは息子さんの事がかいてあった。出てのつくいされるその二を

1075

5

千葉の兄さんも北支への輸送指揮官の任務も終って帰った
さうだ、下部隊が便所へとしてゐて三戸隊長に言ってゐたよ、幸住は
書いが隊長に書かれたやうで一家のものは大によろこびつゝまってゐた 関上部
隊 今田隊長とかけば行くなった、出来をとれてゐるらしいが、帰
れるのか、候とどちらが早いのかなかしてゐるが 今月位には帰れるかも
知れないとかいてあるが 兄さんは三十七になるから不意に加へられるのだ。
又新ちゃん兄さんに対初の手紙を出すやうにな。
それでもう一つは兄さんの事だ 少年が三つか三つ共 一円を付録金として
言ってゐるふれたか 家族が運ってよそへ送るのか 少しも家者をかしく
今日にいたって 権兵衛へ返して来って 全部の人の慰問袋にして失かね
になってゐる筈、或はさうなってゐるのかな 返事をくれ手紙へみるか 旅用出して
気たのに手にはいらず どうなったか 残念だ、惜しいし 兄ちゃんもそれ
位の間違いが 何処かであへの通いないが どうすることも出来ない

1076

6

では以上五通ノートと一年二通かいておいた。今日は夢中の遊具な
午前で水泳をして陸をめぐって旅行を受ける、それが終ってから
其の午後に移って食堂へ行って久一君の出発する前も近づいて来た
夕食に良い肉や米の御飯をたべて大喜びだ。うまいと言って
夕食はカレーで皆んなカレーライスで又喜んでおった。別のしたしもあって
出し合せしだ、夕食を終って午後七時を合図して寝かせて失った。肉が好
れたが、出来なかったがだ。水底が空気をとろうと言って深田君と結びついて
村林君と前田君（大正志士町の）丸善、其の平野宣君（僕の友人）とが
揃って松阪の方は六人揃んで記念写真をとった。日松阪けた人
たゞ別れてガラスを事実のもとにしガラスを数多くして其の方と別れ水谷を
二人で久一君を別れて水谷とおせと風呂へ行ってくれを洗って
行った。近日は風呂が好きがさっぱりした。二十五日一人正式で
之をかいて日記をかき、今晩、手紙をこれをかいてから遊びにいく大好き
青木さん　　より
夢へ

五月七日 晴、今日は涼しいよい日だった。四月の末から五月始めころの
日暖かりのあつさも又どこかへいって失って昨日涼しい日はありがたかった。
高峰を起して体操をし、散歩に行く帰って洗面をし食事をする
昨日は高峰がすんでから永舎と云ふ一兄の室へ遊びにいく、永舎が紅茶
をもって来たので火をおこし湯をわかして紅茶をのんで遊んでゐた
今井留吉も遊びにきて三人が四人になり食事に席をとして居た。紅茶は
コーヒでも茶でもココアでもなし又別ないゝにほひで味のあるのみものだがとにかく
と入れて四人永舎もゐて居た山田のミカンを切ってたべたとておいしい
昔の話から支那の古昔の話。永舎は又中々くわしくよく知って居る
九時半頃になって来たので又明日にしようと別れて三人宿舎へ帰って寝
た。おいしいいい香りの紅茶、いろいろの話を思い出しながらねむってしまった。
今日は午前中は分財、我等は高の逸部、僕は今年の修復にて
多くの高の逸品を手入れをしたりして過した。年月をかけた多くの二百何点かの

1007

今年も久一さんの所へ行っていよいよ明日出発すると言って居ます。一時も遊

遊んで居て（久一夫の男の子たちとあそんで居ます）又今年の夏休みに

いた田舎で夏の休みにはたのしく早く仕事をしとくて帰る

今日は風があって涼しい。よっ居ります。夕食に久一さんのエビドーナツをたべ

出来ない米をかして下れと、ともえさんと一緒に上日本村へ行くので

帰って後たら会って……本当に何かの事として一夏何でござい

久一さんも来て風呂へはいり明日久一さんの家のおかずを持って

卵を湖の上に出して又帰って一寸日にも平伊をかいておくれの

いらして今終わりました。今度は何年かかるか。久一さんがここへ来て

様子をあつかった久一さんの所へ来て居たので帰るので

久一さんが来てから十二月二十三日迄居ませう。いろいろの話をした

ゆっくりしたのは先日。海嬰も久一さんに話をしたことは

家の事もゆっくり話して下さい。別にかはりがない。仕方がない。まあ元気で居ります

ちくま

1008

今日の手紙　ノートI　梅田先代子、梅田ますの（十六年十二月十三日）　二
川中キ近三、吉林深之助、郁三、梶川せい、野呂一之
松本梅田

五月八日、晴后うすぐもり、今日は又元へ戻ってあい変らずの夏
らしい日に戻って来た。都和に依って行けば出征もしくはする。又雨か
昨晩は夕方からいよいよ最后の晩を久一さんの所へ遊びに行き、村林君も
来て三人で最后の晩を楽しく語り合ったが八時半に帰って来て寝を受ける
終って外で三人で夜空を眺めていい気持になって話をして居た
惜別の森本君（今の弟）も来て三人で十時頃迄ゆっくり話をして別れた
明日の一日分のめしをたくさんおいておかれたので、なのむしにしてあるたが
出発は朝五時半起床で五時半出発するとの事でうろうろしてゐては間に合は
ないとおかれを連れ柳沢もして今晩たくさん米をかって炊きたてのまゝへ
さんの室へいれて横にさせてあげてゐたらすくすく寝てしまった
後で火をおこしていろいろをかけ話をしてゐた。十時前に会ってうまくたけ
たので始末をして別れて帰った。皆眠いぶきをかいてねて居た
まもなく布団の中へはいり込んでねむいのですぐにねて失礼

3

1009

4

今日の昭給品（酒八勺　アンパン一　タバコ二つ）

今朝迄コールで上等兵や何とか云って居る内にもうトラックが来て荷物を積んで去って出て行ったので送られ出来ず、あまり早過ぎるので話し出して馬やへ行って手入れをして帰り顔を洗い朝食をすます　十四日の朝から今日迄　十四日分朝から昼まで一寸よくなって活を一つ二つだもう今日は痛くない何かが気掛り…又一寸して大へんよろしいで気が済んで居るので助かったと言っておれ午前中劉隊長殿の偉部教練等で近く、故障が行けそうと、其のせいだ俺は馬に乗って出かけて居たもう馬ではあって行ったもようになった。昼に帰りアカギと又々の天幕でうまく一回りして午後の日課にうつる。午後は手入れで俺は馬やへいって居た四時まで馬の手入れにうつり　馬にえさをやって帰る今日は非常にあつかった汗びっしょりだ　日記を早く書きおして　写真をハネでアルバムの様に作り一枚しかない、催事の為で箱を作ってクニちゃんの写真をはり　写真を入れる　引きとしも作っておいた　今夜は視察演習をやるとか言って居るがどうなるのかわからない　もう少しで今宵は酒がある　昭給品の酒もある。

八・一　夕　土肥生

1010

梅木、伊藤の両君が にわとりを二羽買って来て 飼って居たが
今朝演習が有るのだったのを出して 卵やまで食事して急いで演習
へ行った 出て流して出て来て 出かけて居る 持って行けは流れる鉄砲を
かついで馬場へ出て行く 夕方はすごくて何とも言へぬ 小雨が降ってて
降って居る 人から借りたりしてみた 出すことも演習をして居る
点呼前迄 訓練をやって帰って来た それで一枚になって一服してみたら
リヤカーが来て居た 書類 四月十四日出のがあり 其他五枚 ノート一二
冊とあって居た 点呼後 封書をよみ合った 封書へも書類等
来ていた 溝して 便所に目をさましていたと どこも同じらしい
この頃は さむくて お前等の便りが来るのが 何よりよい ノートしか少ないが
となるが 来る この頃は毎日の様に 船がはいって 便りをくれてきている
便利が よい お前らも元気よく 大便りで 返事に よこしてみることのこと
安心だ 何よりうれしいのは 母の健康な所でいることだ

1011

6

内地も初夏らしくなって来た様子十日中はあつい日もあるとの事を
沖のしまりも出来ん地田の株切りや細い杉の節入全人の居間になってせっせと
世話したとの事、去年奨励会が出来たのか、少しも知らなかった。
今度おすみさんで姐さん三人揃ったからりっぱな仕事をして下さることの事
うれしい。出征しているおかげだ。早速おすみ、悦子、加藤あさ子、鈴木
とめの三人へ一枚ずつ手紙をかくよ。枝切りや文細けずり
作ってよこして全くすまない。お前の○○の話、源さんふんだんなたよりが早い!
去年のことがあるだろう。ここに居ては何もわからないし又かけないんだ。
三回目の夏を迎へ、これでこの暑さを凌いで行こうと今から人ばっ
てる。四月中旬と五月上旬へかけての大作戦にも俺達は参加しなかったん
が、他の大きなのでしるそうな。某日に出た居士の皆で見た。三度も故に
も大きくまさこそ思ふ。文句なしに参加して勝ちたかった。本当に
ありがたいと思っているよ。皆、隊の人々のおかげだ。又明日かくことにし!

五月九、兵一等兵

1郎

妻へ

1012

五月九日　くもり。昨夜は点呼すんで消灯するころには大雨

になつて屋上をたゝく雨の音はかなしい位だ。天井を伝而し

よんだり故郷を思ひ南京みやげの歌をけいこしたりして十時頃ねる。

雨はなん〳〵ひどくなつて来たやうだ。明けはジャン〳〵と降つて居る

今朝は雨がしよぼ〳〵と小降りになつてそれから降つたりして曇天

は暑さ上る一方だ。風も涼風からし　三日後より晴れ上るであらう

点呼をすまして食事当番に行つて来た。掃除をして顔を洗つた

炊事へ入らしやしをはじめにりや南京人で昨日の残りをワイギとホシジル

でたつたとさいなる…少しが、目で古仲間になつてしまはれた日本語がある

よみがえると思つた。一晩して横になり輪田から少し手紙をよんで居た

僕達の気持ちことがあつて居るのも又よいものだ。皆集つて来て見ておる。

雨も止んだらしかつたので、八時半頃から今日は会計当番の使役で風呂

水場かしの割木をやつた。夫人、水をはこんだり、木を切つて割つたりした

1013

休みの時宮に行つて、獨り洗つて床屋にはいつた

大分延長刈つた、刈れないのが少し刈れるのがわりよくだ、一寸話したよ

今迄に少年の写了を九枚かいた、村田千代子さんへ一ト通一通やりく送つた

手紙の一箇不れしおいて、残りのかしかをたらしてよばれたが何とも言へない、味もさん

一服つけるままます、かはうまみ／＼ 写了をかりしおいた、お前に書物への写了を送

記念に一通あげてこれをかりく居る今だけだから こういう方の注射だ、夜は工兵

で疲れたよ、雨が降つてふらつくはよいが少し眠つて居るかもしれない雲だ、どうも困るものだ。

雨の日は淋しい、からよいがもう少しかのうるさくて仕様がない、沢山少年には

夜は絶えず工兵の用事があるとか、一寸油断が出来ない、読書も注射にいく

大い針がちりと降かつた 雨は今大ぶりになつて往復にぬれて失つた

午后は之で何もないらしい、今朝の検閲を受ける者はこの雨の中を馬で引いて演習に

出かけて行つた 十一日から始まるらしい、明日は休みだが出来ないので部屋かけてやるの

らしい、今朝、隊中ものは補充兵のみで僕達は使者教練ばかりだ 又明日書くことにする

九、后二時

1014

五月十日　今日は休みだ　降ったり止んだり　うっとうしい日になった、
昨日は午后　ここの体操をして来た、少しくいたい　休みかと思っていたら
寺村が来た（今度来られた（又一先生よ）服部見習士官殿の教練
についての話で寺村君の人はなかなか話し方上手だ。
ここ半年で解散　自分の寝台の所へ来しかい教練をしてで居た、雨は
小降りになった、お雲はむこうしく今夜は本当に降るのだろうと思ふ
一ゆりうつらとした　ドロップやアメを噛んでるため自由気を以てふった今日はか
なかなかがんばりをして助けてかった　子年が又披山にあったから　アートへ入れて
皆さんへ送ることにした今晩は大体日ド横なのだ君　夏に行く用意を
しておく金　造紙法でしてへ　ここ半年に出かけて行って七時からまちにつくのだ　丸・だ土曜日
雨も降ったり止んだりして居た　七時に勤務についた　今日は当番係り
で事件をさせるわけだ、主綿をしながら　上ほど来だ　夕方になったようです
中隊の方が陣中まちの演習に来た　雨　はたしてふるか　小やみの方がうるわしい

のが夜明けによかった。朝になった。外の陽は今宵の所一夜明けに来たが
その時分には雨は大へんひどくなって ずぶぬれになって まっくらな暗の夜
の中で中々居た。主人は一時間毎に水をしなければならない。
一寸先も見えない。ころげ落ちておる時四つん這で降りて居る時がいくつも しまいに
は道がびしょびしょにぬれて水たまりが出来たのが白く光って居るので見当がつき
易くなった。それで草原へいくと何も見えず 剣の先だけ白く光って居るばかり
だった。俺は三時十五分頃起きて居た ぬれて ぼんやりとして居ると
つくりとなって来る 十五分は魔氣が消えて ぼうっの灯だけが
外は村内の灯りも明るくかがやいて居たが 夜中になるとそれも消えて
真の暗になった 東京の灯でも方角をまちがえて 見えなくなった
出て行くこともあり 野犬は沢山集って ワンワンとほえる うるさい
そのがれ 時間頃 黒仕して つとめ 海の音を起して 気付し 外とう
を着たまま くつははいたまま 剣を外して 寝ころがって ゆきの 頃迄

十日　ぐっすりねたが寝所を足を引っぱって起されて目をさました
ねむくて目があかない位だ、ゆすぶって居るのが寝所だ　外へ出て見ると
相変らずしごとを待って居る　上んだ　全くはまらない　いやな日だ
ラッパの音を聞いて寝所を全部引あげた　昨夜はよくして今日になった
が大分ふえたので水がついて居る　ふりかしくて寝られなくなった
兵舎へ帰って皆医の手入れにいって居ない　疲れた体を落付けてはずして
先づ一服して居る、今日は休みだ　一日中の二日めしをたべずに少しやろうと
なくして卵を二つのんでシャツ一枚になってフトンをかぶった　まだうすぐらく
夜明前のなか、雨ふりのうちはくらい　二三日の晩に思しいつもりねて大
ったので手入をかりて帰ったら食事も又めし　何も無いに死人なもの様に
なって居たらしい　小便がしたくなって目をさました　便所へ行ったらしい　外は
ひどくなってしごとかたいとなりはさらない　又ねて居るかい　イイが
うまく寝（ねむ）くねむれなかった　昼になった　食卓をおく

1017

6

近頃は内地米ばかりの白い御飯だ　このことを林口では一俵（イツリウ）のめしと言って居る。内地米ばかりだといいにほいがする。卵かきつけるの事か
風呂もわいたが二三本手紙をかいてからはいらうと思って居る。
今日は雨も止んだ、松本君炊事から帰って来た。休みだし林口のめしをたべさせねばならんから御苦労なものだ。
レコードをかけて居るもの、ねて居るもの、手紙をかいて居るもの、本をよんで居るもの、タバコを吸って居るもの、アンマをして居るもの、兵舎の中はいろ〳〵なものだ
市長、村長へ二通ハカキを書いておいて風呂へいった。一風呂あびて汗を流して出て来ると雨も止みホッとうれしい日がでている。シャツをほしにいった。リヤカーにて陽当りのスケッチも描いておいた。雑誌をよんで寝て居た。外出ればで帰って来た。
昨日は馬の手入れにいく。今朝はゆうをあさなかったのでぬれて居る。馬も元気持ち悪いことだらう。まきを切って帰って来た。レコードをかけて居る。にぎやかだ
今宵だ。又々時近だがもよんで寝て居よう。又便りかくことにする

五月十日午后五時半

忠七

妻へ

1018

遺言の中で

（ランニングシャツ 一枚 ハミガキ粉 一カン、せり洋 二り
牛肉野菜煮 一カン 味の素 一 ビタミン菓子 三箱
エンピツ 一本 便箋 一冊 ）

五月十一日 くもり はっきりしない日だが 雨が降らないだけまだよい
昨晩は夕食後雑誌をよんでいた 床だが上官呼出すぐにねた
今日は補充兵の第一期の査閲の日だ。起床五時半分で点呼
より十分早く巻脚絆をまいて 銃剣をもって点呼に出た
で 馬やいき 水をのましままを かっておいて すぐに室の寝場へいって
朝めし迄の教練を一時間あまりした 涼しくてよい。八時頃帰って
顔を洗い食事をする 昨集は九時で それから 午前の 査閲が
始まった それ迄 わこうんで 日の出 をまって みな のんびりとしている
偏遠は 私をよく 各日週番の使役をし 木を切ったり割木
をわたり 一日の湯わかし の水を くんだりして 乗馬をすます
補充兵は推し、ひっぱりかえし 徒歩教練の査閲を終ってすぐに
午后の分隊長中教練の予行演習の為 訓練をして紙数つかれ
が終ってめしをしてすぐ又 一時からの演習に出て大変忙しい

2

（小包一號在世）

寒いを凌いで又今週 午前ぶり来週の土曜日迄 今月週番の
週番事について 今年の大掃除に申し受けた 今日の洗い場
を水で流したり[illegible]を迎えて見た で困れて[illegible]人で 講法倶楽部
をよんで居る 午前は通信の画像もあり 細字文 はテンテンまいた
幸い今日は入れて居るが済まして 画像に之れを書すってよかろう
一生けんめいに努めて居るだろう 古い連中は草刈りに出かけて居られ
[illegible]場の西っ[illegible] 青い野原の中を 之い行った 写真はよるこぶし
四時頃から運動会の室へ遊びに行って [illegible] 写真を見せて貰った 大会
四冊便箋で [illegible]は[illegible] 自分で とられたのも多い いい記念だ
これを見ていると[illegible]て見たくなった 写真はいいなあ と思って
菜と菓子もよければ[illegible]て[illegible] 湯を出しておく
火を焚いて[illegible] 目を上げて[illegible]
[illegible] 全部で[illegible] 又

十一月七日[illegible]

八月十二日晴 ひどくむしもの夏だ 朝からあつい
昨晩は雑誌をよんでねむれた 点呼もすんですぐねた。
今朝は皆より一寸早く起きて湯わかしをたく あつくなってきたので
湯がなかなか大変になるので普通に起きて居てはまにあはない事が始まったので
ねむい目をこすって湯をわかしたきつけておいて 顔を洗ふ 朝もやが
たって 炊事場の向かいに立ちこめて居る 日の出前はよい気持だ
そして一眠りすると 便所の附近を水で流して洗ふ 気持がよくなった
手洗水をかへたり 消毒水をかくだりして 湯をわかして居る。
其日めしが来る 一般に少しめしを上げる 毎 十人分で中々大し
たものだ 一つのおけには 二十七人分は入って居るが重い 五六人でいくのだ
わけてやって食事をする。 日がきつくなって来た 食道にはいい日だ
それが終って 朝がある。 今日は終手の旅的 今後駅中教練にまく
いった、青草原を炊事場のわきを通って井上街道向いていった

1021

写真二枚送る 見て呉れ 大切にしまっておくこと

これを見たら洗濯場を想像出来る 便所は木を切って割木をも

らったりして居た 用心する人なので 自分の室へ来て雑炊をよく食べる

ここへシャツ、かけ布、褌を洗いに大分来て居て来る 自動車の分

舟へのせて 木の切れはし一切枝のはしを集めてもって来た 湯沸しのたきつけ

にするために。女の四五人来る しかし牛肉というものがあって 午后皆休み

で洗濯や何かをしてはゐない。便所へいってもよみかきしてゐたら ものを加減を

取りに来て四人はやって 勉強、夕方に二百字ずつ作りかける事は七百 夕空

二つずつ、四時近くになって 気をまとめたり相手したりして遊び 又湯わかしをする

あついので大きなたらいを持ち出す 夕食を与えたに 魚のすまし汁だ

七夕ブーの畑をのんで会ってきてしまった あまりよい風呂へ入って 綺麗に洗んで

お茶を飲みながら出来たら 大海なり 星空をとりにいってしまったり

して今日は終った 何もかも 用心あっての事だ 細かにしなければ、

ほかのことよりも気持になって思いを少しでも ...を みよう

五月十一日

妻へ

良吉

1022

（引伸しの写真が出来たから送る）

五月六日出の便り今十三日につけた 十日あまりで来る。この頃はどう

大へいとはれ便りはおい今日とどいた十日あまりたってしまうように

なった 私からは おくれがちにおくられる 治りは 毎日私からトマト送るの

ミソを入れて送ってきた 三平吸がはいって居たので大変よく利いた

大好物はちゃんとおくれるが衣類のことはわからない 三平以後の事はわからない

三平酸の自ら好物が来たら皆で食べさせて貰いに行く

お前の手紙は十四日につけた 日曜日から通知になることにする

お前のことは通り五月二十日が来ると まる三年だ 早いものだね 丁度

夢のようだ明日になると 動員令が来てからまる三年だ 生ーブツ 早く

とられて貰いにくく一パイ記念にのもうかと思っています。二年も居

ると君はわからないが すんだ事をまた昨日のように思い家をおもいだすのも

自分を考えると 正当に もう三年も大きな手紙の自分を思ふ位だ

まる三年 指折りかぞえて見ると中々長い 七月二十日からになるのかナ

1023

2

節子　力修　勝男が出る時は三月で腹の中に居たのだもう三つだ

早いもんだナ、三十日の晩あの深谷駅で最後の別れをした時のことを

あゝあゝと思い出して泣けるよ　馬の泣し声　まつくらな夜　事に

あれから二年、お前さんも人に笑われまいと思ってずい分苦労をしてくれ

たろうと思ふ　それでも家内一同元気で大きく育ってくれるのだ　どんなに

よろこんだらうか分らない　一重にお前の努力によることだ

がんばって呉れ　頼むぞ　お前でなければ出来ないと思って　一人事に感

謝して居るが　今少しのだ　子供らは幸福に育っていくのだらうか…

然し　ここ二三年の辛抱だ　何とかよい活路を出すことと思ふから　それ

迄はお互にがんばってすべての為に働こう　あんまり無理をして来たらだめ

気をつけてやらう　何といっても体が丈夫でなければ　だめだけは　からだが

丈夫でゐてこそ力修さんとつながれるし　一緒に暮していける

はかりだけ　体もつぶさずにして力修さんと一緒に幸福になってくれ

1024

俺の便りも四月二十日、二十二日出のがついたとのこと。便りに行くはずで
而し俺達の生活がわかって安心をしてくれること、君の心配は一番体に
さわった。来一寸の淋しさもよく知って居る通り、こっちに居る以上は
絶対に安全なんだから心配をしないように。内地の友達に居るよりも
かしこまらない様、体に出れば、まぎれあって、又戦死せぬこともないが
戦地では絶対に甘いと言ってもよい位だ。馬にけられたら病気になったりする
位のもので大したことはない。皆元気かばって居るからってんでてこもすでない
それに体に出れば皆立派に身をつけるからだ。家内がなにかよい生活
家の為に身を捧げ任ずることは出来ないが、之は仕方がない。まめでよ〳〵
あとのために働いて貰へば、それにこした喜びはないからな
俺は家族達はかえって過ぎるお前さん、もう私生活のためだ。人に頼らず
さーれんなんしてやってくれ。お頼みする。この写真を写真屋でついた田
これは母を見て安心をしてくれたこと。思い次々に写して貰いたいのを

1025

送って居るが見て安心をしてくれ。やせて居る様に見えるが写真が小さいから
でなかなかうまく写ってあるのだ。家に居た時よりは肥えて居るのだよ
子供達は俺を言ふ事が分るとか。忘れずに居てくれたらうれしいよ。いつ
写真を見せてくれ。どんなになったかと思って何遍思ってみた所だ
何はともあれ家の者が一生けんめいに世話してやる。立派な人間に育てるやう
久一達をつれて来たのは出来たあずかるようよく言ってやるが、頼むよ。もう一度
写って送らう。楽しみにまって居てくれ。急にこの頃大分うつしたのだ。写真のが
あるよ。明日も夜通したのだ。見たら大切にしまっておいてくれるなにす
西出家の二人にも会った。出征の時通りた。せっかく来る人なのに
だが今の毒なことだ。あの仕事のあたりの実家達がはりきったと
いた。偏光が骨を折って運動をしたんだらうと思って居る。
うまく体を出来るのが達者な様子。病気をしないと出来なければ
仕方がないよ。二人で居た時の方が楽しく仲よく出来た様だ。俺は

1026

それぢや心配をして家郷にあんなことを言つてゐたのだが、やはり俺の思つてゐた
通りだつた。半分つまりどうにも仕方ないが、せめて俺の行く道は三人同じ仕方
をお前らに指図をしてやつてほしいのだが、お前らが上京して大阪で暮
だけに、何にも事ならず勝手なことばかりして居つては駄目だぞ
いつも弟らは二人で喧嘩をしてゐたさうだが、思ふが、一度聞けばいい方が楽で、下の者もわかるまいに
よからう。しかし開けて来たらば、自分待つて俺の代りになつてゐても、そんなは
なすつけ何にも事はない。仏だ。まあ外の人々のことやらない。特にして俺の行く道は
いい人生でもあつては耐へて居て呉れ。そして何かあつてはよいことも悪いことも都
速く俺に聞かせて呉れ。いくら伸ばしてゐることがわかつてゐることばかりであつて
居る者に思ひやつてやらうか。田も牛迄でみな田の都合と云へで、すぐ熟つたその
ことで今迄もこの田を歩いて来てすまない。又それ迄をお願しておこう
次に久美は、あつち中耳炎を病み、遠方にかかつて居るさうだが
ろうか。中耳炎だと良があるらしいが、そんなに治すにまたとうかいきつとよ

1027

よく医者の言ふことを守つて養生をする様にして呉れ。かゝる体は出来ても男

なんだ。折角養生をし身よりなる様にして呉れる様に。大の男

が松茸の癖すまをもていゝことずで発狂し家へ知れてなすられたとか

丸橋君に守つてもらつて思つてゐたかたくさんある大みの事な人なくたナ

に人に言ふてゐる云ふあなたのなつうて思ふ人事には思えない

ない一生の浮は下士官だけなのだ。俺達には関係なくまた大人のことと思ふ

数年に日は暑があつて大分出鱈目せられちとあなたの人々が一人前になることは

何とかなろう。あなたにせがんで入くれて働いて呉れ　決して無理をしないやうにして呉れ

丈夫でなければいかんからナ。今日は又少しずつ書いてことなるからナ気をつけて

内地も紹介して相当長い日もあるらしいナ。前も日毎に伸びていくことを

、因つて便りを楽しみに待つなればなりません、よく言ふことをきいてすぐに

をきかせて言はれるなど御つくれるなにつくへも元気でがんばるなよ

なのだからな。時々こちらへも手紙をかくやうにしてくれ。父さんの方では

五月十二日午後

良人より

妻へ

1028

五月十二日 くもり后小雨 涼しかったしとしてゐた
昨日あんなにあつかったのに今日は又涼しい 風はないが 少こし
雲行となったが 高射砲 早速例によって湯わかし車へたきつけ
おいて便所の掃除 水汲いをしておいて飯を炊いて一服した
炊事へ出し めしを上げて来たがつけたが 今朝はつけものもない
飯盒へ今朝をしておいた 卵二つ入れへ朝めしをたべて食器を洗
はせしおいて 朝の仕事が終った 旗にまで水谷が虎を借りて来て
伍長が 乗車の手入、馬の手入れに行った 今日は四人当つし 机用の
湯わかしの木を切って割って置いた 水谷に乞食の外の事を少く注意を
してせた 通り室へ 診断票を入れて行く 今日も 伍長
れあり 本院便行して来た 一服してゐると 土地になったので又湯
をわかしにかかりあつい 今日は一杯呑めば 湯わかしれがはいるが
わかすのはすず 生水はのませず たくさんわかせしばかりでなければならない

1082

2

十二時頃暁星人りて めしを上げて来た すいろのにつけた漬二ツがあつし．
めしを分けるのが中々かーよし．多々所かかり．所が出来て ものめるかね
皆ふだんが来しみなさうナ．あとには多々の位をこはがり．と言ふ．出して困る
五分ル一筆五で答ぐて．皆をおて返て見て やふぬは．かまずし．そうナ
ゆしたをよんでおた（時半から）又戸外の日課にうつった．四人の内三人剣木をして
其外水汲には用水の水をかく方ら角川と掃除をして其つておた風呂たて
もらい．其の内雨が降く すっかり木を湯ぬらし所へはうくがつみトろを
おけつおそこで休みた．水谷と並べでおた時まで．又湯ぬらした．風呂小やみになる
今晩は活動を見につて行た．子の着物も行つたが，おそは一両ろし．かで止めた
名前も其の内（活動つこと）寒と思わ午に上つて 絵ぐませる．トミーの友達ニつと
生魚の大カラ一つつーだつまい．手件がまくのたのだ．昔にいるとわらおこ所がよのもか
やつ店た うれしく 早速御けとよんで見た りるくて 少しして かうく立つ
こふとおうた 又返るは 別にかうく出てうる 今晩はかしく出をよおのた．おせる寒がろう

十二月夕山日 造

1083

3

五月十四日大雨 ひどい雨だ 昨夜に中から降ったのかすこしも知ら
なかった 点呼后煙増して来た 写真が三枚出来て来たまたまいそいで
洗面の前に体でやりかえかった 氷袋が汁作りされいそいで来たり
あわてて見たりしゆれがおそいとつらくなられず 松も前しめるので見るかどうかを
思って居るとゆっくり起きて居る あーあーとうす明るいのら 知っておきたく
又ねて見たりしたのだがとうとう起き近ゆられず 結局したがそれでも電気
の消えるのは知らなかったから ちょうど前にねついたらしい あとでゆられん位だ
目をさまして見たら大雨だ トタンをおつる音がやかましく流れ出す位だ
点呼しおわったあと馬の手入れに出かけて行った 俺は俺で浴あびした
木がぬれて居るのだ 一寸にならない 骨が折れた めしが出来る 雨の中を
足げにつけて つける朝めしだ 濁しぶくとにえる所迄は出来なかった
一服してねころんで居た 降るらしく出たる所に降って迄じっと顔でいる
大雨だ 午前は手入れなんか雨のために中止になった 余計だった

1084

七

俺は一人使役を労て水をかめへ一ぱいしんが労れ雨のあいを見て
それでもずぶぬれになった。夜通し火をたき通して居たが ドシどしもえかかる
夜になってから ゆっくりあそんだから雑誌を見て火をたく居た 夜になった一寸
雨の小降りを見て外しを上知に行った 割のしたしに 塩からを主人に一ビンづつ
くれた。鮭をやり外の魚の塩からでない塩からばかりのものだ 分家の通りで
昼めしをたべて一服して本をよんでいた 午后は倉庫の手入れで鉈や鋸の手
入れをして居た。三時頃迄本をよみ それから又湯わかしにかかった 雨のふる日は
一日湯わかしにかかって思い出しにわかない 家のものも淋しいかもしれないが
火をたいて居ながら雑誌を見て居た 本当におもしろかった めしが出来たと言う
ので来た 雨も午后は小ぶりになって 外へ出る方が長くなった。然し雨がどうも
になった。エンドめしだ 魚となすのすまし汁だ エンドしめしはおいしい…
火をたきつつ日記をかいて居る まるで夜のような小さい雨が降って居るし 寒くなりして居る
今日は桜木君のへんじを作ってかいた またかく事が待って来ない 又明日

十四日 宮崎十八

1085

5

五月十五日 火曜日の十 晴 風なき、うらうらい日なつたが なく雲は晴れている
又あつい むしむしする日になった 昨年もあることも過 わられず ころころとしていた
とうとう満三年になった今日は赤阪を買った日だ 思い出すよ あの日を
丁度三年前の今日の座 猫田へ 貴方は青くなって 浮世の所へ 知らせに
来て僕も驚かるを何も言えずしてをすべてみたけだと云って来たナと思ったが
思ったより あめって 白いのか いよいよ近 年を使ったら いろいろ これからのことを考えていた
よそ近には 何かあるかが できて 知らして来るだろうと思って待っていたがとうとう
なかった 知ってるからと思って さめざめ泣いたのだと 家へ帰ってから 今さんが
来なかった 五人日を 悲況をしていたのだが あれからとうとう 二年たった
早いものだ 母とがっかりしていた 次日には 英の時 あまり 針丸を 指していたのだ 何
おかしいだと思っていたが とうとう あの様 別々 夫婦に なったのだ 今さんのだ
英の目に 力 僕は生れて一年は がいせんする 母はこくりと 一家の目には
いろいろの変化はあったけ いろいろと思い出して 限りなし なにせよ と思います

1086

皆今日は記念日だと言ってさわいで居る。一かくのおつれりもかしわも海もとめは
甘かったのがよめた。和自然に出来てしまったのだ。例によって朝から湯をわかし
てみた。ふだんと別のなりの出来ながなんとはれとして後には皆が来た
湯をたきつけておいて洗濯をしておく。外は雨だ。雨でわくら記をして含ってし
をする。午前は論と馬の手入れだ。後は使役を三人世話して一人水くみ一人まき割り
大風呂の用意をさせておいた。大体近所患者をつれてりえん。まず入れた。
僕も一服して又湯わかしだ。この頃一日湯わかしについているのはけがらん。ありがたく
すが思わないところもしをさがし、加合者を受けた。本部の経理室
へいきん。タバコ二つ。もし一個ともらえ、わけておく。便役を分けた。又湯わかしにか
って新聞をよんでいたれれなくと用があり寝すかる。夜は分配を上げ
にって奥の天ぷらだ。並はマッチにしかない。これの油んだ位だ。ありがたいね
た。一日の用が済って入浴をすまし一服して又終りの湯をわかしておく。日記を
拝見しておし。今度こそしわりにいかがをそえた。まずはりえした。日かくしてあって

十一日

1087

晴 涼しい日だ 午前からのつゞきを書こう 船中で
夏めしをすまして一服し日記帳手帳をかりしすこし筆の運びで四枚と
すゞへの返事と東三郎君へとノートの返事をかいた いわせるか
今少しかけて居るうちなり便に甲板へ出て見た 涼しいとても
よい気持ちだが中々暑くうっとりさせられたので甲板で
しばらくして帰った 我々の船は大きいが中々早い
船室へ帰って来て外を見ていたが目が少々つかれたので一寝りした
所が又晩御飯を知らせに来てくれたので少し気がつかれてしまって
くれた 夕方になっていたのだ さめて夫々一番は入浴のことともの
が昨日今迄に始めてだと言って大笑いに昨夜の話しの様な事だ
おかずもすごいので ぬるい風にあたってみた 晴れになったので
一服してから横になって目をつむっていたらねてしまった
起きて目をさまして見たら 今迄見たこともない…の事しか日記

2

下士官に言はれた時計を見たら八時四十分だ。歩哨に出る用意をして上甲板へ出る。下番の兵と交代して、キャンバスにつかせて船の先を艦首と一番づゝ。一人は動哨で舷側を廻ってゐるのだ。歩哨が巡ってゐるとどうしてもしなければならないのは二つの事。警戒、キャンだ。歩哨は上下兵をふたりがゐることにまで俺は気にしだしたら出ない。人の一人も居ない艦室について歩哨を一しよにこしにゐるのだ。用がなくなるので風呂をもらった。大きな船。設備も申し分なし大きな風呂があった。ところが今日は入れないと思ってゐた。ところがきのふは山口が番で居るので何をしてゐるかと思って入ったら風呂番だと言はれたので、用のすむのをまってゐたのだ。石けんも、タオル[illegible]置いてあったところにあるのか。今のが山口のタオルを借りて汗を流し、[illegible]を思ひだして居てゐた。腹がグーッとして[illegible]んで歩く[illegible]れた。[illegible]のでが一時半過ぎ[illegible]と言ってゐた

2

1030

8

三時半に起きて支度して待ってゐたが外はまっくらな。船は止まってゐる
静かな まるでごとごと動いてゐるおかげで揚子江の泥水の流れもねた
のかと思ふ位だ。それがかしも只当がつかまつたが五時ごろになってやっと
霧が薄明るくなり兄右をある許りなを見てゐたら去年の五月に満体
に来たのの上陸の所な一足上の居た所よりもう一つ上のよった所だ。
今は曇天の気が沈み立てまれいになってゐて山の上をめぐってゐる城壁
も寄る所作みどころになる理所家をしたことを思ひ出す。六時に皆起きた
船が出た。思った船首へ三者集めて前の揚子の流れてくるのを注意
をして岸が何了れあった。今時になると日船の方へ走る所る
のの人へ上陸。湖中は生けにあるものの所でなどこうするの
否そう今をもって直ちに上陸同時に引揚げすことになった
船が兵を皆陸へ渡して苦労をおろしてしまってから一休みした

3

1031

た済んでよい。トラックも二つ文字アされて並べて道路を走っていった

をならべておいた

噴がへったので大きくて深い峡の谷が山湖になった。文何となろう

ここはとても景色がよい所で遠く有名な日山が見えたい。湖と言う大きな

湖があって左へ別れて向うに行く所は崖が切り立って上にまっ青に木

がしげっているしいった大きな森の中にそって海を眺はしている

山の中に崖が切り立っているのでとってもすばらしい。上には海岸道がとうく

とおりで右手の上には町の右があり山岸にそって線路がめぐり上は

まの横に山の頂上

1032

5

川岸には青色にぬった新しい日本の会社みたいな建物が沢山並んで
ゐる。日本の港へ来た様だ。見上げれば軍艦旗がひらひらとしてゐる
支那のの佐が並びに来て見て居る クーニャンが窓の上で洗濯をしたりして
ゐる。川岸の家っぽあるし[redacted]ばかりに
とり出してあっけにとられがしてルーノとする 川には無数の帆船が
全体をまっしゆる軍艦も水色の姿を赤土の水の上に浮べてゐる とても
のどかな風景だ。海軍将は三官士官でひらくしてとんで手をふってゐる。
顔を出して 三四人通って手が伸て 一ほんに寄ったら 何かするさんは皆連ってゐた
[redacted]に上手をもらって 一日休めしみるフートーに赤い布がついてゐた
で川岸を出発し、りりの所ははるかうしの波止場の内へ急に曲るので上
まるで初めての海軍汗を流して手足をあげたり出上るさるあつたか
最后に陸を上り汗を通て埠頭へあがったばかり並んで大体みな五時までに出た。

5

1033

6

昼の時三十分、これより休み、自由に何処へ行ってもよろしいと皆々に言った。皆々中を急いでどこへ行ったものもあり、宿で寝るものは欧家許、皆中丈郵料理や附けをつくりやらずし、我等大きいのは喜んで居たどこへ行っても同じ自然の道ながらどこしてやります。又一寸にどこに行こうか、思い又浦地へ行こうと今くるのに大分俺は紙日記の日記が書きたいので急いで行こうとして止めて、アカシヤの森のかげで少し腰掛けて休んで、之をかいて居る。城壁のかげへ行って休んで居る兵士も多い。彼らは行動開始をするのだろうか。馬と車…のでこれはボンの列の様な行を流している。長い木一本もないところだ。ただ山だ。岩か、草か一面にはえている。これはけわしい山々だ、低くしてみるが村落は平野に皆居る。[illegible]江沿岸が一つか二つしかない。大きな海のようなものだ。今日が暮れ陰の中は暮れ、今日はここで止めて人家地を探すつもり。又あとここにしよう。一休みだ。

6

1034

（この間の記念写真が出来て来た　二組あるので一組を○○の隊の指揮班へことづけた
これを清や幸子と皆にみせてやってくれ　よい父の健康を送る事の出来た事を知るのは）

五月十六日　きつい風が吹いて朝の内は一寸寒いと言ふた感じがした
が空は青空で気持はよい　風がしめりを頬にあたって中々具合よい
昨日は和君と近くを歩んで来た　今晩からかやをつってねる事になった　二人
用の大きなもので伸をすれば大人でもねむれる　かやをつってゆたかにねむれた
かすかなとんで来る蚊は気がかりになってねむれなかったのかもしれない
五時起床　清々しい日を迎ふ之故になって久振りの天気でじめじめとしていた
便所を水洗いした　さっぱりとして感じがよい　三ケ所を終って洗面所の掃除
洗面し顔を洗ふ　雨天があしくてする日は気持が悪いがスッキリ
晴れた日は何とも言へない　作業……一服して湯わかしを兼ねて休み
七時炊事へ出る　所に行って、みそ汁（とふ汁）を配給、食事、用があり
久々にゆっくりと自分の部屋で……　一人で出かける事にはならん
暗い二とはいそがしいかった　久しぶりで……時は何とも言へないが
安東台一帰りて増に帰り雑誌をよんでゐた　今晩……

満洲娘

一 わたし十六 満洲娘
春よ三月 雪どけに
インチューホーが 咲いたなら
およめに行きます となりむら
ワンさん まってて ちょうだいね

二 ドラや太鼓に 送られながら
花のマーチョ（馬車）に ゆられてく
胸がわくわく うれしいやら
およめに行く日の 夢ばかり
ワンサン まってて ちょうだいネ

三 雪や氷の 冷たい風は
北のロシアが 吹けばよい
ハレギ（晴着）も母と ぬうてます
満洲の春よ とんで来い
ワンサン まってて ちょうだいネ

ワンニ

997

毎日かうしてゐてやるのだ　我君は馬の手入れで忙しさうだ　私等がにぎやかに
今日も三人　人を替へて　一人風呂の水くみ　又　湯わかしの水くみと　割木を
作るのに廻して見る君　根がなくて中々割れず　四人丈代で割った
冷たいのが力仕事もよい　休みに戦法をよんでみた　先日から又湯わかしを
始めて風呂に入れましたうない　割木割に疲れて　それを捨てて来て　もをよんだ
ねて居ると兵隊さんがやって来たりしたりする事　すいぶんい　一時半迄かゝって
本をよんで　こちらの法師君は二回目は君の胸をなおして頂い
大きな床に割木を作ってくれる　風呂に法師をしたので　わしたが半上して　三時頃
にすっかり仕事を終へ　今日は多くて割れたが皆てばり上げたのだ
三時までに又湯わかしを　六時迄かかって湯がわいて　起して来たので安心して
やっと花に日付をつけたので　食事をして　又一ぱいわかしておいた　今夜は夜
かけつけた　もをよんで　わしたのがしまってしまって　室へ帰りゆっくりと力強く
ずねた　私達の一つすっかりらんかんかに日記と手紙をかいて居る　又明日に

十六日　夜七時半

支那の夜

1.

支那の夜 支那の夜よ
港のあかり むらさきの夜に
のぼるジャンクの 夢の船
あゝ忘られぬ こきゆうの音
支那の夜 夢の夜

2

支那の夜 支那の夜よ
柳のまどに ランタンゆれて
赤いとりかご 支那むすめ
あゝやるせない 愛の歌
支那の夜 夢の夜

3.

支那の夜 支那の夜よ
君まつ夜は おばしまの雨に
花ちる べにもちる
あゝ別れても 忘られようか
支那の夜 夢の夜

むこう

998

3

九月十七日 曇り 涼しいよい日は昨日 日曜で昨夜おそく
なつてからガアッと雨になつてゐた ころころとトタンにおつ雨の音をきい
て私も寝て いろいろ家のことを話しをしてゐた 電気は消して まつくらだ
窓があるので 外はうすぼんやり明るい 星空だったら この室の中
へ月がはいつて来て あをむいてねて居ると 月の姿が見えるのだが
どんよりとして居ては何にもない 空は黒い 夜は静かで たゞ雨の音は
かり聞えて来る。あちらでもこちらでもウイと話をして居る。戸をつてん
のだ 風がはいらず あつい 夜はむつとして中々ねられないが 今夜は涼し
いから ふとんをかけて居ても 丁度いゝ位だ 私も寝て家のことや母のことを
を話して居たので 家のことを思ひ出した 涙が[illegible]来た
こと 一年立つて 家をたてたこと あのいきさつ 母の苦脳が浮んでくる
小作田の返還 要次郎の反対 極悪 あの当時は経済的の
が気になつてゐたのを 何かと思ひ出した。いろいろのデマをとばしたりして

999

南京セレナーデ

1. 南京の夜の町 はねのこすゞは 火がつけば
何を夢見るクーニャンの かんざし首わの真珠がゆれる

2. 南京の夜の町 町の柳の芽がふえて
春はおぼろにかすめれど 何を泣くのか今夜(コヨイ)の雨よ

3. 南京の夜の町 悩ましい [illegible]
そっと見るたび 思ふたび 一度いきたい サクラのすゝくに

4. 南京の夜の町 音に濡れしい まどの雨
胡弓をすゝりながら 送る切よ 遠く夜汽車の汽笛が泣いて

[illegible]

999

あれが俺たちは何とも思はず平気で居たこと。小作人らが皆やって来た
母や妹らはびっくりして驚く、あく行った。俺又いろく注をした。初ご飯が
一夕日日くれ。金がなければ、家々、田を一枚売ったらよいと言ったこと。気滞を
せず すまなくて店も出さぬがよいと言って せり近ごろに注文を出せてやった
あやまりに来たことで、ぐずぐず伸ずく、家々の分別れたこと それからへへと思い出す
弟の分家、ろくへの嫁入れ、出征、留守宅、はげしい労働、この五月はどうしても
うかと思ってゐたら、ふいに召集だ、一家はどうなるのかと思った――、
あれから三年たった。映画の様だ。母や妹が立てなったのは返すぐも悔しいが
ジューウだとうも来ない、弟の負け戦を聞いて、大きく泣いて居ろ、お前も
るへとえんがこんで母子二人を抱き通した。母のキトク、弟のかっせん
五月死、其の後の生活苦、目をつむって、話の中をいろくまいとしてゐる
もう三年たった今日は、もう何とも思はない、只々喉を伸ばして人に笑はれ
ない様に生きなければ、それを実行してくれるので、俺はうれし――！

上海の花売娘

1. 赤いランタン ほのかにゆれて 宵の上海 花売娘
誰のかたみか かわいい耳わ じっと見つめる やさしいひとみ
ああ上海の 花売娘

2. きりの夕べも 小雨の宵も 港上海 花売娘
白い花かご ピンクのリボン こえは なつかし 夢追い こぞう
ああ上海の花売娘

3. 星は こきゅうは コハクの 海に 夢の上海 花売娘
パイプくわえた マドロスさんの ふかすタバコの 清えゆくかげに
ああ上海の 花売娘

リンろ

1000

何時も思ひ出すのは子供の事、お前の事ばかりだ。皆大きくなつて元気に
成長して居ること、思つて居ます。みの子も元気で子供を育てゝ居ること、思ひますが
一寸も手紙をくれんので淋しい。かけるにまみはさぞ大きくなつたのだろうかしら。
義も了ぜーにおすで止めるとか言つて居たが、どうしたか。弟ももうかし今
これらを[illegible]今たが生れ付つ人の手をかりて来ておかかるのは[illegible]
つて[illegible]からは相当な事になろう。案じてゐるがあまり違ひはない。
よそは義が降しかろう。今までの事ぶへの[illegible]、妻もそうれし[illegible]しかし[illegible]
ば文人なれば よくなつた事と思ふが、いまだ用があつて母の事だ。[illegible]
ことは違ひない。俺の方もまだ[illegible]しなかつたが近づいて来た。二十日たつたら
祖母など母の二人が一番淋しさうだつた。母は[illegible]出かけるのであらう。
義などは思つて居たが、まつ二人共立派になつて大いなるとは思はなかつたらう。
八の年[illegible]に全くもう[illegible]の話、今から明日[illegible]とはなし言つてもだめ
早くの話を[illegible]せようと思つてゐたのにしてゐたが、と思ふと淋しい

5

1001

南京みやげ

1、南京に夜が来て キンワイに 灯がつきませ
かわいいクーニャン 紅つけて 誰をまつのか またすのか
月も雲間でもの思い

2、老酒の酔い心地 月の夜行けば 七里金の轉輪が さよいとまねく
まどで こきゅうの むせび泣き ほろりほろりかな 恋心

3 下関の さんばしに 涙雨けむれ
かわいいクーニャン さようなら 去りし旅人 涙ながら
夢で見ましょう 紫金山

リンゴ

1001

6

今日は休みだ 昼までゐたが留守をする為し手今位あつた 小雨が降つてゐたが
止んだ、そこで今日は村休に出るのだが少し出かけるので俺は出掛けにおきて
陽をあびて湯部屋へいつてかいてゐるめ 一日分のめしを炊いて来て食べさせて
置いたものを又取りにいつて、あそから俺達もあかけるのだらう 役に立つ 様に
つたが 婦が来るので それからは加田を離すものならば… 淋しくこそになつた
ふーさんのゐる所へ行くのだらう 僕等は所を知つて居るだらう ふーさんの居る
所で上だ 一寸は好だ 写真の所らし。大きな湖があつて 有名な白山が見え
るだらうが、船に自分のものでなければ乗れないが 面白いだらう
湖から帰れば 紙法をよんだ ゐた 陽をあびてたらうし ボートをかけてゐた 歌をけいこしたら
うまくなつた 皇国の母 といふもの かよいのが 覚えたが 中々よい 君にも教へておく
子供は勉強してゐるだらう 風呂へいつて 洋へ みたが 日記をかいて寝る。
又休みになつて下車が なれるだらう 仏前をし 様には
それで又新聞でも送つて一寸知らせて 一寸ゆきたい 又

五月廿七日夜 時 右

良七

妻へ

1002

皇国の母

一、かんこの声や 旗の波 あとは たのむの あの声よ
これが最後の戦地の便り 今日も遠くで こゝへの空
二、男とは あの日は 一面かつた 坊やは せなかで すやすやと
旗を振りながら ほゝに 涙が 出てゐた
三、坊無事のあるへりますと 言へば あなたは 男らしくも
今度あふ日は 来年四月 やすくに神社の 花の下
四、東洋平和のための戦だ 何で泣きましよ 皇国のため
散つた あなたの かたみの坊や きつと立派に育てます
トン—ン (オハリ)

1002

今日の手帳（ノート一 封筒一 便箋三枚、ちり紙一、石けん一
鉛筆、油刷木一、梅田一　一一・一五 八

晴、涼しい。

昼めしをとく松本に借りて来たが、おそい。薪を集めて風呂を沸かして入れ

んが出来たので出発とすることを何かを捜しに探すものはない。一時に浴に

なる。水浴中にか一風とタイゴニつとくれた。タイゴを貰らいに来た十五号で来た

毎日言るが、今日へ一何かがあるかないか、今日ならば用心してするから不自由なるか十

三時迄に風呂へ行けと叫んで居るので帰って風呂へとびこんだ。汗を流して

シャツを洗っている。済んでそそくさみゆうにんで眠たら夕飯だ。けさは早い

夕めしだ。また昼めしがつかえて居る。くるなと思ったが無理にゆうじゅうんでいる。夕

四時になったら昨夜来た鉄格子の七号の七つ迄をつけて出た。今度は

双眼鏡もあるので房が暗い

封がないにつけて出して置かなかった。目かぬって寝にかよい

今な　続係の人に

只迄て出行って　衛門を出発、青空を仰いだ。飛行場の草

1053

2

たえて木から馬の上に、ハトバへ向って進軍、雨のあとなので木こりはまだ来ず
歩いての途中人なし、馬たのって村休、浴場に出るのは与陸中若妙あしだ
途中アカシヤの木が並んで眠した道の両側にはもう田植で黒光りの中に稲
い。去年より半分位はのびたのも今盛りらしい。先日の大雨で水かさを回
りばが一二寸伸びて泳いだ ハトバへついた 七時過ぎだ
船が遅れるので待つこととした。大きなクリーム色のスマートな船が下って来たらすぐに
らんりと遅れた事だこれらしい日だった 今度はハトバで口を入れた時の所に座敷あけ
ある会社のこの休み時間 計一服こうした 皆何にも手がすくのでゆっくりした
り又胡座をくずしたので握り飯をくって一寸。たべる ごはんを食べたので船が
あたりをみたのだ。ブーンと蚊が来る アカバナしかいないが わかれずにいる
かえれなかった。空になって目をさますともう暑いが来た 冷たいのを飲んで眠られ
ない。皆さんはっきりして 求めて行くのもあり 月光も雲に郵されて多人あり
とその明るく陽の江には船が泊って人で済る何程かえしてある明るくなった

1054

る。

[illegible]出てゐるが一向ふらない。本村中隊長が起きて気をもつてゐた
高城迄にめしをとつて用意をしろと言つて来た。寒いと思つてゐる所へ昨日の分だ
が[illegible]にかけてゐる／日[illegible]も[illegible]一眠と寝を見たいし 水や[illegible]を取り[illegible]つみ
にかゝる。昨日の船が岸壁へ砂利を積付けになつた
ちがう四千[illegible]ばかりつみこむことが出来[illegible]では[illegible]中には[illegible]
[illegible]太陽も上へ来たが[illegible]に[illegible]
[illegible]揚子江の水は[illegible]の雨
シャツ二枚重ねて着てゐた[illegible]
だ大分ふえたが[illegible]れば まだ一丈しかない。[illegible]みえんで全く変
アしたが服を[illegible]て荷物をもつて乗船だ。ない。[illegible]かよい気[illegible]
柳[illegible]の兵がのつてゐるのだが、ない[illegible] 腹がへつて来た。[illegible]すぐたべと思つたら
すぐ腹がへる。[illegible]ハンゴーを出してめしをくつた。うまい。俺たちは下の
段で座て話があたる位ひくいそれが二段になつてゐる。山口[illegible]は頭の上だ

1055

4

留守をしてゐた。船は大きなドラをたたいた ボーっと暗へ消して ゴトゴトとなつて
船は出発し、横になつて一眠りすれば暗まるの自分を二山をかけておいた
船の揺らないのを一寸と手帖をうつけて来たのだけば前えし 前からで
心配は土産攻めてゐた。外との折合へ入れたのだ、二一になつて 丈夫だから二三通あてゐた
其女の付添で右上首の下三寸許の所を刺傷が貫通して後送されて大阪して
みると二枚目には大分よいと云ふ三枚目のには全く回復して一体くなつて友達として
よく働きたい念願だ とかいてあつた。此女のには いたいだけ困つたことがあつたらとかいて
あつた。印象では家の者は知つてゐるかどうか。知らせたく早くなりたい思つてゐたら
ようか気になるなら言はずにおけ 知らせるけには言つておいて 女達の相手を
には言はんからにと言つておけばよい 貫通したがようまるれのだ たうまいとおれのだ
骨へかゝつてゐると 本は内地へかへるかも知れないが たいしたことなくて もう大分よい
とかいてあつたから心配をすることはなからうと思ふが 俺も之から討伐に出る 船の
中で 足をおとかりたとして いつか今んし 其の仮にして なつて一緒へ出るだらう。又かし

1056

船は揚子江の流れをけって〇〇の方へ向って進んで居る
敵支の陣営は皆ころされてある 船組は悪さと言へ ゆられながら
のどかな偽日じゃが 何しろ大事な兵を 今の内にやすめておかんと
上陸がいつかけるか分らんからナと思って ゆびいのをかまへて かくし
居る。父君の所へも返事を出すつもりだ しかしながら お手紙が届き
あるような返信して来たら 便ではいるらん 一緒にしてかいたん 又 返付
いたらいつでもかいてやろうと思ふ。四月廿日の午后七時大本営に知らされた
とかくあるのも約一ヶ月だまだ返信する所迄はいえないと思ふが
部隊長をたくさんおくから知らしめ 知らせ 緑て
つけてしれ いつでもこのアテナはなし よろしく 父えの部隊に返
すのは至って平時が来たら気をつけてみないと手紙はとかくなるかな
元気のいい奴たちは前へ出んでいくれのなかろう 人に負けるような事がないことを
するなと言ってやったよ。がんばってみたのならう 気の毒だと思ふ。
（北支派遣篠塚部隊気付長谷川（達）部隊 第二外科二一一号）

1057

6

昨日お前の五月十五日附同封の手紙も　よく届いて又ゆっくり見た
手紙も中々くわしくかいてあるので大変にうれしい。よくわかったよ
俺の便りついたのかどうか、今の手紙には最近着いたようなのがついてゐるのが
俺も元気　家の中まで目下改修に向っている所だ　其の途中だ
留守宅も元気にくらして居る様子で何ぼうれしい。安心だ
勝男のできものも大分よくなったそうか、腎炎ではなかったのか、腎炎
だったら大変なのだ。すめば何よりだ。でも十分よくじっくりとさせるがよう
身がしたいだろう。今後にして見れば小さい体で、名目をしなければならん
だから可愛想だ　早くよくなってほしいと神かけて祈っている
バカ手紙がはいること　うれしがって気をつけて手あてをしてやって元気になるようにたのむ
蚕を四日に発生した由　文面では引家仲間で飼ふて居る様だが、つる〳〵か
分家で飼って居る様子　仲間でもよいし、それだけでもよい。弟らのことだが
なにして分って来い。何より仲よくしてほしいのだ　今になって手が出なくなった人に

1058

7

然しそれ等のことはおまへは今迄の通り二人の力で何にしても行かねばなる
かぢだ。俺の許す迄は気ぐらい仲よしやつていつてくれ御願するよ。
しかしそれに付けて今年は十月四日につけたなすまのは大分に行くらしい。今迄
あまり早くつけてまったし独ふるのがすむれるのだ。よくなかつたと言つておたのむ。おまへ
とすなにたのむるく。神なんか更に当てにで。独一身はいつ行くか知らないのが
神力が多くなつたた。よろしく云ふ小風になつて来たのかな、二十日に当場の
水田がつつ入れで弟らがかへつて来た様子、家に居て気づつないこと思ふ
だが之はお互なし仕方がない弟の留守には俺から、俺の留守には弟から来
る。それでよいのだが、そうはかりも行かない。一日、まあよろしく言つておいてくれ。
まだ又一度との対面の手紙が来ない。見つけ次第の返事をよこしてくれ。いつから来るのだ
ろう。来た当もよし、家はうかしなかつた事。今迄のことも二度も三度も云はれるのは、拝説
にした分前までがあつた様子。又後方に俺達の事を云ふ時、思ふてから
は一生けんめいにうんはそれから、死んでくれぐれ俺の事をよろしく頼むの也でか

十月十九日 陣中にて

宣光

妻へ

1059

青木日誌

○○の町に上陸して 三時頃出発し 支那町を通り抜けて郊外に行き
運動場の様な広場に並べて大休止（長い休みのこと）をした 出発間近
と云ふことが分ったが変更して 宿営地に着くは日が暮れて日の丸をかついでゐ
たが一服してゐるうちにおそく夕飯をたべて 明と一緒の二人をたいて持つ
て行く ここに決定し 城内へはいり まつて 支那の狭い家の坊了溜を借
りて 夕べこうでめしを炊き 一ぱいたべそして夕食をすます
宮の下アイレが有て 支那料理店へ行って 材料不足で 何も無く 夕の菓子のかけ
去年の様だけしかないものばかりで 止めた それから前の一したことを 夫から一つづつ
買って来た 十銭だ 一つしに四つ ミカンをか オコロも位の小さいのでとても高い
がとに角 久敷かけはすまった、 それ迄して差勤したものもあり 一日の気が悪かった
まついよい出たへ行った めしを食って 十七人 ハンゴへ入れ分合つめして それに十分かかり
帰って来た て 車屋に寄って 青物の上に 出て来た人で よい機嫌

1100

なった 七時になって出發 一寸淨しまた すぐ山に上る急な坂だ 初めての
今新兵が此記だ うまくやれるかどうかと■にあんじておいたが皆しっかりした
者ばかりで調子よく上りだした 嶺路を山の下を廻ったり谷を行ったりして一里半
位行軍する。平地におりた気が楽になった。八時前大休止した目的地へついた。陣地
占領はまだ先だ 野崎軍曹に案内して貰い■を見にいって
田へいく途で半道の一寸広いだけな陣の中一パイで危ないものだ 幸い良い場所だったからよいが
大分ぬかるんで両側水田で田が植えてあり はまったら事だ 途はせまい坂もあり
一寸骨が折れる 通って帰り■にも来た道へ復したが危
な■どうやらうまくいった
まっくら 夢中の七つ道具も外して上衣もとり馬からおろしてしまったはしやみもぬいで
けれども距離の谷に流れる半分をかけるのだ 声をからして失った■
はひとつ方の水田へはまって 夜中 田の植えてある隣近の水田の中へはまって車を
くった 皆死にもの狂いで何もないヨウシヨと一つになって上げた 二度はまって
しまいにくたくたになってそれでもどうやら山へから陣地へついた 三時位か 細い山の中ので

8

1101

前に皆々あせがあって陣地だけ持って来んだ 陣地へついてかれこれ思い暗くなるに
なってゐたので 陣地の工事だったった。
此の頃どこへ行くか気構もつかない。自分の分け十分なのに死ぬのじゃなかったから
工事に又一汗流して後少し腰をおろして一服もたてる間もない。敵は
三百米へあと来よとのこと、こゝは大兵を全て前へ出て来て海軍の陸戦隊が。
ころがけたり 今の所元気だ。十二時頃すっかり終り天幕をはって
草の上にねることになった。ねむけもなかなか寒くて来ない。毛布二枚をかぶってもよばれ
ほとりを離れて今迄の苦闘のあとを思ひ起して話をしてゐた。ねむいといくら三日共ねて
ゐないので、それに疲れてゐる。一ぺんに気持を倒して立たせて一日天との中へはいってね
た。話をしてゐたのですぐ寝つく。一時半か二時頃にねたい。月夜でとても静かになった
夜が明けた 空は快晴 日本晴だ 敵前に朝寝などと言ふ気もされた
四時頃まではずっと死んだもののやうになってねてゐた よくねむつてしまったが
おきたら直ぐ何だか元気だ。皆飛び起きて陣地について、かごかどこか早く
一発打ちドーンと山にこだましてバリバリいふ音もなかった。休み時に行って少し
打ち合ひをとった気持がよい。絶手もよく協力してかくされてゐる。将来(しょうらい)の命長
も安心 声をからしてしまってのどがはすかかい

3

1102

4.

一生けん命工事をしたりざんごうしたりした　左の方に向って居るのか、よくと見ようとした
一つがばれわれ失って三方から打ち込むものらしい ■■■ 来られて手るいをかけて
かられる。あついしゃがみこんだ。木を切って夕可(?)地の上へかけたり、人の体も所へ施[illegible]かけ
を作ったりさせた。出来上ってかくれるのが一番いい[illegible]になると考えた
敵と遠いく[illegible]って居るのかなかなか[illegible]守って友軍が退却するらしい、オカンビニーの
方角からどーんどーんと音をたてて殺気がする。[illegible]今朝は六時過ぎには
海の基地(?)がやられて下を見ていると[illegible]、海[illegible]の上をひいとんでゐた。
あついが空襲にはよい日和だ。九時半頃退却するつもりで準備する。休止して焼いた木の影で
休んだ。出撃(?)して皆で下の地へ下りて来て弾を[illegible]してシャツをぬいでかわかし—
ておく。皆頭から汗びっしょりになっているし気持が悪かったが、シャツをかえてさっぱりした
で休んでいたが、ねむい。横になってねているものもあり、ぶらぶら太いびきをかいているものもある。
林が林が[illegible] ■■■ 夕方この[illegible]を作ってめしを[illegible]の
暑かった。ぶつぶつ言い気持を悪くするだろうが、平気だ。夕方が来たので入れかえに
われが出発(?)だがこれを知らしていた時(?)まで陣地へついて、十三名(?)[illegible]
こんで来た。敵が工事をやっているのか、すなわちどんどん[illegible]て来った。休み少しの[illegible]
かくもし時期(?)一度だけは[illegible]しおりて[illegible]十時が過ぎ[illegible]何も[illegible]

5.

11

なのだ。椎茸の生える。タコツボでアスパラガスの汁を作ることになる。これは山の中で

何もない。ナベの皆シンで一様に何もなくなってしまえばよい。困ったなあ

土民は随分よく水牛が水を流しておる。せいぜい三人位でゆける所にあり、泥土の中を走るだ

初めし汁ふしい。そのたまりにゆかめさうをかし流れて出来上った大よろこびで食べました

道脚がけわしくなら腹がへって堪らない。一服と木の下へ腰をおろし涙をこらえ休んでいた

午后になると海の方からが活躍し、ものすごいハウビッツァを目の前の敵陣へ向けて居る。

つぎに青山の如き土煙、こゝ迄ビーンとひびく。つゞく響、手をたゝくばかりにして

気がついた。英田砲撃が始まり又打ちまくった。我々は日は暮まで風があるのでまだ

黒煙が上った。シャツを腕まくりして居る。所は赤く白煙を噴き上ったまゝあがる

飛行機のバンバンと下に打ったく前面一面の山を、ずっと左の方では敵が正面をきって

山の上に工事をしておる。白いシャツ姿の敵に対して撃つものもあり、手ノ丸でつゞける二百

すぐ目の前の小山の大木の中にも一人出ておるが、それから眼をつけんとしたが、夕方迄もつ

あまりあったが、それでも敵は生きたにも飛行機を目がけてターン〳〵と打つのを

見ておる。そんなもの当るかいとピストルは手元の弾丸でプーンと飛んでいく

有様だ。これはついに飛行場 夕方をつかみ大いにいけるかい

実。今後はおそくビルジをかけてゐた。ます動画に至って敵は穴の中へはいりこん

でゐたり、又かくれたりしたことを思うと四日で大笑いだ。それは出し合った

12月10日今町

1104

6

ちょっと休みはあったが晩の八時半頃迄歩きつづけられた。まあ今すぐ上って寝る 12

おかげで足もまだまだ位になった。其の内日本酒を持って兵隊が喜んで来た

めかやつだ。足を延ばし自分の好きな山のぶどうをてるる山へ平気で行く人でやるのの

所にはなのがぱっとも珍しくないと言ったやうな山の姿を一列になって下から上って行く

何しろ大したものだ。たまたま日本兵を二人づつ殺して随分今日まで来た。

此の辺は兵隊の体でみの山の道を一人ととぼとぼと進んで行く。敵はつい今日迄いた所に居た

兵が今日は兵隊と共に山くまでも山中に迄来られたことになる。

夕飯は四時半頃に私達のだが中々時間がかかって食べられなかったのが今日午

後に洗ひ鍋の手入れをして出来た。この時私には淋しいことに日の入りと同時に

十五夜の満月が昔月と太陽と交代したと言って大笑いだ。こんな二つも

山に居なければ一寸見られないことだ。兵隊を月の下で陣地の横へ並べて

皆車座になってた。私が何をするのか来て女達が兵隊を呼ぶ

さてはよびに行ったが二日は歩きつめになっているから人間の体力が続かない位だ

全員外の人の話をし乍ら見聞きし沢山はこれで十時迄終って月の下に一同一休みして汗を

入れておかう時間だ二十分へブチこんでおいて止め一つの中へ入って休む

眠むいなどと手を振をしてかかい。かわいは有るがつらないのだ。大した事はないので十一時頃眠れ

いい月夜だ

良平

十一月廿七（ホテ五号）

妻へ

1105

五月廿二日 今日はあついが上天気で風もあって あつい中にも涼しい
陣地で二日目の朝を迎えた 今朝は朝事がないので 日の出前の朝空を
露をふんで下の池へいって顔を洗って来た いくらもたたない 太陽が出る 今日も一点の
雲もなく上天気だ 又あついことだろう 夕べの残飯をたべると食会が出たので皆で
出へ行って終って一服しておた 昨夕食

煮え草を入 終って 飯をたべるかーけはなれた土地の流れへ才でたまらない 一度
らくめしが出来て 芋汁 ネギの汁が久し振りだ うまいことを
言う かまにあわく みそ汁はすっかりなくなった うまいく一服してゐたら 七時半過ぎだ
陣地へ行って 射撃開始だと行ったら 相当あついーに出る敵を追って
距離を伸しておわって 一発目に当って失敗だ それで工事に又大汗だくだくだ
あつすぎることをうんとおっておってやすまる ところもし盛んにがらがら撃ちをやる
午前中は物すごい火砲射撃だ たまにパンと思いおしたおかげに勘違う
音がするのみ 又 二三回 ちゃんとは ところを打つのに 大分なまるも ターーッと

13

1047

2

空中にまって居る、友軍もこの炎天の下を汗みどろになって前進しているだろう 14
しかし打つ距離はなく遠くまで行ってしまった 一切りだ 停止めしも出来たので
かんの背を見てめしをくえん 昼は暖らしく えんどうの汁をたいたものでおいしく
五十の塩づけを作ったので めしも
たべることが出来て とてもおいしい 増大よろこびだ 其の最中に又射撃でめしを中止
して休む 上衣も工夫もつけて汗だくだくだ あつい とてもあつい 交代で絶手を休
ませて休む所を満ぐなり 又 工夫を安全にしたりしておる兵、来って来てくれる
つける太陽はとてもまつい かげもなく みんなを畑の木にかけてかげを作ることをかんがえる
敵の陣地又は部落は焼打ちをかけたらしく あつい日中 炎々と ぐれんの炎を
上げてもえているのが 黒い煙は空をくろくいろどっていく 飛行機も来ない、
あついあつい 天まくをはって 皆で休み場を作ろうと思っている 静かだ
其の内 道路なぞ一ルを出せと言ってきたので 言われて あとは待機して休み
絶の手入れを一つ休んだら 俺はあつあついので 陣地の後のいい所へ
天まくをはって 涼み場(休む所)を作ったん あつくて汗(あせ)だくだくだ だんだん 熱が
出て来て 天まくをはって休んでいた、が近くの道 ゆでる所は山の後ろで
のだ 体がだるい一人 横になってしまうと又来そうなので 仕方なく思い切って 今迄の

1048

3.

天まくを外して上へはこび大きなものを作る。中へ二列に鎖をつき合して其処に ら
ゆられつ杯になつても居る。風はばらばらかかり中はあついが離れて来れ
ばいばいおそろしい、財宝も皆すて衣をふりて休んでおれぬ。息を悩ふれになく
下の池の綱に落て池の中へは鳥で溢はこんでいかれ様だ。淡はくか一パイ
空気が清まけ中で一年以上んかけ手縄を従え体も洗濯されて洗濯されいかれ様だ
体がよふしたて何も云ふてすい。サラリとした心持で肩で出入して居つた
かげ縁台に上り仲人が、手で手をかけて一般で居たかれあぜ合って
為されたし。鬼の塩なぜ（新）それにらふ十のつけものはあつては つけた
のむか）為一寸含んでも勝てない。だがアが世界つたと言つて大抵つけをこれた
私ぬもぶつたおらい。人勝つたが下へ、のだ自分々にったえをめでおれるのが
安心して諸をもつておれた[illegible]かつ来たのだ、皇由をしてその方
へおいた峠の違ふれた水谷が、全員あさん。エアの人の待ちんのが例によつてヒテンで
月をあかんで出今をし[illegible]をして大きな天下へ帰る列に
名とをみるべた様にめておるが居い。一尺りをつけておりしにてゆてもらし
体お言われた木た天下の中はあしてあつい[illegible]おし 水谷が
出情の一番上さがつて居た どこも日だまつ様にかけておれん さあは早しやよう

1049

4

快晴 本格的の暑さになった。
昨夜は寝不足だった 天幕の中は風がはいらないので むしむしとあついので
外へ出た。水谷が出て寝て居る。白い雲が出て少しかげったり
青空へ出て行って明るくなったりして ひやしとする夜露のなかでとても
気持よく寝れた。士は渡辺と話をして遊んで居た。
俺達のことを話したりして居た
が 水谷らは道の近くでよかったが俺の分隊は
今井房を一去次だが 昨日は水谷らは二十七八人位
殺して来たそうだ 十時から朝めしをたべずに午后二時にやっと
食事をしたと言って居た。そうすれば、どこもかしこも同じ様なものだ
うちは傷人にはこぶかったが 一寸も動かなかったから結局同じだ
前面一帯を静かになって 遠い山の裏手の部落を破壊する
して居るが まるで大火が次々とひかって空の様に明るい

(6

1050

ゆふぐれので天に入った。まもなくまつげく雑炊をよんでゐた

えらいのんびりとなったのも大分日本始めてた。久し振りにゆっくり

お米たべたが蚊がひどく手や頭をさされ、くつ下をはいて寝た。足に

くわれて夜中に長ぐつをはきに起きたり外をうろうろ歩きまわった

今朝も白雲が出て涼しくておかしなまでなって来た。今日はうちの

ヤ、兵団の敵陣地を弱敵掃蕩に行

かれた。うちの分隊は塩岡西郎二人が行って居ないので

整った朝めしだ。みそ汁にまめがはいってうまい。玉子のつけものもあり

食事をして一眠りした。又二人道路の道路工事に出ていった米田君と

吉川とかいった。その外の者は第一財務の婦人で敵の陣に居た

天まくの中にはいってねて居た。二、三日ろくにねてないので初めて

頭はかにむかってゐるので、じっすりねこんで失い昼めしに起された

17

1051

昨はあつい、せけんなみになった。天こうはせけんなみ。時々涼しい風がはいって
来たが、家の一ばんどーめーにエンドもめがめのたいこのをしてくれておりして
道路工事の近に作られたので、しばし会えなく様になってゐた。今は又
あたらしく。新しく道路工事に出来た人も一日は之ふいのが交代して、清水、友谷
君によって貴い会場を貰いに道路すぢ印造まり君によって世界平
勝利、名曲等が来た。早速ヅクを料理してくれる。めいれたさんいってくれた
俺は彼がひどいので、又天エリを外してやり直してたく頼んでしてみかった
たくさん人を停てたのが、多くの乗がーりで突然してが下大きさを三つきかねて天こうの外
よって力がかせてくれた上手だが窓の外から力をつけるのは始めてだと大笑
いだ　こうだましたにちょっと近い
ドかへとこ一日財務はなかった。ても今日始めて冬時のほし一
ゆっくり休めることが出来た。かれしたが日は大分下って来て寂しいなる

妻へ

8

1052

ヌ

今日（廿四日）どこからか迷い犬が居たのか犬一匹を深田准尉のアトから二
道山へ上って来た　犬一匹も淋しいのかちょいちょく側りをとれる　こゝへ来ておる
之は大体飼って居るのだが　この山に居ることは知らない　探すだ　この山から見ると
犬一匹の兄貴（土民の犬）は谷の向こうにはいって見えはしない　五六里先だ
ろう　兄貴はついて来るが行ったことがないらしい　わからない　犬一匹の山へ水管ら
の命令が出て居る　犬一匹はこゝに置けば居るのかとかって居れば、
大分あって来たあの柳の二つがあろう。少しよるなになったと
言って兄貴に居た時のことを何時も私を言って居る　よく動いたもの
らしい　五月末の討伐にも参加して野獣料理のかしわかが多かった　体は
おかしいと言っておった　一緒あなかとしもないこうになない
早く隊本部僚に帰ったがどうも思わ様に帰らない。週三回に一回位は
無い、折しい夜の工事しをやっておる時分が又それ等は敵が知って
来ると見ろ！　体は思わしくないところか抑血液はかりしてある

1079

NO. 1

山をおりる沢にも行かず洗濯も風呂へもいけない。毎日雨が降って居る。合宿には水が流れて居るのですべる。皆ゝと体が休まらなかった。何もかもにゆるさにしみる。雑談をよくやり合ひ日誌をかき落して居る時、日んかと元気今になって来た。甘い恋の話に酒、乾さて居る営舎になって来た。冬に出居る工事にかゝれるのか、今の所さっぱり見当もつかない。鉄條網もはらねばならない。材料の針金をもらって下って来た。針金は一巻で二十貫位ある。二人でかついで来たが息が切れそうに考へた。何回も休んでおりたがへとへとになって来た。兵舎の鉄條網はかゝしか出来ず、あいまくに下の方へ下りく杭を打って居るが、これの出来るのもいつか分らぬ。早くしなければずいぶん仕事になるが他にする事又いろいろな仕事が来たと思ふ。宿舎前の山がパンと鏡台かして居れば安心だが夜通し一番も立合の一日時には然かせてくるので目を皿の様にして見張って居る。それに照明がないため土地がわからないで出ない。それも雨の後だ。上げてしまって霧が一面に上って来て一向も見えて来て

曇 今日は涼しい日だが天気は悪くなる
昨日は夕食後外へ出て遊んで居た、中は風がはいらず天井
が焼けてとてもねむれない 外は涼しい風がよく
吹いて居る が来られた 俺の手入れをしてすけと
で階がいって 油差手入れした 仲はんが来た 日は大分下ったん
前面にはならない 三階 三階と 火災を起して居る よしよし
居る かやをつって中へはいり ろうそくをつけて雑誌をよん
だり 歌をうたったりして しごくのんびりとして居た
もう後になると 砲の音は一寸も出なくなった とんと
にげたと見て居なくなった 寺院近所を通して ゆめ寺 十七日の月
と見て居た 寺をとおして 月がかえる かやの中から見られる
夜中で終明け方けし ひどい雨で ねむれない はしごをつけて入った
ふすまに出た線が 百も二百も 房の所で 往生した 物だ 無理な

1041

2.

毛布を被って起きて居た　船体をするすると上って行って下りて
そのまゝ外とうを着てゆきたが　却って風の為め顔を吹きつける事の方
がよっぽど苦しかったのでやめて　夜が明けた、
凄い…暴れて居る　三四人揃って沖へおくりて　腸を流して
目玉をむいて居た　目はくらくらする様…　胸がしみわたれ
みつけて食事をする　夫々の家が出て来て　なしてなったのがゆらゆら[?]
が船へ乗るならば成った、食事もし　船の手入れをする事となって
ため　手用の布が無いので
の所へとりに行った　通りのは嫌だった、後　田舎へ[…]
夜目をもしてみたのがよくなかった　あとで[…]あるが早い
あすこたちは寒さ間が深い所　一緒にするのが[…]
船にのって　[…]

折角内地へ来ても会ふことも出来ないので　一つの○○地区でも中々ない
から十指で数へた写真に又撮つて行くことしかと思つた。それを撮つて
写真は係員に見つかれば総かけになるから止めよと言はれたと言つてみた
附近を撮影して　あいた山水の風景はりつてゐた。雑誌を読んだり
歌をうたつたりして　今日も時間は早く過ぎてしまつた。うとうと一時間ほど眠つてゐた
起めただ起きてたゞ五十分ほど手間と暇をかけ一日ごとのつぶし
に一晩で雑誌を見て居た　馬の本を火に過つて見た　あるのを一晩りに
りて大方読むのに　天下で遊んでみた　皆行つた　久しぶりに帰つて来た
陣地へ帰つて雑誌を読んで居たが　自分も読んでしまうと思つて
帰つた。

水谷は今日は陣地で写真をとつて費やしたりした。記念のために
又会いの仕事に　若い者が書けて　三人で居る中に
然し終りは早ければ早く　仕方がない…　それに

22

1043

4

昨日も水谷には富岳をうつし若い一モーの所へ上って行って写生し
方を見下ろして写生してゐたが[illegible]と降って来たので中止して山をおりて
陣地へ帰ると天下を暑く通さないで下に曲れないので外へ出て見てゐたが
い。寒くもなし要(?)今後どう
雨は降りし団雲立ち流れてゐたがだんだんをりい
畑の隅へ五人やる所を作りに行った
雨も大分ひどくなって来たので止めて天幕へはいったが ここへ来るのは五人位
前かで無理すれば二の舞ゆるれゆらと言ひ天幕を雨の流れる様に張り直
して見たりしては又はなす様にして見たりして居た。夕方には雨も小止みになり
り始めの中へ入れる皆からで出て来る。夕食が終りかけて浴場し
ゐた雲行きは悪い。風も中々まつりし 今夜は降るらしい。土工作業
通作りに行って居た野崎軍曹も今日帰って来た 一寸ゆれてゐたん

21
1044

言葉など言って水たまりを嶋よの中へ来庄入れて持って逃げられ
節子は怖れた。ハンカチへは己ダケを一ペイつめこんで首へつるし手にとってかくした
たらいに張りつけ日本のものと支那のものと書いて消しておいた。
八田は今に三所かえた工兵は六人も行って失い今もかすり傷
日ソをつけて鮎遠まで飛び降りをしたり小声で歌をうたったりしてゐた
ら下の騎兵が加藤最を言ってかりん糖と言ふ菓子を一袋づつ持ってきて
くれた。牛の肉は来んのです。あしのくとたびて文字を吸って居た十時頃
めた。風も強いどこ雨も大分強くて来ると天からのつぶ目からも少しやった。
でもよかったのか一ゆりにゆれた六時頃目をさましたら雨はよく降ってゐる
葉の影にはぬれず足だけしっかりぬれてゐた。皆しめとかくして
おそいどうすることもなしに来ず雨の中を勝ち下ぜれて頭を洗ひはいいこと
からボ顔の一をたべたマグロのあったのだが一かった雨が降るのでみそ汁

26

1045

6

は実にらしい、一晩中泣きが何も出来ず外へも出られず。困って居た。雨は中々止まない所を

をぬって子供は寒い外へ出るには出ないでぬれるし どうにも雨には一番困る

又夫らをやって立して見た。よしまったが大分ぬれて失った散歩をよくなく

ぬし汚ならず去る三ヶ所へ見物になったりと言って帰って来る外へ出ても十分合せにいたり

と結局鉛段の家に三人かかり続けた、が別れて行って歩いたが又夫と居たが

につれてもして気持の悪いことを思ふ、近道三時間あまりぬた

が給与の御田大氣

とせん言ふを四日との人が一番だせんの体は又格別によかった

散歩をしたらしいと思ったが僻所雨が止んだので外へ出て見た。土瓦たち

は雨が降って雄田へ来たのが大よろこびりで言って沖縄によせ

して居る、去年の今年へはいった近未頃をなしと何言って一寸ことをかいて来た

五月廿六夜 六時 土曜 書

定人

義へ

24

1046

五月十六日快晴 上天気だ（昨日の午后四時からのつゞき）

四時過になつたら雨も小止みになつて止んで去つた 西の山が明るく
なり雲も切れる様子だ。でも雲行は悪い 雲が南へ押して居る
外へ出て見た 雨で洗われた山の木には緑を増し 生き返つた様だ
五時前に夕飯が出来て持つて来てくれた 下の一軒家の土民の家で
たいて来るのだよと手振で示すと云つて居る。昨日野[illegible]が運ぶと—
にしたければ持つて来た 三日分をエンドウで煮め—を炊かせたのだが
げんごの列を通つてるのにはこのよいことをしいたけめ—が味噌を入れた。
頗おいしい。いーにはいだ。始めてだと言つて一粒も残さずに喰べた
だろく馬の嘶いた 雨の上を歩き畢るのだろうがくになつてゐるし下に
どろどろのおにしてある。傍らの者は出して枕を作て 手間畑の所
へ作らせてくれたが 俺も手傳て交換した。小隊長殿も廻つて
来られた よしなくしたと仰せられた。雨も上るらしい 陽ふない

26

1094

2

陣地へ侵入する敵の手榴弾を投げて来た所だ　ぴちぴちと剣の手榴弾をしっかりと
天下の中へはいってゐた　今夜は皆早く早くぶらしいびきをかいてゐる
俺も早く目をつむった様にして眠られたが　夜明けに寒くなって眠られず
ブルブルふるえてゐた。土地の酒などはどうしても眠られなくなって、そこへ皆起きて
ブンブンと廻ってとうとう早くも起きた　夜は明けてゐる。下へおりて
馬の所へいったら当番が火をたいてゐるので　あたりながら遊んでゐると
当時、井の土木の近くにひげをそっておったを見たのが多くの者がすててある。
い天気になるん　朝の夕日の姿をながめて天下を見ていたがそのうちにみんなが起きて来る
やはりあつという心天気がよいと　どうしても寒くない　今日はみんなの力を得
て荒かなければならない　朝食后　又その手榴弾を上からくれた　七時半出発
例によって朝はみそ汁だ　食事をして一時間ほど居たら　今日は道路近く
に来る村まで来た　今夜はここで泊らして全部寝させて　木村旅館

1095

の西上兵を万一の用意に残してあとは女へ外も伏せいつの方へ
出かけた者、守備兵は判に残して空地しまたまんったな 噂のだ 急なことなので
あわくなったらはこわばはなくない。僕は外まえ外は（防火禁令）が出、般
みな窓をすっかりしめて寝るのをまってほってすぐ出じてきりして
してみる 銃を立てたり身付けして居た天ついに為にはってた逃し
出すぐして取れしてかれて一眼なく 木村君が風の気味でねこんでる
外へ出ると雨にぬれてそのみぞのさ、たから風もいりして野にはいる。
下の方の流へ行ったそして出来たした 谷の木のかげにかくす
かくれてみるとすぐ所に二三軒ある、すぐかたわら まさかが出ているんである
皆一つの室（ランプ）へはいって だまって頭をおさえた、下へしくのにワラが麦
かうを捏ねたがぬれて来て 疲れて 体の力をかくしたいくとあって
と持って行った外へほっておいて 休んでみたら 足がぬれたん

28

1096

6

五郎はゴボとスイカをたべたので、鋼におかしかったが、一服して洗濯にいって、下の池へいって桶にワイシャツ、パンツ、褌を洗ってからおもて洗いかわきを霜で天日の外へほしておき、カヤをはって、ゆでなをすんでおたら暮露にゆあしてあるので、カヤくを眠て来た。終ってきてみて目をさますから[illegible]結局の事大抵検査がせってくれと、下へおりていくと皆出てきて横木宿にいて、それから伊藤から手段あまりに一兵先へ行ったので三宅が水洗いや油ぬりをしたり金具を切ったりで先にせたりと検査を無事に通れたので、手段の準備にかかって俺は大へん行ったがとうとう股かか痛んだのでほんものを大かへおいてからは下へ来てなかったがみんなをしておられたので、ろうそくをしていた。今後はめしつこく気がない、い感じだ。昨晩はお母さんの事をおもうと兄たち家に居る事なったとし、みんなが大きくなっておれ、そろそろ子供らが土天附の一隊は又行ったり来たりで一昨日先の一線へ道をなおしにいってみのまだ敵が出ない時に戦車壕（大きな穴）を一番に掘って通れなくするので又明日から

おれも行く六時半起きる

29

1097

十月十七日

（十月十六日からつづき）

夕飯も皆んな来たが中に作蔵君は帰って来ない、一服して待って居た　この分隊は皆仲よく何事でも一寸した事と言ふよい習慣がつゞいて居るので　よい　少しでも外へ出て居る者があるといつも待って居る　帰って来る迄一しよにたべることにする　美しい心だ　この習は自分がおくれて帰って来ても飯も冷たくなってもまってゐたが　おくれて来たものにとって一しよにたべたいおもいにまってゐてくれることと人々にうれしいが今までかい　毎日これを見て　うらやましい位に思ふ　今日はおくれて来たので飯も冷たくなったが楽しく十人一しよに丸くなって　喰にした生魚をせめて来たのをあまさずに　座のそばの路をとって一しよに夕食をすました　天気は曇って又夕方などでつかれたとくれつた　たまに和んであたってたりしてゐたが又独に寝てしまう　雲はうすいが冷めたい　空に星見ん　工事現場に行って来た　今日は雨白い　波を立てて　大急ぎ走してゐた

大勢で道普請をして附近の土民を集めて使つたりして一日
中でやれたと、さすがに評判があつて、其の道は一町以上あるので大へんだ
又明日も行くことになつて居て今日と同じ人だけ行くと言つて
居た、較は何年かかつて道を広げたりして車の通れない所にしたり
又クリークの土を道へ小山を作り何も通らない所にしてあつたのを
のんびりさへ留るあんな大きな山をどうして作つたのだらうと語つて居た
今班は又[illegible]ほか四人行つた 二三軒だけだが天下の中は[illegible]だ
半分あけて一列に六人ゐて話して初めて田畑をやつて居た、覚えて居る
初めてやつてくれればよかつたと言つて大笑ひ 見ればやらずに人夫は楽に
じつとしてゐられるだらう 今度も又塞ぎ仕途ゐるかも知れない
明日早朝のへ伊通信にいく人のがあるので之二枚をかいて一しよ
に出して貰ふ事にする 便りがおそいので案じて居るだらうが之をよめ
ば安心するだらう、心配をせずに御父さん、この通り元気だ 附
じ兵所をして やる。待て。ではそれまで体をよく気をつけるのだ、さようなら

五月廿五日 於九江平

[illegible]より

[illegible]へ

1099

青■日うすぐもりであったが晴れてあつい日になった。
之をかんそうする日は■日の朝だ陣地構築をしてからやく今朝めしをたべた所だ
朝一寸しねておるのでねむいが之をかえすかと思ってからかき出した
昨夜はかやをつったので段々一返し居る楽にねられた。そして用があり十一時頃になったが
朝はくもっておったがだんだん晴れてきてあつくなったが朝のうちは涼しく何とも言えない
池へ顔を洗いに行って休んでおったら朝めしだ。今朝も亦道路工事に出ていった。俺は
[illegible]かかを一面につる物にはさまったり枝木材を三人絶の手入れをしたりして
十一時頃に帰って手を洗って横になって雑誌をよんでおったら山から大隊長電話だと
早速山へ上ったのか電話である。一円陣地構築をするから用意をさせよと言って
それを言ってから山へ上りめしをくってずっと山で電話へかかってくるのをまっておったが
ねむくなってうとうとねむって失った。ほんの少し目をさましたりしては又ねむた
用もなかったので大隊近ねて失った。山の上に居たら大隊長と前線へ
行かれたので用もなくて思い山をおりて陣地へ帰った。横になったりしてくつ下な[illegible]

31

1035

12

タオルを洗つてほしておいた 夕食に出来てそれを一日よばれていいかなに一晩しておたら全部準備支度など全部が出来た また返事をしていないものは帰らない三四人が自分ではつたばかりの毛布を二枚一天にみしてを片付けておいたら返事ありの連中が帰つて来た全部を急がせての用意をつみこみ馬をつけて出発することになった七時だ まだ明るいのだが暮れるので夕方のなんとなく一分間のあとについて走ることを来た二の山にも別れて毎日工事をしにいった所へ向つて旅立することになった 馬もくりかえし来るらしく気がない ここには道はあるが こと〳〵と馬車ごつがはってあるので渦れず 上るのの中 畑田 水田 くりくり所かまわずいい所をよつて道をつけたものだ 麦をかえして道にした所 くりくりへ谷のなだらかい 橋をかけた所 ぐじぐじら立つにまこと水田の中 畑はまだよい 麦や大豆の中を行くのは何と言つても自分なら諸君のことだ 明るいうちに鉄路なけ通りたいものだと思つても中々思ふなにははかどらず 「前へ進め」〳〵と声をかけられる位に叫んで馬を動かした 片方は高い畑 右は池手前は水田 それでも馬つも多く言ふことを聞かず上まれせずどん〳〵と通過した

32

1036

ならば行けと思ひていふまゝ行ってみればよいかと思ひつゝ道をあるかない馬に感謝
するのかゆるく目がしらがあつくなつて来る外のは絶え夜の中無事上まり又りつゝ進んだりして
砲を背負て折るが苦しい後の名残は大迷惑し行くことが出来ない それでも疲れとくる一組中に
黎明けに頂には未だ途中でとまつてなりしたが大いに骨を折られ目的地の山
の下迄来た 時は午前三時だが山の頂上迄歩くのに中々一息や二息では登山へとんと疲
れて了し 陥はてんで人はかなし 己にぐんぐと夜を明かして頂上へ陣地を占領して大体工事を
した 頂には土間だ 一寸東の空が白んで来た 思へば七時すぎ 朝の三時迄 難路に悩まし
て来たのだ 後に又よくぞ行ってこられたものだ よく来たと思ふまゝて夢の様な道を前進へ
なすことは分らからすよりも出来なかった 故障なし 陣地占領出来なければ 新米今後とし
てよく来たと自分で思った 初めての体験 しかし暗後 自分一匹の馬だけでも骨なのに
砲車と弾薬車とをつれて来たのは神の助けだと思ひ感謝をして一分も骨を休ます
づく 陰やみをして山の頂上に外とうをかぶってごろりと寝た なかなかおれて水かのみ
たい 皆言って居たが 何もなく 辛棒して 横になってたと思ったらぐくいびきをかいて居る

廿八日 大竹手記

33

1037

五月■日

起きると起床だ。ねむいがぐっすりねたのでいい心持だ。空は明るい。時計を見ると六時半だ。一時間半ばかりぐっすりねた。隊長を出かけさせて陣地の工事を始めたが場所が悪いので中隊長が陣地へ上っていった。一斜面を平にならした。一回汗みどろになった。昨日からものをたべていないので腹がへって歩けない。仕方がないのでめしをたきにやってくれた。お茶をのみたくて何ともない仕事を急いで完成し一分隊の救援を得て陣地へ上げることが出来た。又工事をし終ったのが一時間でも休めと言ってみたら皆しかせてねさせた。めしが出来た。腹がへって寝られないと言っていたが又ぐっといびきをかきねて来た。俺は日記をつけていた。下から何度がめしをもって来てくれた。すいめしだと言うからよもやねえと思いながらとびおきて来た。汁がまだ出来てないにしても出来てあつい。めしもあつい。これはてこん（ありがたいことだ）と言ってよろこんでうまい。みそ汁も汲んで沢山あったが少し男に知らなくなっていい。あゝうまい、あぶないと言うみをおさえて今日を終った時に大隊長一服してあつい茶をのみ俺は馬の所へいって便箋を出してもらった。いざまたあれば、かりてあるんでと思って此の頁はみずの上でよくねていて、山の下へおりてあるくことをかきました。然日がかりと寸ぐので怖かった。前面では熱中聞始しまる。生きる中一生[illegible]

34

1038

音でカにすゞて絶えず聞こえる タ……ドーン……ドーン タ……ドーン タ……と
引きしまつて聞こえる。此処は深山の奥かと疑ふ位ゐに静かである。
どこを向いても山又山で何も無い。所々に部落が二三軒づゝ点々とあるのみ。右の方には大分広く
畑が部落が見える。何かの家が並んでゐる。麦がまつ青にみのつてまく／＼になつてゐるのが
多く田植も未だの所もある。大豆が五寸位にのびて青々としてゐる。昨日通つた所を見
るとよくまあ許しを受けたものだと思つた。絶対絶命たとへ聞こえて来る。たゞ午前十時半ごろ
足を洗ひ顔を洗つて草の上へみしろをしいて仰ぎながらぐつと一眠りした。気持ちよ
遠で音をすけながら蟋の声を聞きながら起きた時にはもう昼めしだ。は、これと見
少しやつてエンピツのないものだから昨日の戦いで大西山あたりでうたんだ木箱の中へ入れ
て来て一日ゆつくりのびのびと死んだ様にまた五六羽の蚊がゐるが出て来て惜しいこと
手をした。野菜の箱を一つつまんで押してみたが死んだ気がしたもうらしい。とに角青々と
一本の草の上で一日事件に出て寝ころんでゐた。今夜二つゆるので天つてをはるて
又枝を集めて作った。明日は近くの部落へ行くゆくらしい。工兵だけ残る。所が又

11

今夜迄に前の山の下迄陣地変換をしなければと大隊長の話で一晩徹夜す。それで此日ゆよ

うと言い合ってゐた。次の土曜の用意にタイを作っておいたがどうしても明日はいかぬはずらしい

工兵と皆々の道作りも予定の所迄作って早く引あげていったから、外の所へ行くための

で夫にもうすっかりはなれたので又寄席天井にして寝ころがってすぐねて失った。中々いくらねてもねむい

昨日一日の分をねることはどうしても出来ない。俺はとくと次のことを用意をしておらねばならん

のぞみしこの上へごろりと横にされた。よく歩く事をしてゐるのにくつずれ又ゆびて失った

ものところには六時半、日も大分下ってゐた。深くなった。今迄も分をかえすれて

歩る。下からは見えないが、大人しく寝ても呼んで居るふりだ。文化で大らしてくれ

ここよると思ふ程見てゐる。鬼が多く居る。目の下には青田が見える。山田から一段一段田の段々

を造っておる。土民が水車で水をかえて入れてゐる。日本人を始め更に下の部落にも道の

日之丸旗が一つ二つひらひらひるがえってゐる。支那人は日の丸を立てて居る。安全だと思って

ゐる。赤い時にも旗をもって出ては上げたり肩にかついだりして居る。又其のは日の丸の旗を持つ

これは危害を加へないと思う。大豆、赤、麦、小山等の中を水車を廻している。気持ちがよいもの

五月廿八日 陣中にて

史郎

妻へ

1040

五月■日、うすぐもり 風強く涼し。日曜 昨夜は天ドの中でぐっすりねた

風呂がわいたと知らしてくれたので丁度七時過ぎた頃だ。僕は日直に当ってゐて

夕の点呼報告に行かねばならんので 米田君と二人で陣地をおりて 畔道を登っての

部落へいった こゝからは山の上でも見えない山の谷の間にある部落で近かった

馬が沢山つないである。馬やの異状有無を寄らして 土民の家を借りて居る各分隊の

宿舎を一軒一軒廻り各人の有無を見終って日直将校の林少尉殿に報告を

したりした。部落には水牛もあり、ニハトリも居る。又畑にはナタネやら小麦

からが沢山 人が居る 僕達の小さいと同じだ こゝを見れば日本とかはらない

女殊に若い姑娘（クーニャン）は一人も居ない 危に合ふ？ 若いのは皆どこかへかくし

あるらしい 何時でも同じだ。支那人から見れば日本人は敵だ かくすのは当り前

だろう。宣撫をし 訳がわかる丈けにかしてある話になると 僕らのだろうのされると

思ってゐるのだろう、でもおとなしく言ふことを守らして色々の用事をしてゐる

めし炊いたり、水をくんだり 苦力（クーリー）になったりして 従順なものだ。可哀想なものだ。

37

1060

2

部落の前に大きな池がある それで洗ったり 飲料水をはこんだりして居る
同じ池の水を用水を許すのだが これで下痢もしなければ腹痛もしない不思議なものだ
る池の側へ半切りの桶をおき水をすくって湯をわかして居る 野天風呂だ 十何日目の
風呂で気持よく石けんで洗い流して山へ帰って来た 九時頃だ 歩哨を配置したり火(?)
の注意をしたり 天幕の中へはいって蚊帳を吊ったのだが蚊が居ない 谷なので風も当らず
い所だ 皆 女の話や 外の事を言って大笑いをして そ(?)としてねむって仕舞った
今朝は六時半に目をさました 昨夜の通して 心と体をやすめたので 体も楽に元気がついた
山の上へ上って夜明けの景色を見てみた 静かだ 皆疲れて居るのだがよく眠って居る 六時半
朝の定時報告に便池をおりて 兵舎へ 馬 人々思い思いの有様を見て 自適修材に報告
して池で顔を洗って山へ帰えて こんなりが出たと言って大きな声をして居る 山上で涼しい風
に吹かれて周囲の景色を見てみたが 朝めしを持って来たカレーライスをすませてウケ(?)みえ(?)けた
すいし 今日も前へ来るのに道路作業の沢山な兵隊方をつれて 下の池へレヤカ(?)を下手で洗(?)を
洗って来た。下の天幕の中は暑いのに 山の上であって涼しい とても忘れない 上へ上って天下を見

38

1061

作りゆく人で雑誌をよんでゐた。日がへつて北の前で泥濘になって苦しい。雑誌をよんでゐた
ねむくなってうとうとして来た。夕めしに起されて下へいって食事。趙とカナギのスキヤキだ。おいしい
タマナのつけものもあり、やや手を持て余し疲れたので皆んながその人が食事をすました後力の近所
をたきに八路がラスで、そして土民を使って据りかしを作って監督にいった。その二人の女を通はせ
たりして一休み 天下の中へはいってこれをかりした。この時ちょうど今夜もここにねるらしい様だ 案内手方
横になって雑誌をよんでゐたらねむくなってうとうとして来てねた。朱國の起す声に目を
あけたら昔のやうなたとえにいって畜に人を持てよくて帰ったのだ。此方は出発前だ
留守になったら前進命令だ。集団出発をして天下をこえてかみさまをふみ入れ
らる会をたきにやり奥へ中を出て行って汗みづくになった。折角からだ。そっと
又汗でぬれた。一分隊を協力して道延路をまもって一時山の上で休んでゐたふえ
を持て来た様しかったらしい。今日はこのあたり沈殊良が来た。白奥だ。これを女子への
づおりかったび並にかーとをのんだので腹けへつた 汁はたべずみなに分けて。
なるべく人をすぐことにしてつかみました。其の外いろいろの荷物があって其の肉もかかる

3

1062

馬の尻について 荷物を畑へ運び 畑の所へ来て 農具をつけた 高い所から 休んで [illegible]
に出来た 明るくよいがあつい 鞍手は汗が流れている 一つ山を越えて 水田へ出る 出田が
植えてあるのを見ながら 麦から土を起して 土がかぶせて 道にしてあるが [illegible] 田んぼの道に出るので
こまった 農具をとられて [illegible] 水田植をしたのに めちゃくちゃだ 最早 [illegible]
[illegible] 田の中は 思ったより 泥に濡れたが それから 山畑の中で 一枚ずつ 上へ上って
今日は その馬も 一寸 [illegible] ふざけて 止まって いる [illegible] 道へつけ
ばよいのを 案じて [illegible] 山の上を 上下り 急な坂 [illegible] 困ったが [illegible]
れない 能手は シャツ [illegible] 汗を流して いる 若い 馬が 引かねば 俺も 馬から おりて [illegible]
をかけて 又 押したり しなければ ならない [illegible] も 一寸 [illegible] つけて みるか よけい あぶない
二回目の 水田の中へ 来た時には [illegible] なったが 田を 植えてある ひどい 方へ
出て来た 大勢の人の [illegible] を [illegible] 上ったら [illegible] も 植田の中へ はいって
踏み下げ 泥まみれだ [illegible] よいが [illegible] 思ったものだ
半分位 行く 内に 日がくれて 来た [illegible] の 車も 止まって しまった [illegible]

1063

道と言ふものは一つしかない。それを通つてゐなかつたら立派な路だ。高い山をぐるぐる廻つてゐたり
急な斜段　せまい道等　總平均ばかりでヨーロッパと引き出た設備なつた山には交通
機関があつてそれをつかつて通したものだつたが馬の足がはいる馬で行かなくて言つてゐる
くらくなつた是非どうするか　この的は資源を得りながら　このやうにまつたしましなよい
ゆに行けばよいが　そこは行かない。それもかなり位の悪い道だと言つてゐる
毎日の通行をしのエアホテルへ泊つてみたのかそうだ　一日三十日駆け　ゆに行ことでの事し急い
に行き先が近寄つてを合つて通れないか　するとかゝる時間がかゝる。総統がどんどんと字よく近
くになつて来た遠くに見えてゐたの山もとく　すぐ近寄つてゐるりと廻つた三角みたいなものだ
山脈はありで　大豆畑の中を通りそれのぐらい道を鉄行車をつけた　暗いすし
せまい道へそれは周り角で馬をとめて人でりん見えたかはいい道でと言つてしまい畑の
中で段々を下りていつたり上つたりするのだが　くらくなつた中も先へ先へて急ぐ
そうして陣地の山の下へ着いた時は九時半だ　これ自らあまりかかつた。明い内に出かけて宿の
ほどつくまで到らず　一行の幹部は到れて来たまくらな中で畑の中で座を休んだ

41

1064

陣地はあたりを見すえて ゆかん位の大きな山だ 敵兵の猛攻以外の者すっかりで[illegible]人で一個の
砲を引っぱって上るんだ まるで林の中をもぐってかけごしかけて 絶付人の力だ 一つに[illegible]俺が
まず下の山を上っていって 俺たちの分の所近く全をかけた 大きな岩も多くて 何ともいえぬ程
ふかい谷へつき落とされる思いだ 風が吹いてとってもよい心持だ 陣地を作り工事をした 外の者は
下まで多くを運んで 暮しめし外から 見つつ事もはこばせて 工事も終り 兵も全て上って一服し
た 夕の警戒をのぞいて 水とうとをのんで めしの前に皆と一ぱいのんで よい心持になり 敵の
で 川の向うを静かにして ゆっくりすると 十二時過ぎて 一時頃だ 皆をゆさぶって 大で山をおりた よく上った
と見下ろせる程陣で すぐ見えず 木村伍長の奴が さけをくれた 川部が休んでおりしておりので
見なれた俺もたまには 敵軍が 砲弾にしかれかったんだ しかれたら 砲弾と共れて居る
たたきおこされよかったよろしく 馬の方も見回っておいた 馬はうまかった なお道具まとめたらし
立ってゆっくり 又ゆく帰って来れば 上っても下っても大変だ 陣地へ来たら皆外とうと
かぶって草の上へ しとねを引いていて 大いびきをかいてゐる 砲手は高座の方がえらかった
たおれ 枯木なのだ 俺もその横に ぐっすりとうけて その夜はひとつ気持よくつすりゆれた
二十日夕
[illegible]より
青木秀[illegible]し（三十日朝方）
正[illegible]へ

1065

十月■日、晴上天気だ　起きた時が山の上は涼しい　ぐっすりとよねた

見えるとそれも大きな山で急な段だ　よくこの所を上ってたと思ふ　これは伍だ　其の代りいい見晴し

だ　沢藤の畑田畑、小山中山大山等が小さく大きく見えてゐる　右は宇く下池の水を水車で

田へ入れて居る　大豆畑がある　すばらしい景色だ　なかなか見つと前の高い山には敵が陸上をかえして

歩いてゐる　後は同じ山沢藤田のうしろまで　ずっと遠く揚子江が少し見えて去年討伐にいった○○の

○の山も見える　すこし力兵が来つてもびくともする居る　ここは先で不寝番をやる　ごくとうすり

ついてで全中、又会付だ　敵の方に向かっての気は本気みたいにまで大分緊張して居つた

面白い　三角三角三十度あまり行って上って来ては伏せ　連兵可をこえてのたいこの大

きな山もおりて上りゆけば又ない　みたなえて兵にシートの上へころがって一服した　昨日の昼の

つかれをかりく居る　下にはにわとりをつぶしてゐるが　コケコッコとないてゐる　馬、屋家目が下に

小さく見える　沢藤では煙が上ってゐる　めしたいてゐるのだろう　大分あつくなって来た　三十日朝又は

日記をかいてからシートをはってかげを作った　九枚ばかりの天幕は下ではげ人四班人が使つ

ているらしいので　大シートをはることにした　下手はしるえ上げたところ一シートをはってみよう

17

1066

2

でも良い砂のシートかけだが中へはいるととても涼しい。背ごりを横にする。昨夜ねむれなかった
がねむい。今日も[illegible]芋作りに出るまでうすからし西野清泉と二人を出した
たくなったら一人について二人の苦力を集めるのだとめいめいに名へつけて苦力を集めてみた。大
く苦力が集まるわく白い服黒い服と小さな蟻の様に集まってくる。要の田[illegible]
一寸とゆくと失った。めしが熱くて立てれた。大きな声にになったのでめしをはさんでも大して
おゆはいつもの様になった。別のころ血を沢山作って来たとてもおいしいが油っこい位ひえる
悪いくと思っていかし一服して又ごろんとむしろの上へころげていたらとても涼しいので
又眠って失った。今度は本当にぐっすりねこんで失って目をさましたら五時だ。五時
はねた。頭がスーッとした。之で昨夜の借金もすんだ訳だ。気持がよい。日は相当に
まっしゅあつそうだが俺たちは天幕の中であおいでいた。一歩も出ない。ねむた切った。風のない
時は当てなく体を休めておくんとして又夜通し工兵の作業をしなければならないから
休める時は何もせず寝てはねる。起きては寝て日のくれるのをまったけだ。夜の代り夜は警戒
をせんならんから十時頃より夜の汁がうまい。天気になったのですんだよい。工兵掘り終りだ。
卅日午后 かいたもの

44

1067

3

だん〜日が下って涼しくなり二軍兵も帰る　又列で上げて来たりし夏雨、山の上はたいへん
涼はった今日は住民から隊の方へ牛乳を沢山持って来たと言う　今晩に折った位
だ。甘そうだ　日がくれて外の芝草の上で家の七人甘えた生一をのむ　きついがよくすき
通ってよいものだ　月は丸め　夕の　ころびきがあり　かけざのかしわけですかしい
ビンとゆあってる太陽のく踊っしい様になり　気をすっかし涼しくて一眠くねん
近頃は蝿も来て虫をめくりたい位だが夜になるととても涼しく夜明けには寒くて外とう
を着ないとふるえる位だ。大陸は温気の書く方がいいぞ　山の警戒もしなければならない
四人の兵舎に　又は勝部に二人は水が二人は風邪引きを休制で　下に居てかなりなものだし
寝時間も長いのだ　十時過俺が立って少居　夜が六人に別くれたし助かった　シートの下の
家は一尺位の出で　頭がぶつかる　頭を小さくて　こえて　大そう眠かった　そして奴さんが当番になされ
二日をさすなる　タ……トーン　タ……トーンともう一度花火薬が守ってる　相当はげしくやって
居る　相当近い　友軍も別の山で打ってるらしい　のの音が一応淋しいが　快い
背負って前へ　警戒の配置に着けさせておいて　最後の整列をつけてやった

45

1068

十

銃声銃声は一しきりで止んだ。静かだ。月末の月は三日月の様に細くうす青く
下界を照らして居る。下に居る者も皆々静まりかえつて居る。無気味な空気の中を時
間は過ぎて行く。東の空が明るくなつて来た。夜明け前だろう。銃をとり直しじつとしてゐた
るなにしておったが敵は出て来ず、五時頃昨日打った陣地へどんどんさかんにやつた
敵の兵舎らしき自動車の一部落（これもまた打込み）へ又さらんで、おったら又それでみるかも
知れない。その内夜はすつかり明けた。果然ほかなかったので、分散陣地の手入れもして又て
を整理して居たら日が高い山の向うに出てかんかんと照って来た。昼になった。
七月　日晴。三時頃起きてみたら、ねむいし、ぼんやりとして居る。めしたきんに行った
朝の涼しい空気を吸って下を見て居た。朝は田か水田、林や森か小さい山にとりかこまれ
とてもよい景色だ。山もこんなけ高いと、いい景色が見られる。陣地はわたし達に後の
これからも高い山へ六十上って来た。汗が出たかとても高い。見晴しだった。
話し渋は不思議にここへ来る日柳良くはったきり、従従せず、陣地よい体で
だまたは気持が悪い。時節が来るかも今もならないと、どこへ行くことも出来ない

46

1069

のの所には中隊長殿始め皆居られるか、この陣地には分隊長しか居ないのだ
又横の方がドードーと砲声がする。又今日もやつてるな。大分日が高くなつて来た。其の人は百
天との中へはいつてゐたら、途中分隊を上げての松を掴め一めくらのをまつて会つてもし。又沢山の足で引きくく
と上げた。汗みどろだつたが思つたよりも早く上る。つゞいて後の分隊をかして応へよせし又工つてきてし
一服してゐた。あつい日だ。そごろに寝たら、分隊は前進だと言つて来た。あわてゝこの日中に
と前進。やくのものを出発し、つまみ登めては下へとくたくたになつて沢山の土民が来たので
列を引かせて山をすゝる。前から危ない下へおりて前進登めーを揚げかきこんでおいて列を取れ
ぬく。二時頃炎天の日中を前進する。小隊長は仕方防暑だあたらのがシャツ一枚でメガネをせつくんを
つくる。急な段、せまい道、田の中、畑の中、段々の段、急な曲り角、狭い道はつらくて動かず田の中
へはいりえで来ぶ。日中の山道とてあつい。汗は滝の様に流れる。左手は向ふの峰の二つ。田の中へはいつて
来ぶを引つ張つたがぬかるんで泥んぼだ。皆は其の道は中々はかどらない。土民の試験を
得て馬の行かん所はつないで引きよせて上る。土民も汗みどろだ。山の傾斜であつてすべり易い
と云ふ所もつかん。日は暮れかけつし急な段はあるし、しかも大きな山を廻つて馬は上らなく

49

1070

今日の便り　フートー　深田准尉　進、今田中尉　悠々市、後藤之助　五
リョキ　文夫、高子、貞弘、飯野了元、安藝　来勝　六/14
ヒサエ　福田　三、　三

になって漸く目的地の物すごい位高い。塚段山位あろう。友をもかかねば見えない物すごい山だ
草化[illegible]位苦労してあるのないに引き上げてきた。五時半頃から六時半頃迄
しつけら一時間引きずりにして物すごい山の頂上に上げた。人の力と大したものだと感心した
すぐ陣地工事にかかる。僅の地形は霧の下層しかない。汗になって自分の有る所の山の上で
汗みどろになって工事をした。国の為に敵弾がある。今迄升ってきた許りか、今の為にいつ死ぬ
る所、高く来たら打たれるだけ安全の準備もある。それは草山だけれども大きい
戦の大体から二千許り打ってきたで一日を暮ったがのどがかわいて仕様がなく何も水気のものは
なく水がのみたいなあと茶がのみたいなあとうなって居た。のみたいに此の大きな山を一つ下らねばならん
付近二時間かかるとも　暮れて来ければ僅かに余んになって敵けずなったに丹をもってみた
か近付かなかった者をかしの人がみたがやけてならない。カネを九時頃にたべてみたがいやにだれも何
も無い。暗の中からおめて来ておるかなだけのめしは全体がない。非常に腹がへっておるけれども
さすがに山あい天下を大体にはって横になった。年をかしの人でみたがかし、天らんばかりのどがのかわき
夜があけてきない山の中に誰人がおるか無気味な位にかいって警戒をして交代してわたし土村浪仏
まあ八
十五日　五十一　一夜明け火す
良平

六月■日　晴　あついく日だ午后から風が出て涼し。日になったが昼間はあつい

昨夜は十時になってから■■がドンく打ち出した　始めは友軍の方ばかりだと思つてゐたが

一生けんめいに見てゐたら俺の組の向つてゐる所でドンと光つてゐるので大変く　すぐに帰つたのも

らいとも云はずにはつた　どうかしたーまつかーと云つた様な声ーーてぐつすり一眠した様に眠れん

かめてゐたらしいぐつすり一眠りだ　大分体にも元気がついた　六時頃からいよく戦が始まった

前面に来た〃　昨夜のけむし、敵の山までとびまえてゐてあくとる敵を持つぱーとやつた〃

兄の前の山の上で面白い位当る　今度敵はトンネルがあつて姿をこえていくなになつてゐる

見えて打った　昨夜から少年砲をえーチつかした所だ　ニーからよく出はりをするのでしじうそれを

見てゐたよか丈も山の上から見てゐて　ここをみてくれ　あそこをみてくれと注文するので

俺達は忙しい事く、閑の時はかし春云はまらで止めく工兵を完全なものにやり

直した　昨夜めしもくはなかつたのでつもくになつてゐて山の上での工事も中に骨折りだ所

一
せつくになつて工事を急ぎ完全なものを作つてゐるのでぐろうどこでも行つてる様にせんね

用もなく一寸一息付けるので一日大トの中へはいつて横になる　昨夜千円を見たしもなかつたが

41

1106

2

今日はよい天気になってリキ子ノートと次子あてたお便り三通来ていたが
中でも今の所よめないがかしこの孝子ちゃんのノートに智恵さんがついた勝男の写真がはって
あってうれしく胸にあついものがこみ上げて来た。知らぬ子供もう大分大きくなった様子と
一生懸命に見ていた。多勢があなたが頭の上に何かのせてゐる人まねをつて
かあちゃん見ていたね。勝子あまりの大きくなった子等様に随分かしこの家が身
にしみていた。涙が出て止まらなかった。眠は定子は肩つとばよこしていたらしい
あゝ大きくなったと一人目をみはって見ていた。何ともいへない心を送ってくれてありがたい
をとうさん今の所は静かに戦中だとうれしく返事知らしてやるが大変付いたらかなくなかろう
この前送った写真わかったのか。それを皆言って居た。大へんよろこんでくれたらしい
写真をまた一枚手紙でおくれ。二人して何もない。写真みんなの顔の中に何もかもされ
只勝つことの事で戦闘しつつ陣中ケーの三ヶ月にして過してゐる。便りを欠かさないでくれ
そのはない。忘れていた故郷の事を思い出す。ずっと中がうつつに子供の写真がはってゐた
ので、今は故郷へとんで行った様だが、死ぬ位離れて居るので何もわからなかった為

1107

で覇めず来た 健康二ヶ月位かゝるのだ 下へいくのに一寸は[illegible] みそ汁が[illegible]うまし
久しぶりにめし[illegible]めしを[illegible]大分元気[illegible] 元気がついた様に思ふ 近日中に[illegible]のことを
思ふとよく[illegible]来たと思ふ 看護兵が来たのが [illegible]の注射を四人して[illegible] 俺も[illegible]
[illegible]った 元気のつく薬だ 午后に[illegible]又はげしい[illegible]に[illegible] 俺の側に立ったまゝ[illegible]山
を打って [illegible]も[illegible]に[illegible]はかゝる[illegible]ゐる― 俺達の立つ陣[illegible]は[illegible]
山が崩れる[illegible]思ふ位 かゝる[illegible]は山の[illegible]見えるが [illegible] [illegible]になっておる
陣地も焼けて[illegible]かもわれない[illegible] [illegible]
下[illegible]を上[illegible]つてくれる[illegible]又[illegible] [illegible] [illegible]が[illegible] [illegible]下へ[illegible]
[illegible]日に[illegible]の[illegible] [illegible]えぬかを[illegible] [illegible] [illegible] [illegible]の[illegible]に[illegible]
[illegible]かえた [illegible] [illegible]の[illegible] [illegible]の山へ[illegible] 一寸行して[illegible]
[illegible]は[illegible]のは[illegible] [illegible]が 又今[illegible]も[illegible] 風が吹いて[illegible]気持だ
[illegible]は[illegible]一面の山を占領し[illegible]を上げた [illegible] 俺の手入れをして休みだ
山の[illegible]ある所で[illegible]を[illegible] [illegible]が[illegible] [illegible]は[illegible]

六月一日 [illegible] 七時半

51

1108

六月○日 晴天 相変らず 上天気で本格的に夏だ とても暑いが山の上は涼しい。

夕食がおくれて夕方になり主ーを昭とサーゴのぐらい、気持になった西洋風が来た。

バイオン一つが一人気もん一本と皆様か財政にすごって替って入人がわすとよばれたはげしい

影けの中でバイオリンを一切わがよばれた時のかっかーかったことはとてもお話にならない

但は涼しい。外で涼んで一服していた。星は珍しくきらい。但だ敵陣だ去山し女兵の手におちて

静かになる。その山の向ふは敵がもやしているのがひびいてきた。とても高い山だがすする

にかがやく所を十時頃望遠鏡をして居て絵子と交代して床へ帰って来た。

林は暗くていた 草むらの上へみたり おかしをたべていたのだ 木の根があっていたい

それに時々のごろごろ動く所を天（テン）下す 三人も五人も下りて すべって長い足をさす

こんどは青空天井でねているのだ。たかーっかーしておる。ゆびさしして大小のが満州

は何も出来ない。風があるので涼しく 蚊も居ないので蚊帳をつることはいらずよいが

毛虫のなかのが一杯居て体には上ってくる 小さい毛虫が体に這いずっていつ

るさい。汗をかいて気がかゆくて ひっついているのだ 今の所外は居ないのでよい

いつも幽霊と一緒だから疲れておるらしい。ねむたくぐっすりねむれ朝までねむれる近頃

ずにねしておると目をさますと夜が明け方らしい。大したものだ。今日もあつい

今日から日課がきまってきたくとすることになった。六時起床。六時甲子山の上で

東むえ呼、皇居遥拝、勅諭五ケ條を奉読して林中散歩より日課を守し

八時迄涼しい内に山の一寸下へ便所を作った。細長い穴を深くほり板をわたし渡し

しぐるりく木の枝を切ってさし、格構がよいのか、到着だまだ誰も使用をしないが一下を

おくと忍えつ便所い背が節落、池、田畑、小山、大山等がほって朗らかにのぞんで

とってよい景色だ。作業を終って一服し歌をすって気で一振りに洗面をした。猫の様

に手のひらへ水を入れて顔を二アするのだが、きれいになるのかよごすのかわからん位だ。

ブルハミガキで口をゆすぐだので、さっぱりとした。めしはおそえ九時半頃にみそ汁で食べた

にぼしのだしでいい味噌でとてもおいしい。一服して工事の要領を写し。いよく今日から

5 えんがい工事を行ふことになった。河合君は昨日で帰って失った。ひょっとすると敵が逆襲を

しているとの元なが有線があるから出かって一寸には出まい。油断はならないが

53

1110

左の山の上へ登って掘り下げて上へ大きな材木で囲をして上へ土をおくのだそうで三尺にした。
ものだ。ここでは材料をはこぶのに二つ大きな山を上り下りするのだからなみ大ていの苦労だ。毎日
材料の方は朝日部落に住んで山を掘り下げる。あつい日だがとても風があるので涼しい。
土嚢運びだけして中止。空に雲がかかって来て二時頃になった。仕方なしで帰ったがもう
降り出した。先づ先づよく帰ったものだと話しあってゐるとますます強くなった。皆同じだ
出発前隣の所へ軍医の回診があった。これより又高い山で中々遠い。汗みどろになって
ささえると細かい注意を与えて家田分隊の班へ行く。皆丈夫の気中でよく働いてゐる
班長には今迄の話を聞き出して後村、関口、中村、西田、小森等にあふことができた。班長は下で
待って居るだと言ってゐるが一度あったがもう山を上りられないので困ったものだ
帰って四時半頃夕食を始め大休の形を作り、六時半に夕食の方が出来たので夕食を済しめに
玉子だけすましていよいよ二分隊第一班に来てまた元気を入れてやるかと思ったが
た皆殆どして苦しみを打った。一眠りして今日の日記を書いて居る。明日は雨で出来ない
のだ。今日は又日記をつけることになった。然し従軍がしたいが働くと出来ない

6

まあ、

九月三日 七時十分寄

郎

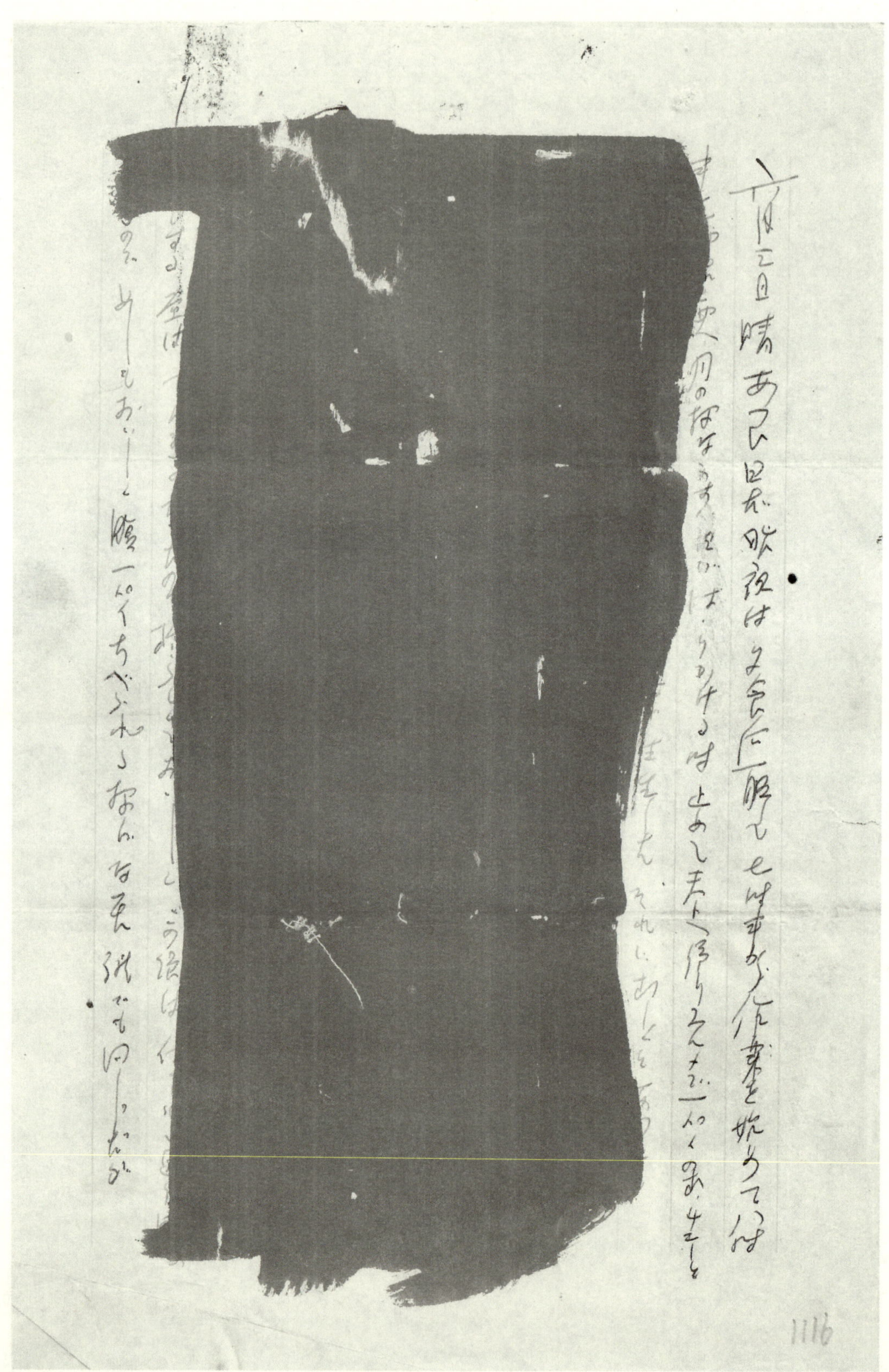

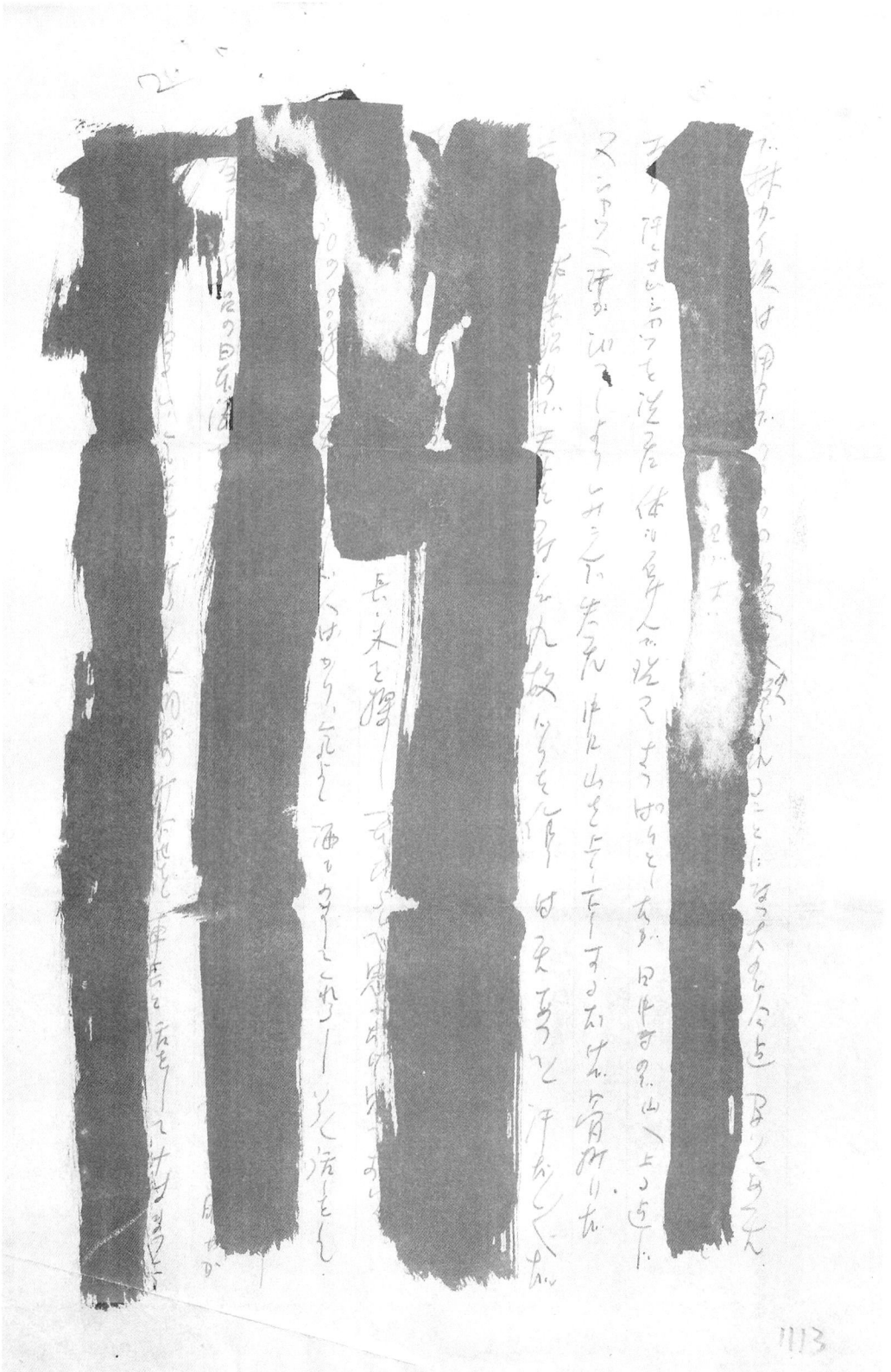

5

六月五日 小雨后晴れ もてみたが むしとて 相当にあつい

昨頃梅雨になつたが 雨が相次いで来た 今日へあたるが ごくいのが あれは 梅雨思ふ

雨切りのみだれしてない 大雨になるかと思つたら 失礼 [illegible]

[illegible]

作る水天丸の士に

で僕は中部へ [illegible]

当るが 東アジアで [illegible] は 米が困るだらう 晴かへつてきたに [illegible]

又山の下道 [illegible] 米が [illegible] の [illegible] へ

て、前田が出来てゐる

りま、小供が

五代のこ女の

1118

6

火をおこしてやることよろこんでたべとしまいにはこれ
（それであならいまで手でつかんではたべていた。一時話して山を下ると
急な坂を一列になって材料をはこぶの兄さん 将校のりろを集めしおく、待って
来ると又はこばせるそれ 次の部隊へらく 丸太を集め りろを集めて待ての
た。この人達の
たえまなく日にす
にげて たえのか
一同並んであう
一番村川君がめ

六月廿一日夜 下士官室にて

由男

君へ

1117

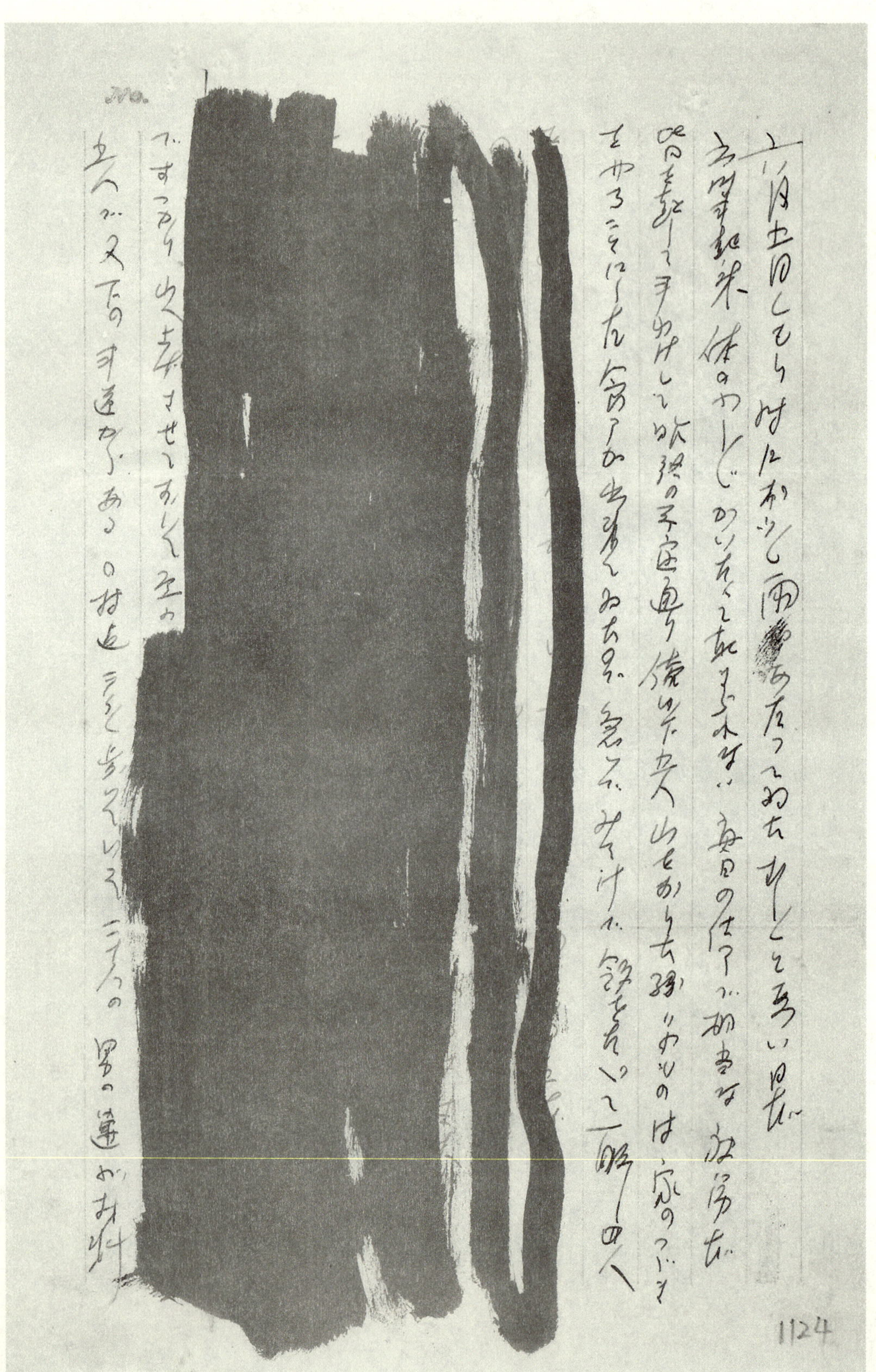

No.

六月十日 しもう村にわたし 雨が降ってゐた むしと暑い日だ

六時半起床 体のふしぶしがいたくて起きられない 毎日の仕事が相当な労働だ

皆を起して手分けして昨晩の予定通り 俺は以下五人 山本から去るものは 家のつぶさ

をやることにした 命令が出されてゐたのだ 急いで みそ汁で飯をたべて一時四人

ですっかり火葬させておく 其の

五人が又下の村道かがある の村道を歩いていて 二十人の男の集団がみ付け

1124

を探す凡夫、娘、竹のあんだ かご、かごの葉に、家の エンガワに大目の
しの竹かご集めた 河おじさん 切出す 河原の石が 階に多く、それから一万も出る
あちの家二十の家を探して材料を集めて出かけ 向ふ方へ子供をかくまれた.
又持ち出しから家のを探す事ばかりし、楽しく無い、本を遅く…へとに帰る
つるつるした階は水と十分に
山の下へ流して吸わせて与えて
半分をかくの為 ブラの井戸ブの出口
芽を早くしいて出すのは水が来
が一日かつ来、完全な家で吸
今年も——九年何事もして産いそして明日から エンガワの工房にか

No. 3

十一月七日小雨后くもり毎日やさしい日だ昨夜は相当雨が降ったらしい壕中に松根から
しずくと言ってよいやうに落ちてゐた俺の頭の先の筋とぬれてこうやが駄目になってゐた
六時起床外へ出て見たどんよりとした空の鉄道に砲を引き陣地へ入れて次々とつらんだ隊
が又もや大きな雨が降って来たので見合せて休んだ男水との事で沢を猫の額に流っておく
一時と合図うまいみそ汁で食事をし雨の上ったのをまって砲を右の山の上へ上げて穴をほつ
方向を測って之れが思ったより上等高さ、巾[illegible]を見て砲を[illegible]
深山の若木を伐って来た材料を使ってエンボイを[illegible]
に一任として豊ふことにして柱の穴をあけ[illegible]
人がおいて良[illegible]
穴が石ばかり[illegible]て居た砲車の車だけの穴[illegible]にしてすて
足が綴々に柱を立てゝ居た足迄には片方をすっかり完成し割りのせて右の方を二本
柱を立て土付迄入れしをする[illegible]今日迄出来
日御手迄が休み貰ったなかった[illegible]

1126

1127

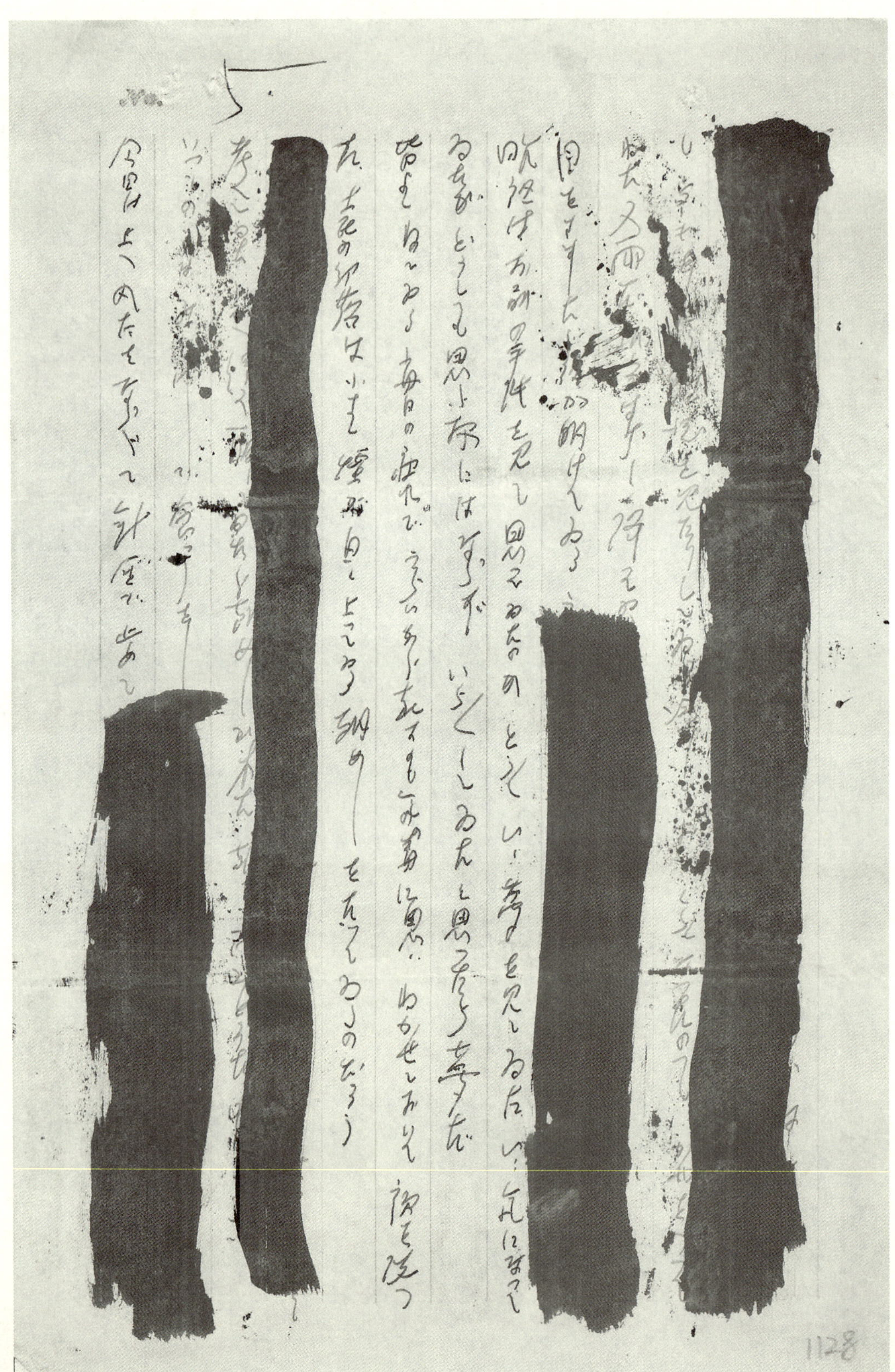

No. ○.

捆当上げた材料も足らず 下へおりし苦力を足らずなど度々こうなった段

為び材料をはこんで来た所には あとから後へとで山へ上る 保護兵が来ておった

エアの話をしておった士官達が 遊び 又 酒を出して飲んでおれた 然し しきりに 米をとって

[illegible] あとは各自に休んでおいた。今日は○○長官下が巡視に来られるため

させし下で休んでおった [illegible] 分らん来た

はこばせて来た 山へは 保安に来る風呂 [illegible]

はんぶんの田んぼの中に 細の中から一かたまりのめと よおめしいて 気持になり いろいろ 話をしあう

帰りに 草を踏み 草にもふれて 山を上る 一寸 体をうごかして 山が 苦しく なって

明るい内に山へついて みかんの草を皆に分けて あった [illegible] かしわ（まっこうし）だ

づぼんくとよいしょ になって 日丸を手にかかえ 今日は雨もふらず

ロープをつけて [illegible] をしたり [illegible] をしたりして [illegible]

外へ出て 一寸 [illegible] わよ

終

今日夕食をすまして皆といっしょに僕がこの高い山の上へ上って来た

冷い雲が霧のかはりに張ってとんで居た。冷いかったが今はない。丈夫もいよく

日光道にする路だと言って来た。一生懸命になってやってみたなだ 母様でも 愛

ずっと上になるとかゝって友が到れの心を思ってやると 気の毒で可哀想でならないそれで僕

も足首がたいそうかたかったが 男様だが意は抑へて居るけれども 思ひ切れないらしい

いつもの友達もまたそれるので [illegible] 今度の河原は広いらしく

しい事だ。今日も手紙りにゆっくり出来たので フートールり手も返了をするり事でこゝえても

らないのだ。

言ひつたなる様

い作文を書いて居る 明日は帰らう 又 何時寄 [illegible] すると [illegible] ない

No. 2

お前の手紙なければ返事をかかなければならぬ　又時間も作つてかいて居るが
俺からの手紙は係りに行くばかし　三枚だが送つた、写真もつくこんの手紙だけは方に
しばつたものゝ事、この前の便りに、写真おくつたと言つて来た　勝男は今日言つて来た
手紙ばかりつけば安心すると思つて出来るだけうつして送つて居るらしく、家族のか面
しなさい。お前にえらばれて居る写真を見て安心して居られる様に、それは誰だらうか、今はもうそを眺
てゐるよ。三年以上になりてゐるが、この大陸のあつさにも来て　あつさまけもせずにえらんでゐるが勘弁
今の様子でようで見るが、今日の写真も貰ふことになつたが、働らくことのかわりに何ともいへない俺の思
が、働けることになつて手紙が来なくなつた。あの父はお前が作るものだとは思ふが、一人思ひ出して
が、せたすがよい。三年生になつて今大きくなつたことを、思ふ久美、はるみも同じ様に大
きくなつてゐるかしら。治つたら無理して遊び一回く送つてやることを思ふ。勝男でもかしや
の状態に病人が出来たとかが、悔いのだ。手紙へ入れてよこして写真をして居ることを大分悔し
くなつたが、大変だらうな、大きくなつたし　元気か。おかげに写真の一番大切な時だけ
今日もかけやつて送つてくれなつた。写真を見てお前たちを大きくなつたかな

1119

No. 3.

汁のしまりは出来。あまはつりも終り春田は遅くて地肥もはいり水のはいつた準備にな
つたその三日の人に〔ママ〕のまゆけばすんだ気安易なことだ。でも平一日毎日が暑くてかなはぬので
仕事は平気なのであまり無理しなさいと言つてゐたが よく静かなれど あすの昼よりはなかなか出来ないが
内地の此の暑さを 思ひ出して びつくりするだらう。一日おきに 熱が出て 其の日は 苦しい所のえらい
づ気分がいいので 喜んだ。屋は今年は止めて 今家の縦詞つておることのこと 内地のあり次第
手伝ひをする様にしてくれ 留守宅は 今年は薬を呑むことに決めた由。一人しか出来ないの
のに一枚か一枚半開で 働かし。目をしつかりにして 働き人よりは 薬を呑んだ方がよかろう
都合が悪かつたら 様子 方々の エンジンがこしらへも 入って来たら 倒れる人 故を
れる様作して居る方がよかろう あまり無理をしてゐると 体をこわして 何もならんことに
なるかもしれない。だが 大事な日人の才であるのだから よく考へて 無理をしない様にしてくれ。
新の主が此の出来る様子 大変かかつて 困る事の一部 それから それを尊ぶ為に
自分から手の所にこつこつと 家を入れたり 町のはたを通つて人なりしし
あるとか 弟も早く大変だった。あの二郎も出つて来る前に 思ひが 仕方もない

1120

4

No.

石垣をつんでおけば一生安心なもんだと思ってやったのだろう。今もかうなるだろうナア
細い平一にやってもらって畑を耕すきをしていた。石黒一平一が早く出征したおかげで早
く帰って来た太宰治の研究相手になってしまった一人かにもなくなったあの太郎だろう
コンクリートでしっかり固めてあるので植えたとき小石細かい中に仕してしまうが自分で植えると
楽しいだ。毎朝夕に畑へ大きくなるのが楽しみだった。水をかけてやりはげみとなるか畑の水たまりに
に困るなどということは今年は去年程一滴かけなかった。大丈夫だ。増水はせず十分なかなか大したものだ
米も粤斉の様にはずっと殺米を好しくまた様にそうに作業場へ山についでおいて今迄のが
に思い様にまって植えておくことが出来んかったが、おしいの大めだから仕方がない
赤い砂の言い通りに今年からは百の大きな池があるからいくらひでりがつづいても大丈夫なのだ
費用を節約するのもだ。ひょっとすると世界中は何も分らんことになるかもしれん一年でもう早い方が祖母の
ためによい。これで今年から水々と言えば何とかして十分十九でも分ることになるだろうと思い
中村古印の死達人の太田様ぶんとによって活き生きているのを見ることは本来からも面白
のないのにかかわらずいいんだりして今まで生活をしてるのか今度ほど体にしみて感じたためでありがたく思う

1121

No.

なつた。毎日病院へ郵便物を調べ渡しなしてゐるのだ。用をたのむのに大へん便利だ

金が不払の弟も先月末に続き出ない様だ。もう内地へ渡しゐることなろう。

どうせ金へいくのなら と言ってゐたから あの所で呼ばれていくだろうから 僕のことをよろしく宛て

よい。金の事は今日迄大てい一寸ずつ届いたからよく知ってゐる。田中良雄し。で今度の休

に来てくれてもよく知ってゐるから呼ければよく寄るだろう。もう之を見る頃には会ってゐるだろう

田中良雄が

大知さんの注射をやって貰った由。東京方面では中々手に入らないものだが

進吉もよく指導の力入れるとか家へ入れようとしれることをうれしい。い、男だなあ

た。去年を貰って帰ったとのこと。状況は男だ。足はどうだ。一寸見た後では今らしんがね

病人も言ってゐるが さすが手初めにはなったのだ。始めな それぞれ

甘とうには大変なものがある。ただ皆お互に自由をしなければならない

して酒この手放なが しまっても不自由に勝手にならなければならないのだ

1122

No. 6

俺の休暇のきまったのは過ぎにたのんでおいたとのことだが、用意をしておいてくれ。さあ今度もすぐ帰へれるかどうかは判らない。千葉の兄さんにもこの前手紙をもらった。隊長が早く帰してやりたいと言っておられたが、早く統合の人になりたいとのこと、ねば。長くなるが、本当に御苦労だが、一生のよめの務も思い、なにとぞ頼むとね。とか。お母さんの教えにはなかなかむずかしい。日常にいてよいのかね。早くあるかしいから。た。お前の母も年をとってゆけば、大変の事なんだから、よく注意しておく様に。俺の帰るまでに帰ってくるとお国のためだが。俺もこの事が今らんし。真の男と子もこうなれば何とかなるだろう。お前の言う様に身体は満三年も過ぎた。早いものだ。まる三年人に言うへは言い尽せないで、人に写真をして親に報告をすすめるのを言う。早くしれないお前にいつもお礼を言ふ。お前だけが俺の安心して働けるのだと何時も知っている。今までの何の心配もない。これからだ。今年は極月は作れ、情けない無理をさせないで人をたのみ、せわしくなったら又田の留守にも人に渡すが何とかしてもらう。一つ困ったが人はいって来れ。大丈夫だ。会えるのを楽しみにして

定七

妻へ
三月七日 夜

1123

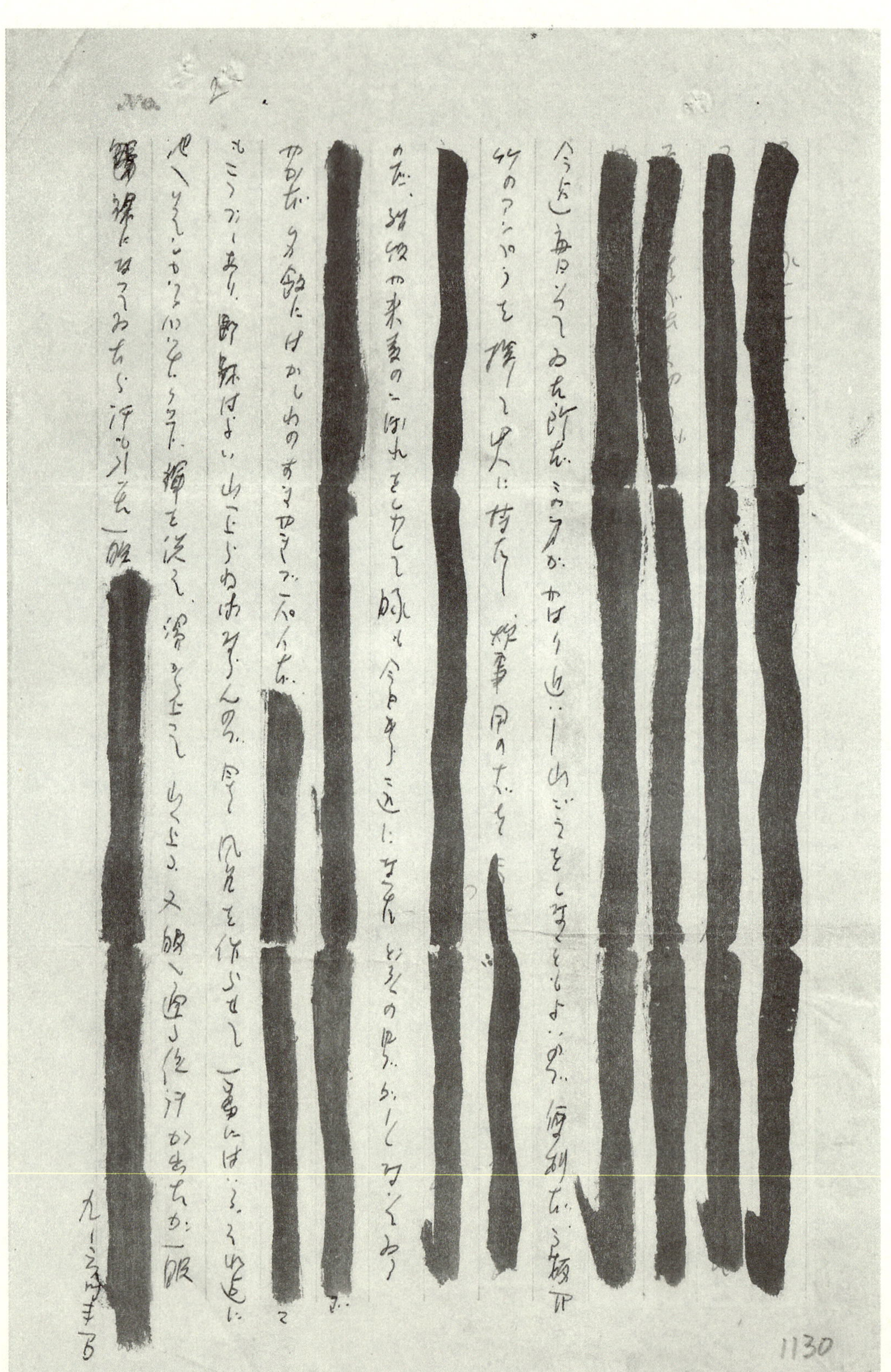

No. 2

今迄毎日やつてゐた所だつたが かなり近いし 山ごえをしなくともよいのだ 便利だつた極[illegible]

竹のアンペラを掛て火にあたり 炊事用のたきぎを

のだ、出征の兵隊の二組れをかして 眠も今日まで ここ迄になつた ところの思ひがして なつかしい

なかだ分隊にはかしわのすきやきで一杯やつた。

もここでしまい。野鮮はよい 山ぶどうのおかずんのだ 宿で風呂を作らせて 一週には二、三回位に

池へいくしかなかつたが 掃除を済して 湯をわかし 山ぶどう 又晩へ温い位汗が出たが一服

入浴して 水になつてゐたら 汗も引いて一服

九・一[illegible] 手 百

1130

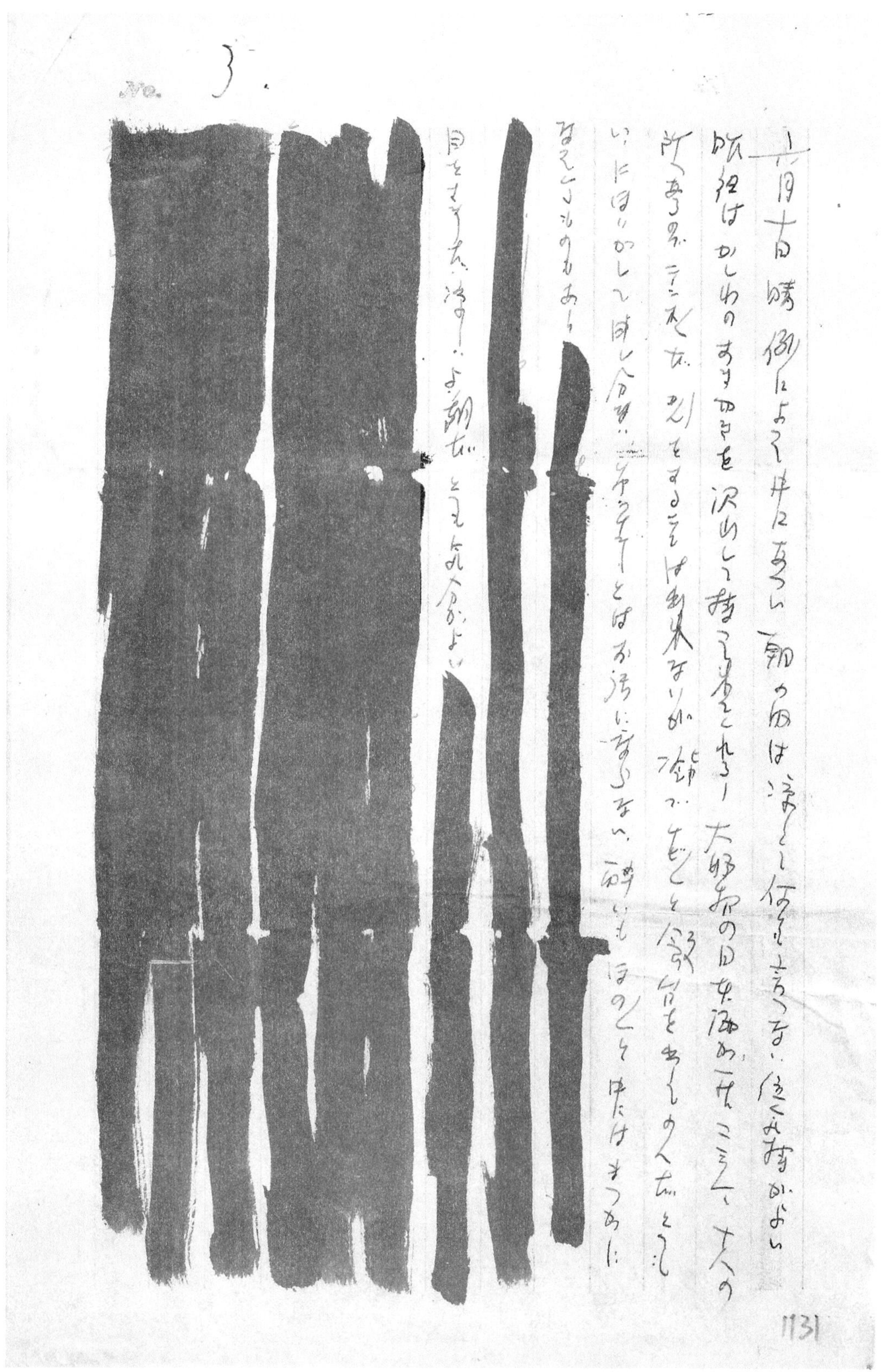

No. 3

六月十日 晴 例によって非常にあつい 朝の内は涼しく何とも言へない位気持がよい
昨夜はかしわのすき焼を沢山して持って来てくれる 大好物の日本酒が一升こそく 十人の
所へ来る事が出来ないな 見物をする事は勿体ないが 泣いてもとても飲台を出しの人と
いにほりかしてはし合せ 平気で とはおそろしいない 酔いもほのじとしたはまつかに
なることもあり
目をさました 凄いよ朝だ とても気分がよい

1131

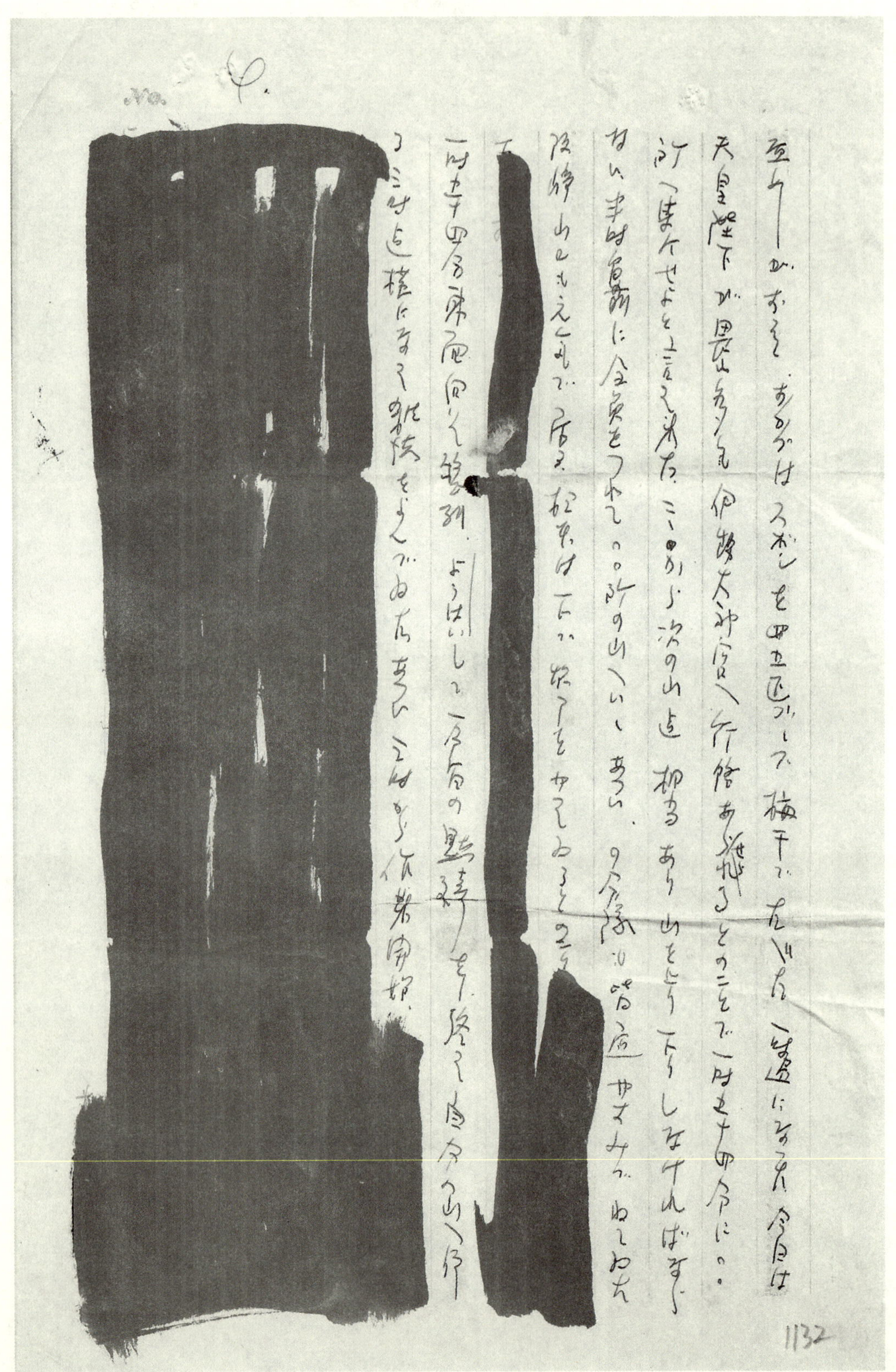

No. 4.

五十一がおそく おかげは ズボンを四五回ついで梅干でたべた 一時迄になった 今日は
天皇陛下が畏くも伊勢大神宮へ行啓あらせられるとの事で一時半十四分に。
前へ進めせよと言って来た 二日から次の山迄 相当あり山を上り下りしなければなら
ない 半時間毎に全員をつれて○○所の山へいく あるい の分隊は皆肩迄 せまくみかいてゐた
階段山ヒも元気で 居た 故兵は下に 終了をかくしてゐるとの事
一時半四分東面向いて整列 ようはいして 一分間の黙祷を捧げて自分の山へ行
って三時迄横になって新聞をよんでゐた 五時から作業開始

1132

六月十一日 晴 わけもなく、六月十三日 田辺では 谷上げもとまわか ちょかわりか

家族細心に ここたろう日を過して 疲れてへとへとに疲れ、行ち男の力役を面倒をみて

大ていよる分からなかった。相当にあってなったこと。思わず田植え近づいて草伸び 一大作

[illegible]別に多忙の[illegible] 田んぼ わって わって体を [illegible] [illegible]の表

[illegible]は日[illegible]をかりて[illegible] [illegible]を[illegible] [illegible]て下の[illegible]をみて

[illegible] 月日十日[illegible] 一寸[illegible]上[illegible]人[illegible] [illegible]

六月十日[illegible] [illegible]のだろう

1133

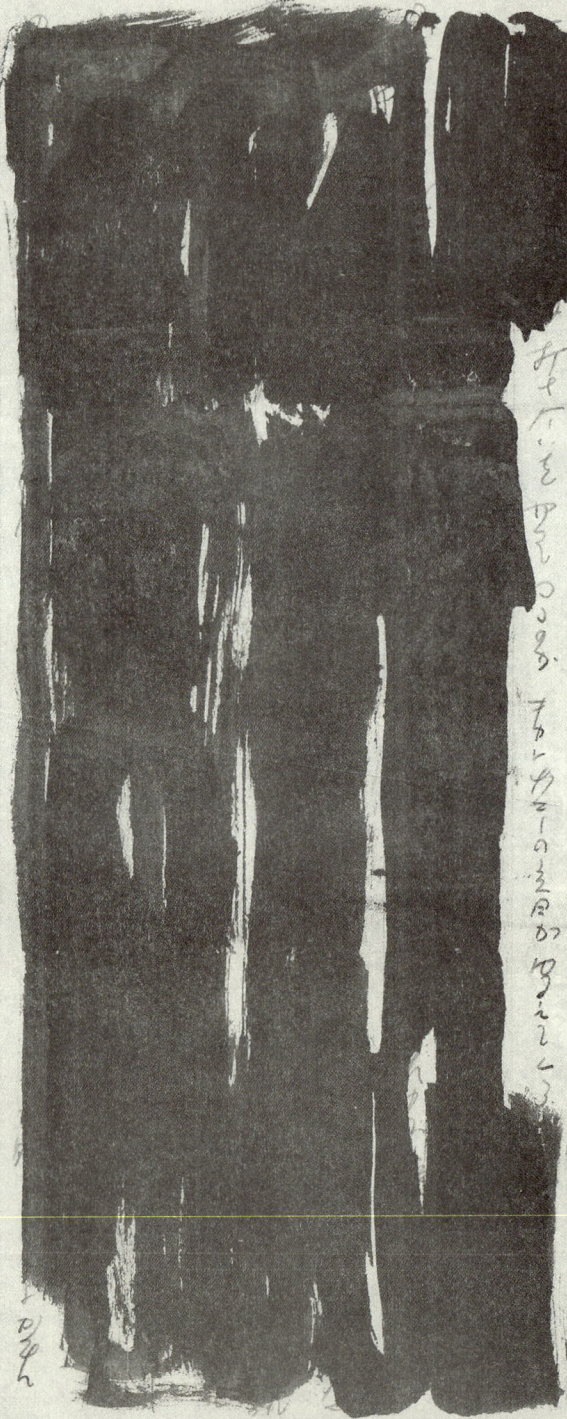

No. 1

六月十二日 風すこしあつい日 晴 はげしく吹かれあり雨雲も二三度ごろくとなったが
は雷と気れどこかへにげて去った 今日は木村家〇〇へ（しごうにいくので昨晩おそくまで）
増手紙をかいてゐた 俺も土曜日迄かいてゐたが終るまでゐた
今朝は疲れて目をさました よく眠る様になった 体で疲れるのだろうと思ふ
十時四十分全部をとって 朝めしの上って来る迄に会場を作るべく朝露
にぬれて木を切りにこれの下を地ならしするの 木をくらし 十尺に二十尺ある四角
の竹であんだアンペラの様なものを上へむ根にかぶせた 大部分ではこれをもみ殻外の四角を
ほすみの代りに使ふ 四方のこみを入れるみの様にきれいに作られであって大きい
し ひろげると大きすぎるのに驚 一枚何十円とするのだろう 百性でも大百性でないと持
てゐない 其の外小さいものを ほす時には丸い直径六尺位の丈夫さのもある
雨も降るし汗がでるし 会場するのだ これをかぶせて机の上を三つ作へて切り
にする 会場が出来上った 顔を洗ってゐたらめしが来た 六時半になって
山をおりていく来るのだ 汗がどろどろになって上って来るのは中々えらい 朝は一合だそうである

1135

汁を湯で中火の煮た様な。美しき色を改めた。まぐろよりたいの方だ

朝もやの中に凹凸してゐる下の山、畑、里、部落を見て朝めしをたべるのは何とも云へない

煙の上つてゐる部落、少しも上らない部落はよく、全部に光つてゐるのだらう

九時から作業開始、絶を漉場へ(山と雨除の下へ)昨日運んだ道具を六尺角位

しまつてあった。左右部分しより、朝に中々あつかった風は少しなって あぶらを流れる

至る部分の布を並べてジャッキを作る 次手をおいて紙を切ってみた。初日にあって表

たので、基盤を作ってゐた。基盤はさしぶり十二枚づゝ並べてゐるうちに、ジャッキにかゝる時迄た

紙は出来た。三時から作業開始。漉場の方へ 浸透用を作る(紙を扉に付く)紙を作って

二晩して別を取られる様になった。材料切り エアで事に別れかり 七時迄

かゝって大体に出来た所だったので、針金でしめる作業を止め、木舟と云ふ山をあらゆるの汁の為

へかつて水をすりて体を洗って出来たらいい気持だ。安心を洗ってゐた風呂の代りだ。着ていまで水浴

はひ、帰ってジャッキ作りよ、八時半にあった出生を少しだ。かしあまいの汁が合つて、済んで四人で機嫌

を取りトトて ともして昔の夜だ。その光で、ジャツの相手をそ作えりして日丸王所をかくして十時半

十一月廿日 十二日 十時半

No. 3

六月十二日　はれ天気あり　却ってあたたかい　とうく　並へ出て来てたしたしこそく　山の
上で見た景色　下は一ぱいに雲　昨夜もすでに道しやつを作ってみたので　今朝はゆたく、
そのうちに起きて日をさかなかったのでもうつらい　銃声五人に出会ふ　三十分　奉祝　五をいつなだ
時半を見たら時二分だ　中ない訳だ　陣地へ急ぐ　それから夜の明け道に四十五分　敵の陣地を狩る
ぞすびつい中を大を吐こうと必死の覚悟　足はものすごい　絶壁に銃声は一つんだやんで来て静
かになった　銃の所で休んで多分休憩していた　小屋へ帰って　シヤツを作りにかかった
めかしてる　タヌキの皮汁だ　臨時として一服　九時半近く休み　午後をかしかいわって今午前の仕事
昨日のうちに壕を作る許を作る　中へ棚を作らぐうら枝をはって土でつつんで　寝床は鮑二枚でし
あていのを作るのがたかったが　十時に上作業を止める　タバコを吸ふも止め
シヤツを作ってみた　ちよくあれて　あまり分けたなった字一つた丁寧にして大切の上での方法
をとられる　物を見とことにしてと思えるが　昨日見の目は出来　朝もくけんみたが　止まってたまらない
した　昼めしはちやうど十時位だってすいしーつたた　金をとあれたのがよい　ゆつくり
腹がけ済ませる　たばこをすっても出来るので　いい休み場所だ　めしをこしらへる時稼だ

1137

No. 9.

今日は写真に写るがあつて居たが、おそいものは一日か二日めをく許だ。で三時迄休むもう

で、室へ行つた。林の外服史の写真の会議の増田少将殿が隠れすので代りにいかれた

ハヤテらんのおー寸、日本送つてからシャツを如ふてみた。うすには代りに眼鏡の先生大佐殿が来て

みることになつた。二時半に又は登[illegible]廊下においで来た。ながらが見るとよく見えてる。三時迄おつてかう

ラマを下めるのを作る。又も子ん、あもたら。五時頃に写真が、小さいものは体大手で白かにとらもの也ん

で後の事ではしいてき。休みシャツをおきて、おつくをつける。部へ気なか、打ちにしたのはどか、かならずも

のだ。挨拶が来て又外して大きいのとらかくる。備考をして兄たが一万ある、しかしきめの方は不[illegible]

はいふんなと大変つたらなるつりは、まうりもみ。トつ千切りのみで計算あるがかうか、まうりみ卵もの

で、おりて強い一杯のおもしを思ふなかく金目をしシャツにかつて我の用意は他を二人の許へ出し

て用意をして流しがみえて光時二三許十葉打つても、しらい目をおつた。今中ただ山の頂上へピカつと光

つてドーンと地獄がよる。当てシャツをとりし、実際にただ大きい割ってうも出来た。ホケットは右

こう、ボタンは出つ上れにおちし又ヤト出れおちて又写真を撮影し失礼が白衣でシャツを始

めた。でやられ大変なのだ。うれしい様、日あるれ今後は又研究中に時節も来る[illegible]物をするだけでいた

十三日朝 [illegible]

1138

六月十四日 晴 はせこの中ではなんだ朝から おしまいまで凡さんて一つかない

今朝も来れた 級長殿も達 トールこの油で よなべのはり仕事をしたので 朝はねむい

起きれた ねむく、眠へ出たら、はれやかだ 田植も始めた いい所だ 小さく見える山の

畑田池村を見渡すと のどかな所である 久しぶり晴しのよい所だ 朝めしをたべて

みる其の後からは 鐘がよこして居る 土民がすんでみるのだろう 顔を洗って一服して

おれはやっぱりと見廻った 又班長殿が始めた 米田君は 裏へに行って居る

俺は又お椀を作りはじめた 白い布をもって 机を一つ作ってやった

新しい部屋だから きれいになった 自分が沢山あるので [illegible]を壁をとる

支那さんで三つ作ったのだが 自分の兵舎の擬(?)につかうのかあるのを使った

壁を切って見た 朝めしが上って来た みそ汁だ。食事をして又 やりかけたが

九時から 工事にかかることになった 今日は又 別にありふれ(?)一つは 山のトンネル(?)

あくまで 行った 流れて居る 陣地へいって 壕を掘った 土をはこぶ 今夕から上へ土を

出ることになった 家田君も出て居る 小さく見えて居る 読人(?)の横に出ている

1139

6.

借金で大へん、それで土を上へはこぶ中々大へんな仕事だ。請家が言ふがかはるへるかも知らないと言って来た。汗だらけになって休んだり、やりしてみた。苦しい日だ。中でも苦しいのだ、普通の日本の涼しいのだが今日は大分だ。汗だくでやり乍ら土地神仕に苦力を入れて請負はせて来た。二十三人とか言ってみた。実に大勢だ。こんなになって皆さんを知れた。紹介で別れて苦力を使って土を運び、やはり大勢だ。思ふと自分に大きな不安も出来ない山になってしまう。一時半すると苦力が来たので、会ふことにした。それで少し休ませて、監督者のない者で少しづつ、いかがなものか、始めは少しづつ人をかえるようにしてみた。二時から又始めた。苦力を使ってやった。暑く、上を片付けたにかかる。夕方迄に右側を完成させようと皆大汗だ。傾斜のところを十一で山を作るのだ。北側をあとに中々うまく苦力も言ふに、やかましく言はないと動かないので夢想もし、七時に男女共に右一つ完成したようなもの、苦力を帰して自分を取る池で、ゆっくり体を洗ふ。四日目に二度目の風呂をわかしてもらふ。お蔭で汗を流すことが出来た。先程から作りの蒸し暑かった。しかし、山へ上ら涼んだ。見下ろす広野を風が吹いて来て涼しかった。

十一月十四日 夜十時頃

寝た

白石

妻へ

1140

No. 1

六月十五日 雨 薄日になったが 雨はうるさくて どこへもいけない 風も加って山上の
雨はしけかって居る 昨夜はむしあつくて うとうとしよくねむれず居た 朝迄 たえず ルンペンを焼
きかへして居た 山の向うが 赤っ青は 山にこだまして ドッコンこくとこづく音がして 賑やかだ
夜中に起きることもなく 夜が明けた 炊事をとって 雨がどうすることも出来ない 休みだ 暇すぎる
止んだかして居た うとうとして 失って九時頃に目をさました みそ汁だ（だしの）食ってきて 昼からの
下駄の ヌガシを作る 別にかまわないのだ まとまるのだ 又はぜいて ひまを なれたり 表と裏を ひっつけて
は又ほぞくて切りなおしたり 中は平気かっこしかも 汎用にいる そして 次に出て来た
中にむかしの たこ 自作 衣のはズーッとだが 今日は 手当の 不安ない 刻々を つけたらしくて
るんだ 生になった皆 朝から一振りの雨だ 工作も中止し 休みなのだ かくしどういふ事をぬいて
良田で居る 枝れて居るが一度 遅いなど 俺でも 朝起きられない位 体がいたいからだ
去年は 十一月だ 下に十枚位だ 今日は 汁もあり 雨の日を 食堂へいって 竹のあんぺらもしらない
がひさしの所からしけかっている 身の所 合って きもし 山へ行き 雨が 掛ける だれかが おそれて
ともっている 洗濯物を 受けたり 昼のかの 窓を 開けたりした 寸ちょっと 外は おそろしくもる

1147

No. 2

雨らしたのをしておいた又ズボンにかゝった。膝の所へ布をあてたり ボタン穴の所の布をつぎ
ゆるこまかい仕事だ。前がこはれたので横にならべてみたがめくれないのだ。又出してボタン穴を
かゞり。ボタンを三つつけたり ズボンの下の所を洋式のダブルに折ってかゞったりして完成
した。帯皮を通す穴をひもで作ってとりつけたり又洋式に ポケットを二つ両方へ作
ったりした。大変手間がかゝったが出来た。骨が折れたがうまく出来たのではいて見た。いゝ格好
だ。セーラーズボンだ。上衣は今茶色だし下は白でこっちがよい。ポケットもよい。長さもよい
大きさもよくて上出来だ。糸の色が紺が多いので却ってうめくを通ってゐるのがみどころならかえって男
だ。手間仕方がない。上衣の布は弱い。ボロが多くてなかなか おもてをしめたのか目がある
夏向には薄いかろうが丈夫とは言へない。ランニングの様な生地に見えるか…… 家へ行ってもズボン
や手入れた上衣位は出来る様になった。型はかゝるが出来ないことはない。少し見て出来ると
やはり面白いものだ。タバコを吸ふのも忘れて一生懸命にやって居る。出来上ると嬉しいものだ。ごぶさた
になった。刺しとしてまで出来ない。雨は小ぶりになったが風が出てしけてきて じめじめして
身体が悪い。外は静かだ。今日も三羽の鳩を見ただけだ。こうまでよこしたでしょうか
おかあ

十一月六日午前

1148

3

六月十六日、一日降ってゐた雨も上った。昨日は小雨の中を行軍をすました。めしをとりにいくのにびしょぬれになる山の中を歩き上下すれば膝まで下はめちゃめちゃ、代りの服がなくて始末が悪い。めしをとりにいくとぬれる。今日の雨の日は中々さぶいうれしい霧で下に上って見るとなまなまと晴れはれた。又何も見えなくなってすぐ山が雨雲だけに割れもひどい。夕食はブタ、まつりもみな葉でとってもおいしかった。一両日降った後だ。もう少しも甘い一筋は日塗のこと流れて病ふなら

シャツもズボンもぬれた上衣のでやれしてやった。久しぶりに雑誌を見てゐた。梅田が送ってくれたカンテラと春日勇勤列車を。中々面白い。夜九時ご雨だ。腰痛がさらに二番から中にいるのだ。後の整斉しまう。のが僕もまつことになった。九時まで大体四十分遠陣地についた。割で何も見えない。之ならば敵が来たところで分らない。時々思ひ出した様に銃声が聞こえる。犬の遠吠えが聞こえる。静かな夜だ。小雨がこうしてゐるんで居ると、完成した陣地は雨ももらない。ぬれないので申し分がない。後の者と交代して小屋へ帰った。ごーごーとねて居た連中も止めて居る所だった。雨はばかりだ。幸ももらないのでよい。トーシミの火を燈してゐた。風で眠れない。涼し……よくねた

1149

今朝は雨かと思ってゐたら空が晴れてゐた 黒い雲が動く 山の下は白がかって居る。
折りも晴れて きれいに見える 雨で畑も青々として生き返った様だ いゝしめりだ。
身体を洗って飯の用意にかゝる 食事も済めば山をおろし 九時頃になったらめし
かけた 頭を洗って食事 天気はよい 一服してから作業にかゝる 柔いものを集めた 人
手伝せ 病人又一人 必ず仕事をするのは彼と三名ぐらいだ 風はあるがあつい 今日は陣地の石
側へ土を運んで 四名は思い掛にはかどらないが 困って出来ない 十三名作業を止めて居た
おかげでおくれて一時半に来た なかった 食事をして 状況を見て居た 空の中でもあつい
風はあるが 其の中出来る事をして ゐた三時作業開始だ 盛った 汗がだくだく
だくだく出て つらかった 大分おそくなってしまったが 完成はまだまだ 高作業を中止して 休む
汚れたシャツ何枚 ズボンを陽に干した 風呂へ入っても濡れ、大汗だくになるのが止め
た 洗しなかったので 行っては入ったのだが 体調がすぐれない 今晩は日誌を略してつけ
ることにする 今日の分をつけておいた 今夜は早く寝たい 大豆をゼンザイと
するつもりのが珍らしくおいしい 一服して 腹をまって日記をつけ 其れも見てゆくおやすみ

十六日七時半

1150

5

六月十七日 晴 なんく あつくなって来た。山上の空故 月は蒼みを帯びて冷めたい涼しさ
が目あたへ迫るやうにかけつけてくるとは感ぜられない位だ。自然ゆうべが雛読をよんでゐた。夕暮涼しいこと
は気持のよい。空は何とも言へない。風が入って来るとなるが皆すずしい。涼しい風がはいろし汗も
ひいた去のだ止めると言ふので止めてゐろんなのゐた目がくれる。いい月夜だ。明るい。今夜は又
ひどい蚊でごろごろしてゐられない為に出て外へ来る。外は寒い位涼しい。いい月夜だ——
十一時過ぎ 隣の山上で海人が居る。トーチの灯をつけてあるが明るい。御は思ひ出す。電気
がついて見ばし日中でもこうして、昔のアントン（|）の灯でも明るい。せわしくも出来る——字も
書けるし本もよめる。灯をけしてゐると外は月夜で空の様に見える。もう一寸ここで
しておかなければ、読書に目をやすめた。近くで銃声がする。十五六発ととどろく
ゐる。うるさいと思ふ奴を友軍が打ってゐるのかと思ってゐたが外へ出て見たらどうも
騒がしい鳴り。月送りなどにたまらないのだ。出て来たらしい。よく見てゐると前の山を下へ
おりてはみてゐる。おまけに懐中電燈のなかなかでパッパッと光をてらしてゐる。そこへかぶせるやうに
ドカンドカンとやってゐた。まるでにぎやかなものだ。ジュンとして パッとしてゐる

1151

6

又思い出した様に枯葉が路の上をころころと流れるでかとんでいって、消えない。

夜明け迄）厳重に火ばってゐたが墨汁は凍れた 今朝も食卓においておいたら凍けてしまって

大根を洗ふのは忘れてゐた。ゆたい ぬしをもって骨に紙の上 わたしをすこし 俺はゆた

会期中休みなしで 書いた 一日分をよくかいてゐる 俺もよくゆた 五時 が多く 乱された

一時だ。ぬしをもって 映し又 様に多く 雑誌をよみ たりして 寝ていた。三時から 作業開始だ

大分あつい。陸上へいくと風があって又寒い。 左翅の工事をつゞける。 土をもってはこび 埋を

あてたり ドリルをつかったりして 六時半に 物すごい陣地は完成と 大きな仕事をした

の返しお茶上って来た 小山が一つふえた様に見える 明日からは又工事の第二期作業

にうつることになる。明日は努力が必要らしい。きよってなろう。杉くんも来る一人が加へた

六時休んで 二人風呂へ下りした 俺は残って今日日誌をつけたり日記をかいたり

して居る。とても寒い。風がはげしくなる。下の方も晴れて よく見えて 湖と少々を付けたし

い。冬でもこうしてゐるのだろう。今夜から当番をつける予定だが、風があるから 広くなし

無事で。寒い今夜 書きたいことは目を通してゐるが、寒くて無理をせずに 其の辺で

六月七日夜十時

良人より

妻へ

1152

六月十六日 晴 風はややまだ涼しいが 日は既にまったく土用の様だ
昨夜は仕事を済してゐたら夕方に少し 野本君思ひかけなく 加藤君のぼうやが
四歳あまり皆大よろこびだ お米のあたりか思へない位もう一人の子ならば命ふは危
一日ぐ のんびりし 昨日一人の子供のみだった 却って虫をよんでいもんと大笑いだ
晩のご飯 きうりのつけもの 寿ダ中々の御馳走だ それに酒保品のかんづめ これはかり
私達の弁当 野菜のだ 胡瓜を切ってもんの煮にしたすいーが足 一寸ほとんど そよって
夕食をすませ 少しへはっきり今夜がかかるることになるん 今夜は皆二割にはつ
ここがわれわれかえんで 今年にとめてみたが 皆揃えんので つった 風がはっきり 取りあった
トンミの灯もつけられず 今夜は日が暮れかけかくかしくゐたが やがてあとし ねむれなかった
六畳に目をさまし 夜 食事を当番を一人がすませておいた 昨日の夕 大江君が今くの
太郎さんの弁当を持って来たので つまって 路造した 二つ目一つ打くし作ってちょっとうまかった
ものだ やっと太郎の花を取り取って 日本の花にしたい 胡瓜たんば 夏大根とか
のみを汁で きうりづけに 夏大根のつけたりしてみて 頭めしと とってうまい

1141-1

2

めしをつて一服しシャツもぬいでおりくれば早やはじめにかかる、数日一名で下々

道路工事のため人一名を下山させ、あとのもので次の第二期工事にかかる。又予備隊とその

道路人は屋木浦とその付近様でそれをもちをはって鉱を作るのが今日は決ったので一服し

てまっておれず工事現場に来れ今日も来れたが日送失をもつて、四位出位に別れし一万づつ

かんをかけて道路に汲ほしをさせた あついので苦力も大て 動かないが日清まれば動かね

ば。それは動かしまった 皆ていねい注意しました がんばってなく二十位休ませておく

二十分位で 又再び作業中止した 財部が来る、用意をしておりし四時頃から行くれ

夜軍が入前の山を掃蕩にいくので財部もあるので苦力を帰したのだ

一日あたり五加二十ちらも目のこれる道行き、あかげで汎用の道路に下山も出来なかった

夕食でも又作だ生をかしの人がみのけだ まつりつけ 夏大概けが暮まで入浴した

すみ九時又土蔵行ってばっし参り 絶の手紙も書し 体もこそいなれ 十時から

風もあり とても涼し 蚊も出た 良い平坦、今晩は床をかりしておく ドンと

絶え間なくかなたからは 空もとてもよい 月も青空はるかとあみ浮ついている

十八日夜十時まで

1142-1

3

六月十九日　少し天気　もう一度あつまった内地の土用以上だ　何度あるか知らんがとてもあつい
朝のうちは又とう洗みし二日目に頭を洗ったらさっぱりとした　兵舎の附近のごみをひろって焼きおとし
銃の手入れもして食事の上っているのを見て胡瓜、夏大根のうけだ　美味かった　ほうにがい　つけ
ものは沢山あるのであっさり一時頃室へ帰り九時までねころんで雑誌を見ていた
九時半昨日の土産のつづきだ　よくあつまってる　今日は昔からと言うの陣へいつ
もう三人は当番だ　炊事に大勢して道路作りに一人とおろしたので　銃手五人しか居ない
俺とも二人で昨日のつづき深い溝を作って汗みどろだ　息がひどいのか体が思ふ様に振れない
十字鍬の柄が二つに折れたままになって使へない　どうでも土かぶの工夫たいは入用なので
竹の棒を切って柄を一つ作った　大体道がはかどった　[illegible]したが思ふ様にははかどらない
十一時半作業をとめて室に帰った　十二時五分頃を出かした　酒保品の便箋のことをとて
一ぺんあけてたべた　目色をしてたるが　うまの様に甘かしくない　それからかけた
一時より又帰りねころんで居た　今自活を小隊長に見て貰って雑誌をよんで居た
夜六時思ふ様に出来なかったが[illegible]が[illegible]遣されるしめなくてはならない

1143-1

4.

かえもおしたのためなら仕方がない。
前も仲がまるで兄妹になりきれみのって来ていよく田舎に遊ぼうし来たね。光が空に体が
だんだんなかよく気を引く無限もしない、打ちとけて来れる様になった。
今家は庭を一段開けてすっかり手間取ってるとか、手の早い時に行って一日もした所で思わぬ所に落ちない
庭を歩いて昼を暮らすかよかろう。傍げば庭もよいし、暑くない、今ならいい様な気もと大分細が
なれたなあ。十六才ともなんかで二つが家を暮らしたそのしまいをしていた方がよかろう
ぬれる旅の小細細もよろしいが、おの今らく気のが指をとめてぬれの好い所を海に引いのは日々の細所
りたろうが一日すい大きくなってしまうのもお楽しみ気のない三十五日の便りは写の写真が外のかーよ
につたとのこと。きっと安心元気な所をみれば手紙なければ安心なんだと思っても写真を見れば人よく今
つかう安心したそうです。お陰さまも俺の写を見しめることが思一よに手をつなげで遊びたいもんだ。
しう前の郁は二三つんどと言っておまけおばあ文太をまるで一しょに遊んで今がいいが別れだらと思ったら
何だか淋しい。父ちゃんはそれでもお父さんが帰る今迄の郁に伸よく遊んでくれるかをきいてみたら
父ちゃんのことを言えば二つ目立ぬの世に見しおりたんすくなってるので、父ちゃんよ大きくなってるんと
抱えたってたてお目にかかったらってで顔を見ておたび読んだに
其の時お前の姿も兄さん丈夫でいい。呪っておた、俺ましように恐らしいのだ
思いおかにめくなるをはいうし夢だと不思議に思っていたら十一ヶ月
なつかしいお前から僕への写を夢に見て不楽しんで居るのだ。お前は僕の夢を見ることはない
探だけ幸子と気、えしめし泣くしたとのこと。よろこんでいたなろう。久一才で暁子が
かずあしかかがみんなあかるそうと思ふ。いつも妻の所へかえてみたものね。
「里」より案ましたが「山」のことを承知した。今の所女の気はなくただ暮けに暇かけた。
文よいことがあったら知らせろ。上皇太子殿もう帰られたとのこと。この日の内に帰るだろうと思って
みすかとうとう俺は一五日帰るかという太郎だけ一目と会えず別れて来たなもりいえで

1143-2

5

あなたとは別れ、鎌田だけはいよいよ他人になって失ったナ。之からは寂しいで暮しらなければし
ないかナ。僕がお母さんはもうじきに帰ると言ってもよその叔父さんが帰られるのに、うちのお父さんはいつ帰
るの――しと言はれると、小さいとわられないナ。僕は何も知らないから、何で帰らないのだろうと
お母さんの世りにしているお母さんが帰さないのだろうと思って攻めるのだろうか。ろくいね。全く
今家の生活は出来ないならいいが、父さんの主張を改造するのにそんなに向かっていた文別に苦しく
まえたのが、がいい今がいったこと、思ふ。ろくこまぐと大ことをし仕事の力がうまくいかない。悟ナながどうにも
なんでも、あまりめて伸もかっとれ俺の信頼はどうせ人をたのまねばなんの役たナ。
来の法がなかった頃も思ふのにあつかしく父米の若ちにあのんなどのことを、いよいよわりにく、なったナ
六月四日、安の手紙には父さんを一しようにうしな寄実がはっくしたならし、辛ず母さんにも見せてかくなお母さん。
毎日来てくれたは放切り、げっそと仕って遊ばれしみる様だナ。子供があるから思ひやなにも出来ず、自分
もたのんだしこみるそのことも、りっ外しまりをしてくれるか、今ぶん弟をあつしみては信れる一方あるぶんそれ仕方がない
男と人にも来たのも入用あげ僕たてあげたのはガイにしてられてとうく弱弱にしし失ったとはあの男は弱
い。女がはなかったが、それ位のことは当然だろう。よし専も悪いことも人がよく知って居るからいいよ
六月三日に有賀の友達君と牧野今家の夫が変居したとのことで鎌田は一人もなかったとのことを淋しい家が出来たよう
そのことなが、仕方しなかろう。前川君も林さんもとうく芋がえそでだナ。二人共思ふ様になり仲よく
やらしていることを思ふ。菊花が開あれて居るのが不思議な位なな、画を行って居るのだろう。
旧地で六月のの話はどうしもあっても終るまい。もう六月もいよいよ終りなんだ。今一家では振しく目を通し
て居ることなっつ、月一ぺん立ってば、多野下りで、まるまるかのも忘れてもすもくるので、これ迄は云ふいナ。
一三三号の法は父さんにしてもしたり、気の毒な鎌田も里で初めての熟配当だ。お気の毒だ
僕が生れこしてから家に居ってやすことにふみ合いなかったで、り合いをして居るのがいいつどうなろうとも今から人
の上だ、金人者の様には思えないよ。○○の店舎に居た頃には僕も世話ぱ、大丈夫なつもりがこそはそうは
しなんまうナ。いっとうなぶるまでこんで来てやられないもいらないか、あまいが今決定をしては居るが
仕方もかうち何もかもない腹ることに夢中になって失ふがらし、しかーんるをするようなことはないよ

1142-2

久夫からもりやすからもハトレーでしめく自分心中をかしく思つてゐるがあれの心も全く残念でたまらない。
時代が一番に變つてゐるのだ。今須近世つゞいたら任期になつてゐられるがいう何かして一が外れたと云ふつ
ことをやつて、今では安心だ。よく心中を察して情をもつて寄せ過去の傷はあるが中々気にかけないやうな様子
で、わたしの道はへいつて頑張り努力をしなければならないと同じ様だ。
だが自分で帰つて聞きこそ二人に話してもらふが済む外の元気なのによろこんで帰れたと言つて居た。
何事も運命だ。自分の思ふ様にはならない。萬事天に任す外はない。平和な交之の朝ら大佛も
おつつんだらう。思ふかも知れぬが、父の場合が気よかつた訳だ。久夫も居るので元気をつけてやつてゐたらしいが、考へ
こととやつてもらつて居られない様だ。今度は又早朝でもすれば一緒にいつてもらふと言つてゐた。
まだ直了を終りとなのまでこれ直了された。直ちにゆくことで家の上げたに田舎をたのんでやつてもらふことにしていた。
もう今度はもう近所の家中も迷惑で水田のこともやつてやることを思ふ。今年はおすもう一年で又手が明け
ばなのめをし、美濃田の草をとつて来てくれるだらう。あまり心配をせずに、すなかに任せてやつてくれ。大作り
なまじいかまもしつも思ひ故にならないからす。体をしまばね。なに気をつけてくれる様に
俺もこの山の上で残人ば元気で、飲み習伸ばしやこれるので俺も大助かりだ。最近一致団結してやるつもりだ
家内に子供らへことづけをしておく これは別に一人づつかいてやつてくれ 六月二十二日 [illegible]

ミノル君（あつくなつてきた。元気で学校へ行つて勉強をして居るとお母さんからきいてよろこんでゐる
夏はたべものによく気をつけて病気にならないやうにしつかり勉強をしなさい
お父さんは元気です。北西から三百里もある高い山の上に大砲をすえて敵をドンドンとうつてゐる
山の上はとても涼しいが風呂へいくのにもこの大きな山をすりおりなければならないので不便だ
しかし町が村が池が田が畑が小さいマッチの箱のやうに見えるとてもきれいだ。小さい岳（オカ）に見えて
ゐるのも下へおりると大きな山だ。とても景色のよい所だ。揚子江も遠くの湖も見える。仲よく遊びなさい。

ヒサミ君（ヒサミクン、コノアイダ大キクナッタ ヒサミトアソンデイル ユメヲミタ アマリ大キクナッテイタノデ
ビックリシタ ヒサミヲダイテミタラ オモカッタ ゲンキヨク ミンナト ナカヨク アソンデイルノデセウ。
ハヤクミンナニ アイタイノデス、モウスコシ マッテクダサイネ。オトウサンハ ゲンキデスヨ。

ハルミチャン（ハルミチャンハ モウ オトウサンガ キモニナッタノカ チョットモ ユメニモ デテクレマセン。
オトウサンハ サミシイ。オトウサンハ ハルミチャンガ スキダ。大キクナッタノデセウ。
カツラチャンヲ イヂメズニ ナカヨク アソビナサイ。ヒサミニイサンヲ イヂメテハ イケマセンヨ
ハルミチャンハ オトウサンヲ シッテイマスカ、ゲンキデセンソウヲ[illegible]

2.

いよくここでいよ追しあさつしことに定まる店、汁代にも馬し出ちのだが文夏てこうまこーにぬことてい
すうそれがいそ一年も居たのの家の中も片付けてすっかりニーをしなければ、代りには
ある一ちくの階が行かれなくていい二人な高いし（教保に半分の）も二本めらに一回一かない一
えばうまい めしの上のかりの石は殿も初めてだ。油断しすなも出し、一手すかれたら駄目だ。
今身耳にし横に寝て食し気をつけて居ます。同時に一回傷が俺はしをおりられない。
風呂も洗濯も出来ない訳だ。ここしここに三ヶ月も四ヶ月もいよくあしない。一寸気を不自由な山の
上で過ごすと思うと大へんつらい。僕は男だが文夫く見ればここへ来たのが三十一日の夜、ちょうど三十三日目に寄
守りのは早い、作り、三年に追はされて居ると一日も早く立つと大小、今食計は能着と一
よく腕ははなさずつけて居る。あいが命にはかえられない。併し暖く下さって下さい。
毎日し沖出て少って居るが気が俺の手はなくして此の事を少しくれの様にたの思い
で三年子供の迎えにこうるこそにしよう。五月五日、又六月四日、後日にこの二週が今週一しよに
手にはいってられし、皆が山に送ってる配達料一週に付十ない位。新らの物は一週七すくれると
俺は三週あまり一回が、一日に八週あり、汁一物ずつをけ又がく合うと言って大笑いをした。
いつもしかしかしくある前の子供は何事も俺を悩ませもしたそういう事をしている。
五月五日のフットーには一三五日の札はもう居ない。もしたがって一しよに入れておこうと思うと
よい。一つ、小さい人形も飾ることを思ってとてもあわてて居る。またはないなくれたらよい
俺の便りも早く届く様にして今迄はよかったが、これからはしかたないのでこのつもりで居
こんなにりんご人気の子供も決めつけてよりあいをしよろこんで居るとのこと。俺もうれしい。
新しくたくさん今年の新米子供が届いた訳だ。少しもおそくよいかと思う。
もしまたそうされたここへ来られたら又後を追って来ておくれた訳だが便りがあってはなれて

3

居るなら何時会へるか思ひもよらないことだ。このまま別れて死ぬのだらう。もう二度と二人会
ふ日は、思へば俺の言だが従兄にも面目ないが しかし今となつてはもう仕方がない。お
前が初めて東京へ来て俺と一所に居る時も言はなかつたことを話して聞かせてやつたのだ。えゝよめ
と言つて時々手紙をくれる。この前は郵便料だかなにかをおくりもしてやつたつけ。安心を
してくれと言つてゐた。大分骨折れたことだらう。あんな様なお前が行くと云れ出来ない。山の上だ
お前はかねて知つてゐる石槻に見える山の下に居るのは知つてゐるだらうが大分道程がある。
風雨や洪水にでも遭つたら、俺なぞは帰らん。あの泣くいけるなぞは思ひもよらない。
お前さんが少しばかり居る家に居て其の人と一寸聞いた事がある。始めをたつての道を言ふことをならう。
絵も何も描けないで本を読んで勉強もして居るのと思ふ。この頃の子供には大分見た
らしい言がかいてある様になつたのだ。書いて来たと思つたのだ。大きくなつたのだと思ふ
一年生の時に勉強をする様に言つてくれ。人に負けない様にしてはいかんと言つてくれ
又兄さんに似ても大きくなつて相当の年齢になつてくれ。遊び相手にはならない。二人泣いたり笑つたりして
居るとか、父の家が高いから帰りかけるだらう。男相手に遊んで居るが気も優しくなつて来
たつて居る様子が勝手的に又お母さんを泣かす様に二十のクーニャンになることだらう
いつて俺も同じ様に涙がこぼれるかも知れない。今ならば何かしら老けて大人で居ることが見えたのだ
勝男かりに似やしないかと思ふ。あそこのアトにはなつたかどうか自分でよく聞いて
よかつたね。かしもし誰かを頼つて居る様だ。もう勝男も家へ行つて一日だけ旅行へ
お前の人がなつてのことは何といはかまはないか、よい縁をして居る様に、
今年は一度か二度留守の沢山あるとなつて。それでこそよいかも知れない。文子の何かにある
て雨は降つて居るが、長い日海さへある。後は地震が多く思ひなつたことと思ふ。もう六月の末だつた
田植えで一くるしげもして居ることだらう。今年は池の水がかかるらしいから、うまく植えられれば
よいと思つてゐる。今年は五月に皆に会へたので田をたらうたが、あちかんかん皆にこそ喜びをさせる

1144-2

本をよんで居る内にねむたくなりぐっすりねて先生がやくするのが目でみたら四時だよとねた

ものだ、いそいでおきて先生のして温して先生、めしはあつくやわらかのほうがいいのだ

見習士官が洗濯にかけようとさいふされ。持って財布があるので、俺は安心して帰るのも

すいのだ、早合汗をかいたまゝですっぱくなって居る、二組の方は本田部にたのんであけて二人で山

をおりた、あさい山のほけがもえて見苦しい位だ、三十振りに下山して見た終了と別れか出木

ら宮高殿も完成したら機坑其他鉄筆の道具を持って一軒の家の様に見える。

分が入ったので困る下は又別でまっくろになってる上でもまっ黒に会員の時は集まってくる。五月の

引はうるさいと言うかなあまた下の池で一ーよなり居服上下必ず上下、くつ下、手袋、エリつ等す

次山が丘の上で洗衣裡になって汗だくだ、丘の上でマメが三つばかり出来た大笑いだ

帰っておちの小さいへいった雨がふるので屋根をふまかへすると上言って高からかの棒（丸太）がある ん

生一をかくよばれて分の坊アへいって風呂へはいらえ一振りたつはらとって一回とそに山へ上る

洗濯物をほしておいて一服冬食豆とがでておい一。敵が山の上へ海を吹はって生きても

バラしておいてやることもわすれてドカンとタ方に打ち一ぺんににげて汗をかいた面白い日記をかく 文

十九一乃 11時 三十五分 写

六月二十日。目をさましたら雨が降つてゐる 私はそれを、雲行きも悪い、
けど一降りになつたらいゝ事もあると思つてゐる内に早くもひどくなりもした。雨の音を
聞いて眠つて居ると窓から雨が吹込んで来るので引張り出して竹の大きなアンペラをかぶせておいた
之で大丈夫 それで言はなければいゝと思ひ床へ帰つて眠ると大雨が加つてひどい音
がする。室の下の方にしみ出した 何をしても仕方がない 洗面器を受けたりふとんをめくつた
りしてゐた 丁度天井が三枚残つてゐたので天井へはりつけた 之でもる
のが助かつた それに横になつて眠たらびしよぬれになつて寝巻をもつてきてくれた
いつも通り山の様な川の様な水が流れて居ると すぐに寒くなつてきた
体の中迄ぬれて居る 山雨の中を朝めし をすませた 一度も悪い はかどつて気の毒で
雨に濡れ思ひ出たのに降つたり 一寸光がさして居る 昨夜は こんな雨に
なつたなんて気はなかつたのに いい月夜で白い雲は動いてゐたが 夕方の財布を
終えて 掃除をし それ全部が この僅地へ流された ここを通つての路へ行けば
るのだ。家の中はかたづいてゐるのでおしまひになつてしまふ それに顔なども洗つてゐたので

1145-1

今度出来ずにゐて お暮し お遊びを始めて見た。二時半頃 生徒の近くの五日に

目をさまして外へ出て見たが大ぶ見えず 又ゐたが朝迄ぐつすりとねたのだ

今朝は朝めしをすませてからだ。雨の窓をあけてゐたので あくびれたのだ 小石へ行

こちら雑誌を見たりして 午後になつて大分 うつらうつら 雨だ よく降ると思つてゐた

大分見えてゐたが お遊びをやつてゐて 先生 目をさますと 三時半頃 皆も目をさまし

た。散歩して見ると 空もとくとしておはい ??? 吟ようと 会堂へ出て 雨も止んで

ると 田も畑も水でまつ白になつてゐる。下の畑でも半分は水でゆれたりしてゐる

前面の山は山肌の岩が滝のやうに白く流れてゐる 六ヶ所あつた。陣地は安全で

ぜひともしけいの為ならつけてから 穴は水でいつぱいになつてゐる。それもよさしうだ

雨は止むやうだ。しかし風で遠い 遠れののへ しこうにらして あちらも下迄行つて居るか

言つて寄すつかり こーへ引つこーしをして来て 茶会 松如の 存如も 何もかもすつかり

其のあとも 今の雨で 中道されてゐるだろう。松本と言ふ存如 あちらこちら 木材流し

明日は二人で出かけて 風で遠い 仕方ない ままならぬが 又沢山ゆられならう 十丈

一郎より

六日 夕方より出して居ます

言月

1146-1

章子殿

（アトケ　良枝二　久夫、朗吉　土田康生、村林　七
（八分千　名之助、久夫　鈴木ともの　三

今朝良雄は郵便物が沢山沢山（上って来たそーだ。なので大へんうれしい。ハガキ七通、手紙三通計十通だ。
皆よんで見た。山の上へ来てから一ヶ月以上になり何もかも変ったので、この[illegible]にするかへば手紙を
出すことにしてから便りもない。ハガキもないし、どうにもならないが、又其の内に何とかなるだろうと思ひ
いよいよこの山で冬を越すことになった。一年以上居たのでもう帰れると思って来たこの隊を交代
になったので、この冬すっかり何もかもこのいたに近くなったから皆様もするやう来たことと思いそれが
二ヶ月近くあれば基地大分あるから又なければ分からないが、仕事に追はれる一面の自分が多く休みはあるが
兵隊が仕事もあるし又夜は夜で敵に対し油断をせず、交替で警戒して居るので、今迄の
様にどこへかへ出ることも出来なかったが、沢山の人が集って居るからよくわけを言ってやってくれる様に
お前へ手紙をやるよう今だけは何となく気がかりで会はねばならんと思ひ写真が来るのを待ってるが何がなくても
八分千で近くをかいておいたけれども又手紙も月に二回位しか来ないので便りが今迄の様に僅か
ずつ[illegible]たびたびの便りも一回おくれても早くつくのだが、こへ来てからも今迄の様にはならない
今日からは一週に二回で出せるなにはならないが早くはいるのはずい分すくれるだろうと思ふ。
兵自わ当前日に写真を入れてやったのが章四ーについたとのこと、それからこちらへ向ふ便りを待っておれ
この結子には子供の事を思ふ女めにかなしむ[illegible]と思って居るが、沢山手紙は入れてやったが
そのことは心配なのだが、お前等何にも言ってないが、半年も一ヶ月も便りがないのは寒いことだ
思ふが又此の沢山いとなる事か心配もし、今この山で敵をにらみ立っておるそれがわかったら思ふ
何を言っても今迄の様な沢山は出せないが、彼等をば逃がさないとするものが多い、神様かとかって生きられ
其の内、たまに沢山が来たならそれに手紙をかこうとして出来たこと、その頃は[illegible]こうとしても
又たま〻田舎で大便にもいつも様に成って居るが、いつでも送らねばならぬ日記をもって居る。
気がめず、手紙はどうすることも出来ないが来る日まで寄せかけにうちあけしておられない

1146-2

NO.

もう六月も下旬になった　家の方では忙しく目を廻して居ることだらう
米を主として大麦小麦のとり入れ　麦のとり入等、暑い炎天下を汗を流し乍ら忙しく
またそーいそがしく仕事が溜って仕方のない時だ　さぞ連絡があって手紙もら
ふ　二つ目もお前のが二通はいって居た　まだ五月二十四日出したものだ　実に懐しく読んだ
皆元気で働いて居てくれるので何よりうれしい　六月中頃あたりだらう
便りによれば肥料の事なぞでも相当困りになったら又知らせてもらったりして手間
がかかる様子、米も共出へ割当られ強制的に供米させられるとの由
何れそう成っていることは思っていたが、梅田の家も外米も今に内地米と同じで
ないらしいと言っているが　まあそのことを思へば百姓はいい方だらう
俺たちも　現地米と言って　支那で出来る米をまぜてくって居るが　へんなにほひが
してなじめない　食べたくても何しろないから　色んな形をした様子へはかまわない　汁と
すこし　ひーやいでないよ　そこでは位にあるでも　なれるまでだ　それ以外には
何もないことのがないのだから仕方がない。くうなければ腹をへらしているばかりだ

1153

NO. 2

田植もそろそろ始まったことゝ思ふ　今年は大きな池が出来たから水水と言はなくとも
楽に田植が出来ることゝ思って安心をしてゐるが何を言っても大作りだからな
無理をせずぼつぼつやってくれる様にたのむよ　毎日あつい日ばかりだ
こちらは今迄の様な手紙はかけなかったので　これにかまけて居る　こゝ二、三日の
今をかりておりたのむからあんなことになって居るから止めてあげなことにした　だから今
迄の様なのは仲がなりことになるから　そのつもりで居てくれ　其の代り週に二、三回は
今迄に仰ったことをかいて出すから、とにかく自分も元気でがんばって居るから少しも
心配をすることはいらない　安心して今後は母の分も家の用事をしてくれる様に
たのんでおくよ　二、三日は毎日あつい日で毎日雨ばかりだ　思ひ切り降
ってさっぱりと止んで来るかと思ふのだが　しばらくして降り又止んだりしてかーしばまつ
かがない、そして泥になると思ひました様にかわくとぬける程降ってくる
昨日兄がこっちに[illegible]ておちら来ふくそうをして来て　いかめしくしておった位だ
こんな雨の中をそれでも敵は元気よくほとんど毎日の様に絶中から出て

1154

くる。無心気のだ。二時から四時とか一寸明るくなったら停れる様に考へてくる
支那ではにげる時の事を先に考へてやってるとって我々に勝つと言ふことは無ったし
思って居る様だ。自動小銃と云って一ケの銃で十五発とか二十発とかピストルの様に
つゞけ様にうってる様になってゐるとって便利なものだ。それがピュ〳〵と頭の上でパセン
音がする。敵が目の前に居て打つ様に思ふ位大きな音がする。気味が悪い
それに上空をパン〳〵とうつ。之ははなれてゐるからだと云へばな。又小さいオモチャの
様なハンジ手銃をうってくる。音は相当に大きい。射撃が終る迄は山をおりて
帰りにいゝ美しい羽が出てくる。今度は四五つ拾った。みやげによからう。
雨の中をどん〳〵と打って居るのだ。顔も服もだ。まっ赤になって居る。朝から何て
気がつかずにやって居るからあかるがなゝが夜が明けると誰の顔も服も赤土の泥ばかりだ。
夜明けになるとにげて来ふにげることせに又やってくる
銃の手入れをして休むのだが三回ついたら今晩も来るかと思って宵から
用意をしてまって居るのだが四時になるとまあって　パ!!、、パとやってくる

1155

NO. 4.

それ出て来るとすぐとびかゝつて先づ一発ドカンとお見舞してやる、なにもしにいふつた
とは言はないが 二三発やると シュンとしつかりになつて来るので 一度敵つたナと笑つてやる
のだ。こうして居るので 神経は少しもぬかないから 夜には、ねないと体がつゞかない
居ねるのは思ふおに体が休まるが、どうにもねむたい。めしも腹のへつたな
なつらないな変な心持な 一日二回にしたり三回にしたりして居るが
夏のために工業の方が少しも出来ない。しなければ事は 仕了なんだが 本当
ほんが拡ずくやつて来るので 大きな気になつて ゐておる訳にゆかない 一寸困つ
たゞ先方の方が自分をもうこすは気分が違ふで 一歩も先へおつおにして居る
ため気を許してゐておる訳にはゆかない、何を言つても駄目だ、自分に居て
演習をして居るな訳にはゆかず、前面には目が見える。敵がゐるのだから
一手すきをやられて失ふ、何と言つても 血なまぐさい 殺し合ひを やつておるんだ
神経がとがつて来て気も荒くなる、俺なんかはこうして いつ迄も 〇になる迄は
居るのだ。夏の内には 攻撃が始まつて 前面一帯を ねらふ失ふなろうが

1156

No. 6

好くこの頃はもう何も考へなくなった、家のことも子供のことも、只無事に勝つことだけ一つだけ並一吟して日をくらす。皆でたまには家のことを話し出すこともある。今頃は田植の最中だろうとか、子供も大きくなったろうとか、早く子供の顔を見たいと言ったり、こんな時には一しんに内のことを思ひ出す

二年と六月もとうに過ぎて来た。今日家内の写真を見たり勝男とかぶ加の赤ちゃんとの写真を見たりし、大きくなったもんだなと考へごとをして居るが毎日の仕事に追廻されて居る。お前のことを思ふとやせたろうなあと思ひ居る。早く一しょに働ける時が来て欲しいとつくづく思ふ。

山の上で不便な生活、何もない。お茶さへ下へ行って水をとうに入れしてもってこなくてはない。しまって思ふ存分に時間に仕事も出来ない。雨の日などたきゞのかわかぬのでぬれてもう、お料理の方も往生して居る。くるしい時には困りもしなにも困ったりするが、これも仕方がない。いまの内は何もつらいがねておるのが腹が下から上からして、おゆっくりやれない。今は何役は致し交代にうるさくつきまとって居る。

六月廿二日夕

一男より

妻へ

1157

8

夫一寸でも長いこと幸福だと言ふこの頃今での弟子の停ったことも一寸
から買ったと言って居るが、之ばかりは自分の思ふ様にはならない
幾年に勝って無事で元気で働いて居れば又いつかは一しよに仲よく暮
すこともあろうと思って千人針が得とはなさず肌身につけて居る。
おかげで今日迄元気で相変らずして居る。夏の暑さも三四日だしそれに
夏は山へと言ふ位でとても涼しい所だ。下からのの気分にゆて居らない
之は暑い時へ出て陸上へいて寒い位まつ風が吹いて居る。夏を三ケ月のには
これて当然不便は仕方がない。四日目に一週位は山をおりて洗濯をして
風呂へ入りして居る。露天な木の桶だ。ドラム缶の半切りの様なものだ。何でも
汗を流すればよい。川や池へ入りして洗ってしまふこともあるが、毎日を言ふ小沢には
いかない所が一つがにきへ入れば又だらし何でも出来るが今の所では駄目だ。
体一つ山を上下するだけでも汗だくだ。風呂へ入って少く待ると勝に汗が出
ことに夕方近くてすれば何ともないである。なるべく山をおりないことにしてやるが

本田多喜

梅雨のやうなはやてつゞきのあぶないやなうるさい日ばかりあった　五六日又
夜降つたり抜ける様な雨ばかり往生したりして居たが昨夜からどうやら
本物の夏らしくなった様に夕方はとても涼しい　むしする様な暑さはない
空は星一つ見えないと云ふ夜だ　風はスーッと前の山を吹いて夏の夜の様に
は思はない毎日　夜明け前がつゞいての敵の目の前に皆神経がはりあって
我々はどうしても寝られる事はない　全身耳一つに集めて用意をしてゐる
しびれた様だ　敵からは何とも云ふとも打つて来ない　無気味な位しづかだ
二人づゝ立った　俺は二回程起きて夜明けまでに立ったが　もう少し来ると思った
のも虚偽をしたのかとうして朝迄まつても来なかった　まつて居る者が来ないと
張合がない　がつかりしたやうに我は夜明けはなれて失った　いゝ朝だ　土民の
部落が今日も白い煙をあげて朝めしをたいて居るのだらう。
明るくなつても異状なしだ　顔を洗って小休へはいった　ぐつすりと寝て失った
近頃ろくろくねず　交替してみるが　起きるのはいいがねるも夜の様な訳にはいかない

1228

10

何時頃やらわからない朝めしをくった。だれかよりので下にしいてあつかふ布板
むしろを版へ出して寝た。しばらくたってひるになってみる。あくる日だ。朝の仕方
なけ字…が一寸こつこつあつい射撃があつたらしく陣地へいるが一寸々…砲なので
昼めしをくつて休む。つかれた。あら板を入れしめとこを作る。はこそあらゆる依
昨晩あちら木村分隊が行って来た。その人が陣地も寄って来てくれた。入れたらのた
本をよんで三時半頃出て寝た。三時まで作業開始、今日まで陣地の工事にかかった
指揮一つになって土をほる。あつい。川ぞ上る様だ。泥んこになって深くほりとげた。
と思ふ所に出来た。高射砲陣地を止めて山をおりて風呂へはいった。汗を流し
さっぱりとし、お前の靴を土地に沈めた。積み材木を十三四人の協力にあわせし
上る。砲側陣地の上の方に使ふのだ。うまく協力をみつけたのでよかった。今日は二度
上へあがった。うまく合った。皆様を見学をかしわえんだ。とてもおつし…一何あつ
たぶよつのにと思ふ。好んで至急命に何米をかえんので何れも忘れてみた。目が痛む
又起きた。昼素され…だ。字…風があつてすか室の中はあつしくお前の中がこわく

二十五日夜十時書

1229

No. 11

天気になつたらあつい／＼いよ／＼南方の夏だ。とてもこの分では○○の兵舎に居てはあつくて夜もねむれないだらう。て二三日敵もやつて来ないので気合がぬけた。毎週しまつてね、水がないとなるとがつかりする。水がない方がよいのだけれどもね。おかげで工事にかゝることにした。今度の兵舎は全体としてえらい丈夫になつて居たのでうれしい。裸になつてスコップやツルハシをおさえて穴掘りだ。俺も褌一つになつてやつて居る。あつい／＼汗が滝の様に流れる。気も段々なれになる。昨日今日やつたので工事も目に見えて進んだ。体力が使へるやうになつたからだらう。とても能率があがらねばならない。言葉を使ふのも中々骨が折れる。言葉が通じないから、ものを言つても分らない。手まねをしても分らないと腹が立つて構はずなぐる様になる。ものまへよく分れば言葉もわからずにすむのだが、それでも一寸目をはなして居るとブラ／＼と立つて居る。又なぐらねばならない。一寸も目をはなせないから自分が働く以上に疲れる。が自分でやれば汗かけで思ひの外に早く出来る。毎日してやれば早く○○へ入ることにして居た。木村君も沢山のめり／＼の荷物をもつて

1230

NO. 1/2

持って来た手荷包があったとか、後で上陸の時ズブヌレになって失くしたと言ってゐるが
水がはいってしまうもの、これ出来ないから土人風下のやうに土民の家につんであって、それ
などお私物の小包と地下足袋をもって来てくれた 今日は乾燥します 七時から流して山の中に
エアにかゝった 剣を落って余暇だ 上へ土を山にしろ 地下室の板 室内の板 隅から褌一つ
だけだ 〆がかってゐたが皆もおろして土時に 朝めしをくい 仕事して 完成する 剣を入れ
て体を冷へ ありあせの材木を立てて座る 水で体を洗って来たそうし 私物を取って入れ
おくをしてゐた あつい 暑さもうそれもする位 ひどい そうして 七月になって来たから
この位のあつさも無かろう 日中は四十度 休んで、それから仕事にかゝるつもりだ。
前にかいた四日会の日それもいよいよ来なかったので 又今日かきかへた。あついあつい
今日は廿六日だ 田植の最中だろうと思ふ 俺もすぐ日本に帰ってみたくなって
ゐることだろう 作り物はどうか 大変だろうナ 思ひ出は今日は上海に
上陸して二週間だ 支那へ来てまる二ヶ月立った 早いものだ あつい盛に攻撃など言
ってゐる間に二年立った 又あついあついと言って働いてゐる間に○になるだらう 元気でゐるだらう 良夫

六月廿六日 又 記す

妻へ

1080

13

五月分金銭收支入表

支出

五月一日 三十一〇 四月分残金

五月三日 八〇四 官兵十七枚 フイルム代共

三日 一〇〇 サンデー 一冊

〃 五〇 アンマキ 十本

四日 二〇 もち 十八ヶ

六日 一五〇 散髪金

十三日 四〇 引伸写真一 小四枚書込代

十四日 二〇 タバコ 五ヶ

十六日 六〇 タバコ 十五ヶ

計 八円八十四銭

收入

五月六日 一〇二四 俸給四月分

〃 一一二〇 久一氏ヨリ送金入

一日 三一一〇 四月残金

收入計金 十四円五十四銭

残金 五円七十銭 六月へ

五月分郵便発受信表

発信 ハートー 三十一通

ハカキ 二十四枚

エリカキ 十三通

計 六十三通 出ス

受信

ハートー 十一通

ハカキ 二十五枚

新聞 五包

雑誌 一包

小包 一箇

計 四十三通 来タ

発受信総計郵便物 一〇六四通

小包 二三[illegible]

1081

NO. 14.

昭和十五年夏 暑中見舞・送 人名表 百の五枚 六月廿七日

村井継太郎	中村万平	深田源之助	深田安之	加藤宗太郎	村瀬近蔵	森博一	深田勝次	深見金之丞	鈴木鶴之	山村熊治	鈴木俊太郎	鈴木ゆの
深田辰蔵	鈴木喜八	深田徳平	鈴木万松	藤谷よしゑ	村瀬正義	中村朝吉	深田治七	野呂義雄	深田九之助	村田常蔵	村瀬治郎	中村久之丞
高山宗七	高山正平	鈴木清八	前川之助	中里亀之助	中里勝之	中里梅之丞	西山為吉	鈴木貞之助	中村兵蔵	鈴木兵平	中村初之	加藤才之助
村瀬定勝	鈴木清之吉	深田すみ	鈴木安平	深田中之	松田はる	中里茂蔵	清水すみ	福本勝	小林利吉	財部國太郎	安藤大金	加藤光蔵
松本巳之助	斎藤安造	松田千代子	伊藤さよ子	淡井鶴子	村田常松	塩田淡蔵	金田金平	山口しづえ	田中哲平	岡本春子	永井みき	奥田信次
中村秀一	淡上辰一	太田才吉	渡邉大信吉	乳田潤	西方寺	川瀬敬夫	中村政助	斎藤松治	玄川義郎	堀恒二	安藤ゆき	川口鹿吉
塩田治平	青年学校	消防団長	在郷軍友会	愛国婦人会	仏教婦人会	婦人防護会	県立万兵工	鈴野正元	深田久一	川合政一	加藤三郎	深田庄造
中塚千松	堀本たん	久保よし子	土田兼松	印刷所めの	八木米蔵	前嶋七五	赤保正平	中村久夫	小林次平	橋本忠次	堀吉郎	金田一郎

松本みち之

1158

受信（ノート　久夫、杉田千代子　二二　ハガキ　宮崎和子三　封緘信　梅田二、久夫二、四）八通

昨夜はひどい風で蚊帳をつらなかったが蚊がとんで眠られない位でよく眠られた、其の代り寒い位に涼しくうとうとして居ると風をひきそうになった、ひどく怪しい雲行きになったが昨朝晴れ出しと思ったら今にも降り出しそうな具合だ又雨かと思ふと気がかりになる　あつくても太陽の方がどれだけよいか分らないたまに風呂へおりたり洗濯にいったりするのにいけなくなって来た。このごろは乾しとくすっかりたまってふやけて来るので出て来ずなったので栗にゆられる程になった。で其の代り夜は就床時刻が門限（のころ迄）近くの工事をつづけて来朝から縄一つになってかって出て行みとるになる　夏はあついものとしてあるが全くあつい、が今迄からうらいと言っても夏は七、八月のあつさにつかれて来たのであろう何と言っても山の上のことだ　あつさと言ふことは兵舎にいてもそこそこした生活をして居ることを思へばどれだけ涼しくて住みよいか分らない。不平なんだが何もかもうまいと言ふものはない。暑い時　[illegible]をしめてこの間の大雨で前の庭に岩石があるとこへ水がたまり池になってゐるのでそこへ洗濯に行水

NO. 16.

にかかりつたり、近い村でも下の坑アへいくまで位はあり相当な事なのです
近所に水は少しもない、裸になって岩の凹みの水の中へ這入れ気取りでおぶと
はじめて体を洗ふといふ気持だ 岩と岩との間をこしてしまふと上つてまいらな
水だ洗濯しようとすると傾斜だ。居るだけでつい又上って来てなくなるので、
この頃の様に毎日の様に雨では流れあるから よい時によっては日に二回も行われ
に行ったりする。湯の中はよりが遠い！不便なので毎日この気分の中へ入ってくる
本の勉強も夕方になるとあかりなくロードカーソなことをしてゐる。それから同じ
で平地で記録の附近に居る様な訳には行かない。
昨日は小雨がやってゐても記録帳の杭を切ったり、打ったり、針金をはったり
して居たが雨が一寸ひどくなると草の上でぬれて来るので止して帰ったり又出か
けたりしてゐたが思ふ様にはかどらない 天候のすることはどうにもならない
一体兵隊は雨の日は何も出来ないが 山の上の陣地では尚更のことだ
傘でもあれば一寸便所へでも出れるが 外套を出しては夜の防寒具に

1160

No. 17

困る。どうでもぬれなければならない。雨の日は敵よりもうるさい。道がすべる。
何につけ見よりをけない。昨日は小隊長殿がかへって来られた。二日で突破大隊本部
を見ていると話を聞った。当分の○○部に会食をしに行ったので兵四五人で毎日
山の斜面を耕して居る。大分大きな兵舎だが可に出来そうにもない。
頭をうたったりにわかに輝一つでかつてゐる。これがここへくると賑かになる。
晝の代り下の兵はすっかり部落の有る所へ行くそうだ。そうなると煙草も今迄の様
にはいかなくなる。山で畑をやると根深を取って見たが水を上げるのにそれだけ骨が折
れない。苦力がゆとりしてくれるとよいが、そんな男は一人もなかろう。水は出来た——
田の草をとらないと米にならない。毎日の道路工事の陣地工事に男と
言ふ男はすっかりとられて居る。田の草も何も出来ない。苗もいい具合に
あるのに株もはって三番四番草をとる所だが、草取りが一回もしてないから
七工の中にいとしある様にひえろう。田の中の草もすぎもあり、日ならず同じことだ。
田の稲の方が大きくなる迄に取らんとしつかが出来なくなろう。困ってゐることと思ふ。

1161

NO. 18

この頃は野菜料理もなんでもいいものが皆高くなつて居る。朝はみそ汁の中へ卵ミナ下
こぶ（コブメ）位のものでも朝はかつおぶしかスルメ。たまには小松菜もあれがよい。冬には
豚のたいたのやほうれんそうのおしたしかめしをしてたべたりする とてもおいしい…
三十人位の所へ五羽入れたのだから大して多くはない。鶏が小さいのだ。おつきあいに飯
つけたものが一週間位かかりで副食にしてそうけた。一の鶏いいのを八匹たべたのは、
まかなひしてしまつたらこまいたなると黒少位ので、今分大分なつたが二匹死んで大分
与へた十羽位飼つてあるし 鶏も大分肥あり 此の頃の一所より多く沢山飼つてゐる
荷物がとどいたので昨日一日で仕事の着物を出し 午後中完了をかけて見
た。大体一日へ一通りかかつたら一日五枚りょうた、其の外はいろいろがあつても遅くつまらん
のだから客分が着て出すものにもなれない。鎌田由でも一通りも今日送しれ人のは
大工の頭にたのみ、要太郎すみ位のものだ。中極やはり何年一週位のもので沢山
それは仕事に沢山なつてゐる。一覧表をかつて副にかりて送つたからよく分るだらう
又今月の末に余裕があつたらかりて送つてやる。今の心はいろいろなもので…

1162

No. 18.

よく分る。光栄ある一寸も来れないよ。しかし、字も文もうまいが分らないものだ
俺は下手でも出さなければと思って炉へ落して居るノートを拾って送
おいる。お前らが無病になって居るが、之は無理だから当り前だろうと思ふが
お互に二人ずつ始めて始めた事が多いが帰り道は分んはらないでいかんぬ
昨日の夕方小包が着いた。お前から六月十五日の小包一通はいってゐる事が
ある。石原君の上京にも僕は別に用ない。梅田のお母さんは十六日のがあずけから
十日目に来た訳だ。新聞と週刊朝日一冊とを送って呉れた。今度石原君の中で何も知る
ものがないかしら、とへん事に云われたが分らない。皆ん元気でよんで居る。
法律に長い程の便りもよこさない様子。どうやろうと思って心配をして居た所だ。
別に便りも遠(おそ)くならずに早くついて居る。この前の手紙に又六月も止まって来ないか
ると思って居たが安心だ。雨の多い時とりこみには困っていの時で田の麦もこげた由
家へ運んでからは手間がかゝるからな。発動機はどうだ。調子はよかったか。人の前田
鉄工所の佐藤と云ふ人に来てもらって何か手入れをしてもらってみるそのこと。いゝ人を見つけて

1163

NO. 20.

よかった。年すりでも中々元気らしいね 俺からもよくたのむと言ってゐたと言ってくれ
前田鉄工所の息子さんはよく知ってゐて 友達だ 出所てゐるとか安心してゐるが 弟の
ことかしら。今の弟森本も帰ったさうだね。寛へいって会った由、彼等が一番の男で
来てくれたことと思ふ。二年間一しょにゐたので 歩いて付体も大ていよくなったから
よく俺のことを知ってゐる。以来の生活にかんする森本の話は想像だけのことだ
ろうな、本当にしてはいかんよ 森本もしらんのだ、だろうと思って言っただけだ、
弟への話を安心させようと、したことと思ふ。何も心配をすることはないから 内のしまり
に多少の足りなさに出て来て 元気で居たら 其の内には面も退いてゐるだろ
うと思ふから大森本にもそういってたのみたいのだが。近隣内だから いくらも出来ると思って
ゐる。内は今度の急な出動だ 何も話す事 ここに来てゐる内に帰って来よう 独自だ
人の話より本物の俺が 話しをする日もあろう。とに角元気で出て来 今後は
田起も使ったが 出仕をしかようせ。最後の日 俺が 必ず自分より先に返ってやろうと思ふ
力任せに手紙をただ 返ってお前がをこめせよ。母にと言ってくれ、最近さとうしなったろうか

有あてて 明えはず

妻へ

[illegible]

1164

No. 21.

二三日天気がつゞいたと思ふと又くづれて雨になる。山の上の雨は風がきついのでどうにもしまつが悪い。普通の雨でもしけの様で、家の外へ出る事が出来ない。昨日も[illegible]が一日中ふってゐた。一寸どこへいくにも段を上ったりおりたりするのですべって危ない。泥になったら[illegible]だ。お前への返事をかいたり又外へ出す雑誌の返事をかいたりした。材料がないので全部しかもただ梅田君も便りがあった。梅田君の雑誌をよんでゐた。時々面白い。ここの好きな者も四人許りあって一生懸命にやってゐる―上っ面でやってゐるのもある。昼になるとしけの様になり雨もいよいよはげしくなって来た。宿舎が小屋の中へはいったまゝ雨の音を聞いてゐるとじゃんじゃん降ってゐる。雑誌をよんでねて見たが夜中に目のさめる様な大雨風だ。しけだ。小屋がつぶれてしまいはせんかと思ふ位。雨もひどい土砂降りだ。大分ふってゐたらしいがうつうつ眠ってねてゐた。一夜中降りたくぬける様に。そして今日も雨のつゞきだ。止みさうにはなさうもの。一寸よさうにもない工事もすくなくてゐるが雨ではどうすることも出来ない。あきらめて剣の手入れをしたり外の者も銃の剣を手入れしてゐた。俺は此の兄も掃除をしてやって、めこうんで週刊朝日を

1165

NO. 22.

よんで居た、なんと雲もはれてしまった　雨も小止みになるし　上るかも知れない　下は田も畑も
池の様に白く見えている、おれ今度はえらい、朝めしも中々しまらず困ったらしく村井隊に
やって来た　会報をして一勝ら居たら○○の所へ来いと電話がかかって来た　小隊長と六人
と小雨の中を山をよじ下り又上り下りしていると、富田分隊へいった　皆休んでいる　院将は
マラリア気で寝て居るし　山田なんかは元気で居る、まー話らないうちに話をして遊んで
いたが中隊長の所へいってりっぱな話を聞いて来た　月末も終ったので　自分の山へ帰って来た
話すると、又めしをたべた　雨も上ったらしい　日がさしこんで来たので　畑は少し工事にかかる
シャツをぬいで洗っていた　今時に出て小屋へ帰る　今日の夕めしから全部一しょの炊事に
なった　今迄は分隊で炊ってゐたのだが　ごみ汁でもよし　おいしかった.
夕日が赤くなりかけて居る　もう少し　風が吹いて何だか上えの方に山林だ
家の方はもう田植えもすんだことだろう　九日たいてもう植えて居る頃だが
今年は作物が良いかしら　田植に家に今日と思っているものも夢だ
た　弟等夫婦も元気で働いて居るが　つるへの便りも来ない様子に続いて居る事だ

1166

No. 23

共に忙しいので便りを呉れない 家内共も来ないだらうし 一寸くれまい 忙しく目を廻し

てゐるのだらう 節季になったら又くれるだらうと思ってまってゐるが 六月もよく明日

目だしないだ いよく七月だ 十日いもくだ 天気になったら いよく あつくなるだらう

田植は早く終えたいけれども 人を探さねばならんし 弟にの手伝人を探し

ても困る 相当な天気だらうと思ってゐる もう少しの辛抱だ 一家族食っていけるよう

すのも遠くはあるまい それを楽しみに入れて働こう 肥料も思ふ様に買へないから

去年の米も出来ず 田も畑も思ふ様に出来ないと思ふ サトウキビも切符制に

なったがだ いよく むつかしくなって来たが ここが辛抱のする所だ 東洋平和のためだ

仕方もない 補田も おしるこでせんだが なぜかないのだ 困ると言ってゐたが

もう出る手紙もないのか 淋しい 何でも話したいのがあるが 何もない 面会日に何か

菓子を一服の人で借らん よい それ一人に頼ふものはないかと言って大笑ひをしてゐる

胡瓜不足一つ 勝もこれまでに山の上で がんばってゐる 大丈夫だ 安心を

して下さい 子供も毎日まちまちてゐるだらうと思ふ がんばってゐる 六九

1167

NO. 4.

今日作業を終った所へお前からの手紙をもって来た　それから例の、汗みどろになった体を前の谷へおりて行水をして来た、この谷の細々だけで水が出たので又谷の間を ジャアジャアと流れとてもよい きれいな水だ 小さい瀬になって居る。裸になって谷の間の水の中へはいって体を洗って帰って手紙を見ようと思ったら夕食だ ご夕大根トコ汁で中にかけし… 夕食をすまして一服してから手紙をよんだ。

この頃は不便な山の中に居ても手紙は早い。十三日すればおそくてもつく。早いときは十日位で山へ来るから 不便と言はなくともよい。週に三回便りが上ってくる。お前の便り六月十六日出のが一通 久夫から南信時事一包 兄さん姉から手紙一枚 そのあとへお前からの航空が来た。何か悪いことでもあったのかと思ってヒヤッとしたが何事もなかったので安心した。かれ／＼だ。手紙の件承知した。この前の手紙が今なにとなくおかしくなって居たから 日本の都合のはいらんことになり止めたのだ。それは普通の手紙にするから そのつもりで居てくれ そして出来るだけかくことにするから、普通の手紙にすれば、又せかせかにかく ことはなくなるからナ。

1168

No.25

だ。九月十六日出の手紙の返事をかくことにする。先づ何より留守宅一同元気で無事なのが嬉しい。外のことより家内息災が第一なのだから。俺も相変らず元気なのだから安心してくれる様に。俺よりの便りも絶えた事なし。もうここへ来てから五ヶ月もたったのかつくづく歳月の速いのに驚く。ここへ来て島に住んでから早いものだ。この山へ来たのも先月の月末なんで丁度一ヶ月たった。早いものだ。不自由で不便だと思って一ヶ月を過した。ちかけだ。風引もせず、けがもせず一日と休みなしに汗みどろになって作業をとり事をして居る。ありがたい事だ。之一週に四日か五日通い良い文を待っておるおかげだ。感謝をして居る。お前からも便りがさすがに来るので どんなに嬉しいか分らない。この際実家さんが便りをくれない。今しいかがなろうと思っているが代りにお前から大しい便りのしきりにあるので 誰のよりも喜んで安心だ。忙しい仕事の終ったあとで夜かえてかいてくれるお前の心に感謝をして居るのだ。雨があったらしい。十 歴江みな終らん内に雨がひどくて何もかもうしなったとのこと。人に依って工サンが来てくれるそうで結構だ。朝早くから起きて連れられて牛も自分で

1169

NO. 21

飼ってみたことのことよほど助かるだろう 其の手前もよい 素人で気嫌がよい様だナ

あゝ言ふ性なのだからナ 二人でゝないと 丈夫の仕事をする様に思ふのだろう 仕方もない

出来る丈け人を入れてしまうをする様にして呉れ お前もお役相手だからナ 気ももめるし

思ふだらう 出来まい 今家の蚕を一枚買って 十〆かとったとのこと うまく言ってわるく

していることと思ふ 蚕も面白いことはわかるらしい 飼わなければ面白くないが 今の所

どうにもならんから桑を売ってやった方がよかろう 夏蚕は休んでやるとか よく弟に

相談して気嫌をそこねない様にもう少しの間やってくれる様にたのむよ

麦かりも廿七日から始めたとのこと 田のは小麦でかりよかったとか 出来過ぎたら刈り

たくて困るからナ 去年も十日からかり よほどしまうも出来た様子 松五 松原 廿四と

奉仕隊がきて随分して貰った由 ありがたいことだ 喜久男全部にった様だが

英弥がうまく動いたかと思って安心して居る 又兵さんとこの娘も借りて来たのか

それではかった 兵さんを始終女の人でなさして貰ったことと思ふ では 割に骨が

折れず早くこなせた様だから 調子におかったのだろうと思って安んでゐる 次へつゞく

六月廿一 夜十時 認

、英生

妻へ

1170

NO. 27

十二日が休みでお前がお帰りした由兄宮もさよっく出来なかったけれども気が
せいせい遊んで来ると言うことは出来ないが、お帰り出来るのは何より結構だ
勝男も根川へ来たが元気になって居るとか、かしわの牧塾の人もとうとう戦死なされたとのこと気の毒
なことだ、兵隊さんがいなくてがっかりさせられて居ることだろう。子供らも元気よく遊んで
来て遅くなるとかどうせまってるにきまって居ることと思う。運動会の配給がない。そのことだが
もし何れ様になってももう今迄のゝの部会へも寄る用がなくなるから行けず買えない
かもしれない。大きさが分からないから、子供らの足の型をとって送っておけばよい。又
郵便で買えたら持って帰る様にするが、いつのことやら買えるかどうかも分からない。
今の弟森太も帰って林太郎へ寄り丸橋の家も呼び皆集まってよく話を写した
その子弟が作ったよく写させ又勝手も今しみるようによく話し合いわかったことと
思い皆安心して居ることだろう。それから飯家の返事にうつることにする
大雨があって木をめぐして居ったが、麦の作りあぜめりを始めたとか、今年は
作りが倍になる為から仕事も多く皆さんのことと思い、和やくかる様にしてくれ

1188

No. 28

絵葉は六二日出のが三十日についた。二人来る。絵葉はあまり出さずに普通便より
二三日早いだけだ。でも六月廿二日の方が三十日にわかるのだから早いことは早い。
今年は珍しく農業試験所もまだ出来て居ない様子。由であはれ過して居るのでせう
ずい分作柄はよいだろう。先日来の大雨で一寸田植には早いが五月雨外のしまりが
出来るので皆競走の様にあわてゝやつて居ることだろう。こうなると一人でも手の多い家が早いから
大分自分も太田出稲だけの手入れを出らしたそうだ。仕方がないよ。又かわくとしても
知つてる如く、病るなら、学生の看仕隊のおかげで、たゞ手もみも十分にすつかりも分
終つたその二と、出征軍人の留守宅なればこそだ。御恩を忘れてはいけないよ
俺も御恩返しにと思つて一生けんめいがんばつて居るのだ。それ故に少しもするから
こちらでたとか早くしますが出来てもよろしく。あとは堆肥を入れて手便だけならす
一番あとで施こして苦い様にばつこしまうをして行く様にして来た。牛も二頭ならば
早く出来るだろう。作男も来て手伝をしてくれるのだ。何より幸だ。出来るだけ人並の
反分にする様にやつてくれ。長い年月ならば人の心もよく治なくなつていく

1189

NO. 25

がうた。もう篠田で女の当地からの者で残って居るのは俺だけだからな。長くなって誰でも
あき飽きして居るものな。俺の様な者は仕方がない出来るだけ人をたのんで人様に迷惑を
かけぬ様にしてくれる様にたのむよ。今まで済まないけれど下沖を田植を始めた由
済まないうまい入れがやって居るとか久し振りの立身ではりきって居ることと思い
今年は植付をおくれるとか。もう今日は七月も日になる植えて終ったかと思っておるが
もう今日あたりは植付も終ってしまったかと思い。野方のもすでも少しおるのかなかなか
と思っておるが、もう二三日おくれるかも知れない。田地も相当にあって居って来たことで
あろうな。いよいよ七月だ。山の上でも日々あつくて凡の内は日もあつく苦しい。本年は日永がある
上に教練はしておらないがそれでも体が疲れて昼休みは八分で疲れない位だ
夕方になって体がかいへって思い[illegible]蚊が多くて[illegible]うなっておる。一寸も寝れない
体を蚊にせめられて居る。蚊帳をつって居るからよいが山の上でも蚊帳をつって寝
ある位だが、平野の所の部落に居る者は終にねむれない位だろうと思う
又二三日天気がつづいたので、よろこんで居る。山も水がない工事に筆一つで行かなく

1190

だ。昼になると温め合へあつて居る泉の中の水につかつて体を洗つて出てめしだ
夏になるとあつい事　めしも思ふ様にしてゐる　又夏やせをする様になるだらうが今年
少しもやせては居らぬ。肥えて居るだらうが人が見てさう言つて呉れる。十六七人は
居るのだらう　世話がの度も二月も前に一度だけで　胡菊ぐらい濃紺の様な色になる
顔は日焼のことだ　俺が一日仕事をやつて居るのだからな。白くはならない
めしも炊事でまとめて一寸たくしやる様になる居下へ厠に行けばよいのだから温かだ
火をおこし遠く芝居　風呂もそこでわかす様だが、おそく迄汗みどろになつて居て
遠い山波を見下しては　それだけでも疲れるから　谷を下りるものはない。皆温泉の谷へ
いつて水風呂へはいつて汗を洗ひ流しよいに出来るし　泉の上へ座つて体をごしごし
こすつてゐるのも又風情のあるものだ。前も右も左も後も山ばかり。青空を仰いで
居る。大きな木は一本もない。二三尺の草や栗位のものばかりなのだ。夕方青
空をながめ泉の上で行水して居ると何とも言へぬよい心持ちだ。こんな味は
どこへいつても味はへないだらう。空気は新鮮だと思ふ。これも天気がつゞけば水が

NO. 31.

なるから駄目になつて来るだらうが 又なまじくリクツがあるとなるから 左ほど楽じやうには
又はない 下の池へいくのよりはずつと近いから便利だ 相変らず今もパイプでやつて居る
子供よりは僕をまつて居る程だが 早く顔を見たいものだと思つて居るよ 体が大事だから
と思つて生水なんかのまない様にして 一度わかしてからでなければのまない
ミんも広く見れば一年生になつて四五月をたし所だ 俺が出て来たのだから
一年三ヶ月とは俺の方がなくて三年生になつてゐる 驚く はからない
だが今大きくなつていゝ兄さんになつて居ることだらう 俺が居なくて大修でいけつて
居ることだらうが 早くねさせて朝は早く起る様にくせをつけさせておくがいい
としたなに 丈夫な体になる様によく運動もさせてね 勉強はなるべくあとでよし
しなくてもよいから おばあさんへも一日一回手習を行つたらする様にすゝめてやつてゐる
なら やつてゐることと思ふが 人に馬鹿にされる様なことはさせないようによく注意をしてやれ
様にしてくれ 俺は家の外から中の用事だの子供の教育するひまはなからうが
今は事大事な時だから こまらない様に気をつけてくれる様に頼む

1192

NO. 32.

俺は皆な家内の写真を出して見たりして居る。まだ見ぬ勝田の大きくなったのには
驚いて居る。かーちゃんの叔母さんと一しょにうつした喜久の写真　見てゐると涙が出てくる様になる
東京の姉さんはどうして居るのか　一寸も便りが無い　どうして居るのか　分らない
奥でも居るが　元気で居る　いくら出世しても　何にもならんが　梅田さんは六十八
だから見る様子　俺は外出も度々しれるのだ　りっぱに実らぬ般若に感謝をして居る
平一の方の話も今の所　雨に正み田植が一寸おそれ切りだ。五月迄にすんだらかと思い
つゝあるが　うまく行かなかった様子。早くいゝ筆を持つて仲よしくらしてほしいと願つて
居るが　中々いゝのが見つからん様子。あせらずに気長に探すことだ。五男の父親と九月
だっ居れるか　一寸も便りもせんし　又無沙汰をして居る。凡兄弟は度々親身を送ってくれる
顔を出したら　礼を言っておいてくれ。それから　兄弟も何でも知ってゐるらしいが　お隣が
出来んらしい。お隣が出来ても叔母さんも大ようこびだ　其の者が一生大事にするであることと
と思はれたいろく　下らんことを長々とかいたが　返事を出すことにする　怪我のない体に
充分気をつけて働いてくれ　俺も一生懸命にやるからな　又面白いことでもあったら言こう

七月一日　父より

すまへ

1193

六月分金銭収支表、

	日付	金額	摘要
支出	六月十一日	一二	タバコ三
	八日	四三	タバコ六
	〃	二〇	マッチ二十四
	十六日	三〇	石鹸歯みがき[illegible]
	〃	一〇〇	タバコ 二十五コ
	二十二日	一五	貯金
	二十四日	四五	電池 一コ
	六月十八日	一一〇	[illegible]
	計	八、八三	支出計金
収入	六月三日	一〇四	俸給五月分
	二十二日	一〇二四	〃 六月分
	三十日	五七〇	五月貯金
		二六、二八	収入計金

差引金 七円三十五銭残り 七月へ送ル

六月分郵便発受信表

発信 フートー 十一通
ハガキ 一三五枚
エハガキ 六通
計 百五十二通出シタ

受信 フートー 十七通
ハガキ 九枚
[illegible] 八包
雑誌 一冊
計 三十五通 来タ

差引き 出シタ方が百十七通多カッタ
今月ハ便箋、フートーが無いので フートーの手紙はどこへ[illegible]
ハ留守宅のみだ、続けて[illegible]し…と両方で
ハガキ は 家中と[illegible]が百五枚 あったから多いのだ

1194

No. 5(1).

どうで皆元気で居るか。日記をかゝなくなるとつい〳〵御無沙汰になって来る。之は仕方のない事だ。毎日かゝねばならんと思ふとどんな事があってもかく気になるが、皆が寝るとつく〴〵仕事に追はれて休む前に寝てし、日記だけかくのがやっとこさだ。今迄週に二回は出して居たが一回だけになる様になって来た。悪く思はない様にね。全く今の所よく〳〵工事が多くなれたので急いで居るので、めしをくったらすぐ仕事にかゝるのだから横になる様な事はめったにない。汗みどろになって日にかわいて白く塩がふき出て居る。うちで田の草をとって居た時位のあつさかと思ふよ。それに山の上だから風がないし、と言ってもかげはあるから涼しいが下だから全くやり切れんだらうと思ふナア。風のある日は夜なんか明け放しで眠れる位だ。蚊が風で吹きとんで来てかまれいらない位。風のない晩は夕方蚋と交代してやって来る。相当にえらい蚊だ。裸で出てみるといゝ気持だが、かりにあれしねてみられなくなるが

1177

No.

下が二寸位あると思ふと　山の上の小屋では　山中の時の様な訳には行かん風だ
従兄御も呆れる風で笑ふし　小ちゃんも笑ひはせんかと思ふ位だ
甚だ淋しい　淋しいには外へ出るを持たないと　寒い位だ　こんなことは高い
山の上でなけりゃ味はへんものだ　毎日お目当に打ち勝って日を送って居る
近頃は毎日苦力を沢山に使ふので　忙しくして居る　一日目をはなすと
すぐ遊ぶので　一寸も気が許せない　自分でやって汗を流して居る方が
よい位だ　気をつかわねばならんが　仕事は楽しくやって居ても日が長い
から　朝早くに出る　早い時は七時半頃　おそくても十二時頃につれてくるが
六時迄使って帰すならして居るが　ちょっと休ませてやるが　相当な
ことだ　苦力の方もえらい　こうしてゐると　すぐくたびれる　一生けんめいやれば
体がえらい　でも　流行の上手なものの中にはあって　ほって置くと
ついてうまくやってくれるのもあり　自分勝手にかってに倒れる奴もあり
仁丹や　ブランデーや　何やかやとのませてやらねばならず

1178

3.

胡[illegible]に手数がかゝる。でも薬をのんだことのないのはかりで一寸した薬でも
お腹によくきいてよくなるので のませて頂いて大変よろこんでゐるよ
毎日暑い日はかりだ。何と言っても七月も末だ。歩いても ねころんでも
汗が出る程だ。石がきはかりの所もあって 道具がはね返って来るので 思ふ
様にはかどらないが毎日根気よくつづけて居る。そう毎日続けでやって居る
のでくせになって来て シヤツもズボンもはかなくなって来た。褌一つだ
そのためにまっくろになった。二回目の皮がむけて来た。今日迄しりの皮
のむけたこともないのに褌一つなので しりの皮がむけて来た。ここ何日はねても
横になってもじっとしてゐられなかったが 皮がむけつるになって来たので
ねるのもいたくはなくなって来た。疵跡のないいい色になった。手も体
も足も、どこもかしこもまっくろだ。顔は言ふ迄もないことだ。大分前に防暑
帽(夏用の帽子)をもらったので 涼しくなった。それ迄は鉢巻帽で
あつくしかたがなかった。四五日前に新しいものがくばられたと言ふ——

1179

NO.

○村へいくとあちこちも勝手にいつてしまつたが一つ四方の太郎窯まであつたらう
がある 小学校のにおどつて帰つて 久し振りに たらふくしつたがおかしかつた
小学校が中にあつたのがはいつてゐる。ここの所がはうんとまづいのはないが
何もない所がはおかしい。不自由なく と言つてゐるが 四十日ばかりたつて来られ
下に居た母も高の傍の人もはなれて来たので 風呂へ入れなくなつて家の
前へおりていつて 行水をして 洗濯をして来たりしてゐたが この頃は毎日
音がかくるので 水をはこばせて 風呂をたいてはいつてゐるので 何よりよい
高い山の上で 方々に見える 下の山、田畑 村を小さく 望郷の様にながめ
て かめ風呂へはいつてゐるのは 何とも言へない よい気持だ 一日仕事をした時に
汗の出た体を流してゐる 心持は 言ふに言はれない。日に 広々してゐるすし
くなつて帰つて 皆の家の膳について頃には 世かし 一日すんだと思ふて
五月村し 時 おそく帰つて 風呂へいつて 一パイ杯のを月にし 気持ない
毎日の仕事が 朝は体が いたんで起きられん位だが 元気が はつてゐるから

1180

No. 5

起きるが今日働けるかしらと思ふ位だ。俺が出ておる時の相手は大変
いゝそうだしと起きないから、女が熱でも起きなければならない朝早くは起きない
しいが、夜は長いし、体がえらいので、めしがしえない。女房にやるようことで困る
て困って居る。女房も何もないでのまゝ帰るのにもらったり土産の中へ入れたり
しているやうである。連めしの代りに玄米パンの様なのを造ってあたり又中には
小麦の二分し、米の少々ものを鍋へ入れて、ぶつつけにしてしても、白がなる程
にふかしてやってる。小麦の玄米パンとみたいなものを少しと言って少しなかなか
やり続けて人があるなかげだ。うまくない。水を作ってあるから中は遠い。三人
では済ませておいては追付かん位にいろいろの物だ。俺たちの手も渇かないでは済んだ
大きなたんだ二つで去ってるが、切れ時ちだ。でも女房の方のかけたが帰りも十分に
なる。しかし再調子も洗ってる。風呂も、はいれるのだ。風呂はかかす、しいてるるが
女房がなにだ。女房が来なければ風呂はいれない。頭も洗へない。兵営に居
田形 その上又この頃はかかりがつゞく。風が来るから、山の白の水でわくし

1181

NO. 6

すなてしいくので心ぱいのたね。又せかくがないとなんして来て行かねばならんので
いよいよ思ることになる。支那の山はくずれかけずれなので木がはなかず水のすくない
所もみえると思って六年も過して居るが生きてビンビンに在る(三十才)思つし
あつたので増かし今はたがとてもうまくなれ昨日は酒保で酒一升とて
ビール大まんぞく しじうのちづめ、かんとんにうつる事が来たので久しからいて又
日も酒かのめん、あつてかんしんしてちづめの肴でかしでたが何とも言えんよい味だ。
ビールは水で冷してあるとうんだ一本のんだが又多ってうまかった それに加給品で酒かし
(八本)はかりあり 香りもよいんだけどなった。多分はかいし沢山ちびられる
うまいおかずもたいてくれるので金も出た。おかげで多分でもせずえんであつい山分して
かんばってやる まづえられたから安心もしてくれる それに子供らもえられよくみ
加給でどび通りいへはりくし遊んでゐることと思ふが主人は依々不分材くゐて
ゐるか 大きな立海を見たいものだと思ふが 近でも実現出来ないこと
思ふが ゆめけは何かよいことはならぬ 久一寸もつえんなとさようなら 便りがくる
育ち忍大切にする

一良より

妻へ

1182

毎日上天気ばかりでいいことはよいがあついのに閉口する
内地もこんなにあつかったかと思いが中々内地どころじゃ
ない 全く焼け付く様になる それへあんな鉄帽をかむり
むき出しだ 立っておっても汗が滝の様に流れて来る
俺も元気でやっておる 病一つかからない 大丈夫だ 毎日演
習や体操教練をやっておる 大隊長指揮の教練やら
中隊対抗教練などが汗みどろになってけいこをしておる
労働生活をしたことのない兵隊はよほどつらいらしい
体が疲労してくるしになって居るのである 俺達は幸い
在郷当時にあんな労働をやって居たおかげで演習や教練、
俺は何とも無し 楽のこ[illegible]だ 外の者はめしもくえない
それのこあるらしいが いくらか俺はなじまれる 安心な者だ
あついだけがなんぎだ 内地の方はもう七月八月だ ギオン

1276

2

土俵にならうならう、田の草にもからねばならなくなって
来たな。キクリたちではどうした。大きくなって来たが、
ナタマメはどうした。俺が出す迄には結構しなかったが
大きくなって来たか。桑畑も広いから耕作にこまることと二人い
且つ弟も来てくることと思ふが、たゞ…しかたないだろう。ちっとし
せいばかりだ困ってゐるだろう。畜はとめる方がいい。あまり
無理をして体をしまっては何にもならないから、無理をしな
い方がよい、田の草も上からなんぐ取っていってもよい。一回おきに
大所をとって上白をおとしたり、谷田をとってしか下の所を水を
おとしたりしてもよい。水が少い子価なら、そうした方がよいが
水が沢山あったら上がらくとって落していった方がよい。一かう
まーしおとしかゝらないと肩がとれないから早り目にしりとて
取った方がよい。蕎麦は出来が悪いが、まあ、なろうが。人を

1277

3

たのんで堆肥が殖つてゐると思ふが 沢山作り肥をしてやる

とよいが まあ其の方は御前にした方がよい。

こうして田のことを言つてゐると 田、畑、家、家族がこの便箋に

うつつてくる。頭の中に浮び上つて来る。つる／＼が走り廻つて汗を

かいてゐるさまや、母が腰をまげて田をせつせとしてゐるさま又は

にんこが「つまようじの穴であけてしと話してりつくはりつくゐるな

子、孫などが思ひ出されて来る。五十台実習を堅めてゐる

時は何もかも忘れて失小がおちついて居るし一つかに暮してゐる

と何か〳〵思ひ出して来る故郷はなつかしい。家族が恋しい。

早く勝利が来て かいせんをする日を待遠しく思ふ

六へかえり一生懸命御父と早く片付けて来ようえし

て一日も早く柳田の内地の家を見たい。

昨日東宗部隊長の会内巡視。馬屋巡視があった。その日が

1278

4

大掃除もしきれいにした。ゆうがた検査か きょう人の巡検が
あるときれいにはけることが出来る。イモの油え ちよっと買い
キャラメル一、乾パン二、ビール半本と言ふ風に一ぺん買い。次にはビール半本
マッチ半分、カツオ五、キャラメル一と言ふ風に昨日は [illegible] を買った
昨日送った除隊者中村君、名 [illegible]、フンドシ、タオル、ちり紙、便箋
石けん等十分はいっていた。国防婦人会の [illegible] だ
日用品が不足する。小便もなんども催して来る。酒保がある
ビン25サイダー20 ビール12、ホシノコメ12、カンヅメ等を売っている
冷たい水がのめないが 水が不足の代りにビールを一本づつのむ
ビールは安い。サイダー一本は高い。酒二合入 三十五銭も高いが
相当酔ふが 頭で すめでのむのである。酒保がわれ [illegible]
思い出しかし あまりの遠さにて 体をこわしはいけないと
思って 二日に一本づつのむことにしてある。毎日一本。

12月

ゴーヤるといいがあまりせいだして遊ぶとあかるす。ニーは日のくれるのはおそくて
なかなかあかるい位だ。ねはん中でも明るいよ。夜に起きて
ハンガーにはなてもの。馬に水をやるもの停んしまして合図が欠しい
人はでにはなる。仕事が大体に宿舎にある。十二時から一時迄の間
に昼食だ。おくれるを合同演習なしで手伝いをしたりする
大隊長の教練があると合同中隊教練がある。演習は田村は
に参加の馬の手入れや又ハンゴーをたく一回二食たいておく。朝たくと
朝と昼。夕方は又二食たいて夕食とあしたの朝食をたべる。で一日
に二回たく。そのあしたは一回と決まってはめしたき当番。正た日
はあつい汗がでるだ。家でたいたことのない物がニーへ来てからは
東への子からの飯をたいて喰けてやる。うまく出来ない。やかない
時。かたい時。カンキの時。すにしの時。無茶苦茶だ。想像に
まかせよ。たまものも苦労しなければ立派な人のだ出る。

1280

6

おかずは おいしーかった いつもわけてくれる 毎日同じものだ。朝は
大マメに長ねぎのみそ汁。昼は それをにたもの。夜も同じ。魚はな
い。一回も。長いなすび一尺もある。[illegible]、南京豆、南瓜。こブ。干大根
位を毎日〈たべている。例外に多ったものがない。ニンニクをはな
れして来るが にないだけが中々たべることは出来ない位だ
私は[illegible]がまだいいのでかゆをつる。毛布一枚かくしてねる。あついよ
あけっぱなしで寝ている。ランニング〔パンツ〕で寝るものもある
演習がすむと洗濯をするが 裸一つになってやる。演習…[illegible]
返そのままでねころんで。の浴は[illegible]たことがないのか 汗臭がする
自分がのは不便をし毎日四時から入浴後の為に[illegible]のではいれる
このくはれかまたないが、初めからにこった為に見える文郎人
も沢山集っている。おそ寒をよく動く。家の事も[illegible]の
ない。気分のなのか沢山よくしてガンを持って来る。ごとかン

1281

「金ヨコセ」(という人、博徒の類いをさす)と言ってたかって来る
賭博をやるとケンカをしてとり入をする。あさましいが金の為になる
賭ける方近づくとして居て今日のものがない時には金二十銭から三十
銭又は賭銭で女の大事な求めるのも多い。田地の女と
違って貞操観念なんか何も思っていない。という位の金さへあれ
ば何をしてもよい。親が娘をつれて売りものに出したり方々三人
も少し色を売りに歩くので、女気のない兵隊もつけこんで、
しかし二つの女は毒がひどいので、うつったらひどく本当になおらないので
皆恐れている。大部分中隊でサックを皆にくばるのだ。部落とかそれ(?)
但しなる近くの何人もあとすることなく、兵隊の出入する所をさがして
やるつもりなという人よく来てあそんでくれと手まねまでする。
しかし余い悪臭を放つので当気にもなれない。たまには立派な
ものもあるがたいていの女は二目と見れない。実に汚たないの。

1282

8

のだから女が居た　何と言っても国際都市だから　きれいなのも
居るが、ここは何と言っても貧民窟だから大した者のは居ない。
毒をもって兵隊にうつし　まける女スパイの様なのも居ると云ふ話
だから油断が出来ない。毒がうつるとくさりえていたいのになるそうな
家の内に何も変ったことはないか　大陸して早く大きく会え。今日は
父の死んだ日だ　遠い○○の地より父のめいふくを祈っている。弟も
どこかで同じ様に思っていることだろう。一度会いたいと思うが、どこに
居るやら、手紙をくれるといっても、わからない。第一、ほ道されないとした
か、内地からのたよりはどこからも兵隊へは来ない。●●へは来て居るよ
だろうが汽車の便が悪いので来ないのかもしれない。防諜兵が居るので
キケンなのであれこれのかもしれない。が手紙が来なければ無理と思って
母さんたちも一ぺん手紙を書かしてくれ。一番何がたには皆へ頼む、こ～
あそびに来るとしい。人気がアハ・・・・出来はしないかるよ、仲よくやってくれよ
[illegible]頼みます

ひろし

留守宅へ

コクヨ

1283

No. 1.

七月廿日 暑い炎天だ。二、四五日以来 暑さが加はって来た。
お前始め 乃傍も元気で居るか。昨夜 家へ帰った夢を見たので 一寸かいて
見る気になった。汽車で帰ったが何か今ら探りが下がって ようようで大手通りを歩いて
みたのだ 松岡活版工の前で 平井叔父さんだ。会った 元気のよい叔父さんを見て
うれしかった。俺は何も荷物も持たず 両手を振ってゐた様だ。叔父さん今日
帰りましたと言へば そうか 長い旅か 如常かと言って呉れた。平家へ帰
ろうとして一生に早くと心に急いでゐた。所が、今度はもう大日行の人をにかかり
みた急カーブをまはって廻る時 精一さんが牛使ってゐる。どうやら田植前のこと
らしい。精一さんだ。ヨーワ 今帰ったよと呼んだものだ 要吉さんも 水田の中で 仕事
をしてゐられた 相変らず元気だなと思って 家へ来たらしい。どこからか 母が居るの
にだれかついた。生きて居る母を見て 死んだ筈だがと思って 不思議に思ってゐた
家へ帰った。何かごたごたと大勢人がゐた。俺の帰るのがわかってゐたかも知れない。
つるへの坂を見える元気のよい方の坂。大口をはりあげて オイ 今帰ったよ 留守中

1183

NO. 2

よく分って居たナと言へる程はっきり行った。子供は遊びにいくしおるのが訳を見で
ない。俺一人何だ働ったのだろう。嫌だと思ってゐたら今朝早くと起されて
いつと目を覚ましたら、有りがたう〜で寝床から又大きいで叫んだので きみを
たのむと言ふので はっきり起きて 有りの侭に話したら、とうとう今の幕を見て
るた。終がなくしらじと明けて行く空…とうとうようやく夜明け 夜明けだ
所が 俺は 田植も終ったし 思ふが 野良の方へ出ても [illegible] そつが割(?)
思ふ様に自由に喰べる訳にはいかなかったろう。俺は野良のものを三国(?)くらいはず
ない失った。今年は喜ばなかったこと。思ふ俺が皆に居るかな 用意をしたか
皆と皆に言ふって目に合ふた訳だ。之をどうすることは出来ないことだから
こうして田植をかけておけば又 とりこみには 間違いなかろうが うちのしみずで
播殺して出来るだろう。六月の末に一雨あったり 井戸の池があるので 水に
は不自由なし 田植が出来たことし思って居るが、糸は いまつきしせ…に
かえてしまったから つる〜は 丈夫になるまで 安心に思ひが 何分けっこうだ

1184

3

NO.

あの人が居る佐藤さん毎日遊びに来たか、牛が二匹なるか。二人、男が居るか
ない。其代り猫しか居ることを思ふが、あつても なせいきとこ あづけておることを
思ふ。私のお父さんが別れた十一才の時でしたが、閉ぢられなかったら離れなければ
父、美くしは相当不平の二つ三つで泣いたり怒ったりして、毎日毎日の中ではりきって
水遊びや―― 何にお前をいじめて居ることだろう。今何をしてもさみしくてならない
帰って病みにかかって居るのならばよかろう。何を言っても大丈夫ならといふ人がない。
去る二年二月、お父さんを失なはず、自分の歳も三十五が三十七になったのである。
子供らは大きくなって居るのは皆知って居るが、どんなに成長して居るか考へても分ら
ない。毎日、沢山の努力を使って仕事をして居るが、中には十一、十二の子供が居て
居る。可愛いのも京にゐずして、皆よく水泳をしたりしてゐる
強い二人共に大きくなって居るのだろう。四人の子供らでは二人ないし努力なのに
長男にも必らず悲しんであるだろうが、して居るけれど、仕方がない。一刻に一人を
か、何とか考へれば と思ふのだろう。可哀そうに。一二年、五年位の子供は大せつに育つ

1185

可哀想なとは思ふが 仕事をしなければならぬから [illegible]を出ろ と云ふことを云つ
たらしい おとなしく従って居るが 内地の子供なら いやいやと言って中々肉の手傳いも
せず逃げたがっておる 一体に若者が行かないが これから見れば日本の国つあり
がたさが しみじみと感じられる 顧みて日本の子供か土民は余ほど気の毒な
うろうろしておれば なぐられる 一言葉が違ふから話は合はず まちがへば なぐられ 何に
しても いゝことはない なぐられて 手もかしもせずに 見て居るのを 見ると 哀れである
内情はわかってゐても 仕事の最中になると 俺もよくなぐってゐるが 之は仕方がない
一日あついので 仕事もさせ 褌一つになって やるがそれでも あつい 川の辺の皮
が 暑さを失つた しろいことく 驚く程になつた 山の上で 秋暑だ 凡はあるが
家の中ではむしむしておってもあつい位だ 山の下の炊事なんかは むしておる様に
あつく よくこんな所で辛棒しておるなアと云ふくらい 笑って居るが 慣れると居れ
るものらしい 今度は涼しい 守に若者相手に 山の上へ 六ヶ所陣取り所へ
皆やられるかな 大きな長いものを 張ったり ほうたけに 三四日かゝった位だ

NO. 6

（今日 岩村助役 西竹 永井 みさへ 之子 傳内 半字 福田一）

楽だけでも大したものだ。それに風呂、洗面の水が今まで四人でくみ通しにしまして
病室も中々大事ない。今度の日が毎日あたって、雨・晴れでいつもするから、昔しは[illegible]
だいぶの大部分を一日の汗を出させる事を、傍ら硝風呂へはいって流せる
のが一日の汗だ。ねそべって大小、夕方ながめ乍ら下を見下ろして風呂へはいっている
のは何とも言えないよ。仙境だ。広い青空天井だ。のびのびとしぬ
七月九日は父の三十一年目忌日十二周満二十年である。沢山大勢の日だけれど
当時のことを思い出して居られた。十七の俺が三十七になり今父の山の上に寝る
と思うと感慨無量だ。二十年と言えば今年は俺が生命をとり村（養子）が
はいるのだがかりそめのかりに皆忘れてあるから世界に村にして呉れ そして居へ行けて
おいて呉れ。事をかけるのは俺が帰ってからのことにしてと言って[illegible]
れ。うまく向ふの口にかかってかけんよう、極に注意すること困るからな。
子供らの身体にも近づく者にこの皆様によろしく。くれぐれも手伝が来たら[illegible]
とにかくつとめてみる様だ。病院に居てからしかりしてあるか。又次にかこう。

七月十三日 夜 父より

妻へ

良夫

1187

俺は相変らず元気だ 安心をしてくれ。
田植を七月四日とかに終つたと弟から昨日しらして貰つた
よかつたがさぞ御苦労だつた。息付きもせずにやつて居るか
案じて居るが、作りが多いし無理をしたことと思つてね。水の具合
うまく行つた様子。いつもよりか少しおくれたね。大勢の人に手傳いに来てもら
つたとのこと、弟から貰つただけ礼状を出しておいた。十二三人あつた。親切な
人ばかりだな、うれし涙がこぼれる。それから済之丞氏が七月一日朝
亡と書かれたを見てびつくりした。その様に思ふがどうも本当らしい
実兄さんもがつかりして居ることを思ふ あの親孝行な男だけに
俺の心を察するにあまりある。重夫さんが帰られたので悦んで
思ひ力を出されたのが、木雄さんが甲種合格でよけい体にきいた
のだろうと思つて居る しづ子の母もきつと心配で弟が帰り悦んで
思つてがつかりされたのであろう 同じことだと考へて居るが

1195

2

字が大事なんだけに惜しい　立派な葉がなった様子　帰ってあいたら人
はかぶって一人で浦まで行く　小畑に限りがない、先生不足とは言うものね
五月のとこみても分からなかったし　小麦、線、大麦、なたね等は大分
とれた様子皆二つと引けると言ってみたが万事身に任してある様に
苗も主家のが不足で今家があまりうまくあった　と思った　よかったね
子供らはこんな丸で居るか　大事のエメ　兄ちゃんも柳多らず、ごろくとここで
目は細くなって居るか　名差は無事に居るか　なれば余り肥えられない
頭らしい　がっそもかん性らしい　どうもこころふれん様子　これで楽しなる
うた、けんミカ久美が遊んで居るのか　桂川へあづけてあるのか
絵はどうだ　一番兄様で兄さんらしくなった事と思ふ　五日使う
苦労の中に小さいのは八才から十才十一才と言ふのがあり　絵もこん
な大きさかなと比べて見て大きくなっただろうと思って居るが
毎日休まず学校へ行って居るか　勉強もいやがらずにしているか

1196

3

家村から帰つたら此ばすさらへをさせる様にね 之からだん〱むつかし
くなると 覚え切れなかつたら 内で今日習つたことを復習するくせをつけて
おかないといかん、學がわからんで勉強がいやになるし家村へ行くのもいやになる
からね、学生用の机のすつかり高くなつて入りで 長もすわらせず あとは男へ
は困るらしいナ 昨日も黒卯の叔父さんが そんなことをかいてあつた
対体にある所が 一寸も出来なかつたのだ 大分叱言をもらつたので 又
ぐく、とりかけをしておいたが 反省をしたか 病気で入院していたと
違いないとかいてあつた 今迄ちよく来てゐたのに 一寸も来なくなつたから
悪いことがあつたのだと 心配をさせて居つた はかばかしい難儀、そのあと
の工事まで 何所も分からなかつたが どう言はれても仕方がない
この前の時には西村の家へ 見舞へ来て 手紙をもらつた、考へてみると
明日は七月の三日 ので 自殺をされたのだ 丁度三週年になつた
早いものだ 遺族の方々も淋しく、で 三ケ年を送られたのだね

1197

4

永井君の骨は俺がもって帰ってやったが　もの言ふ体をもって帰ることは
出来ないのだ。俺の帰りはおくれたが　無事で今近く働かせて貰ってゐるから
戦場に行けば生きて帰れる、生死は運なのだ。何より元気でがんばれる
のを喜ばねばならない。毎日体を鍛へてゐるから大丈夫なのだ
手は豆だらけでかたく　別になってゐる　肩かけはあまり使はない
のだ　内地の人の話にはつとまりがわかりはなれたら　わかるだらう
この山へ上って五十日、早いものだ　不自由とあつさにもう慣れての
毎日の炎天下の大土木工事もとうとう昨日にすっかり完成した。山の構築
がすっかり変ったよ　五月末日にこの山へ上った時には穴一つない
ボーボーの山だったが　陣地をいくつも作ったり外のものを作ったり倉庫、
炊事、われらの家と屋根が三つ出来た。そして生の丸太で九尺に二十七
尺と言ふ長い大きな深い穴をほって家に一階も　百もはいる　これです
住心地のよい　気分　出来た。われわれも引っこしをして三日目だ

1198

5

床も高く上げたので気持がよい。風は前から入るとはいらなくなったが内側は全部板をはつたから土はかくれて来ない。最初は少し悪いようだがすつかりなれてよくなつた。昨日は一日休んだ。雨休みだ丁度方々から手紙をもらつたので返事をかくのに丁度よかつた。

この頃は毎日の様に夕方から雨がある。それも中々すごい大雨だ山の高い所を川の様に流れて行く。どろどろの赤い水が下の平野も青さが益々濃くなつて行く。もう田は株をはつてよくなつてゐる。農民も毎日勞力に使はれるので田の草が出来ず草まみれになつて稲は黄色になり草が青々となつてゐるのもちよいちよいあるが幸い水がほしかった雨が毎日の様にあるので大よろこびだ。

畑は少しもない。今迄どうしてゐたのか分らんが青物は一つも作つてない所々に軍隊が作つてある位のもので、ナスもキウリもさすがもののない時のかうずものは少しもない。そのために時々青物

1199

6

をたべることが出来ない　あつさは　いつからたべなりか分らなくなった。
ただはなりく　つけもの汁のみにしてくってゐるが　野菜のない所だ
其代り木は沢山とれる様だ　山と山の間は一面に稲田があるらナ
七月も中頃になって毎日あつい　相変らず裸で　やって居るが　ますます秋がら
もらった使道　あんまり火に入れ行かない。　夏はどこでもあつい
天神の小物はどうだ　大きく育って喰べてゐるだろうナ。　こちらはトマトをもらって
お一人一つづつもらったが　二年二の方として食えこそん　只たこれもないおかげにとっている
おいしかった　家のゲンコツ位の大きなのをとって只大いなるを皆とって居る
夏休みも近よって来た、今年は戸塚、大森はどうだ、来るのだろうナ
姉さんから便りはあるか　夏休みに二郎が来ると又賑やかになるが
手紙を出しておいた方がよかろうと思う。姉さんは大分困ってゐるらしい
様だ。今日も亦今テが来るらしい。怪しい雲行きだ
五少をとって一休みして居る所だ　皆よくねて居る。又かく

七月十九日　后二時記

実さ

妻へ

1200

7.

七月七日出の手紙 今廿日の朝手にはいった こちらは十三四日すると来る、サイ
おそいが こんなめの上では思ふ様にならない分から便りが一寸も来ぬと心配して来たが 二月あまり
でっとの二と 行えるらしいナで先ず安心だ いつもか 俺は元気だ。お前始め子供ら四人共
元気で居る由 何ずりうれしい、だんだんあつくなるから特に気をつけてくれる様にたのむよ
田植は北方郷今よく行って終った由 妙子弟が居た為めか 植手六人来てもらって
一日に終ったとのこと、因田志で早く大豆は全部植えたとはえらかったね、一番あと始りになっても
体力がないよ。体をこわさない様に注意せんといかんよ 何もかも先ず第一に健康だからナ
まさうも中学部になったので 思ふ様に思へず一人二円ずつとは野とりのもちもうまい
のがくるしくなったね 皆困って居ることと思ふがそれも大きな許から見れば がまんを
しなければいかん事だ。仕事の方はくれぐれも分からぬ守りて よくわかった
決定志郎の死は全く悲しいがこれもどうすることも出来ないからナ 天命だ
俺は相変らず元気でやって居る。毎日あつい 夕方には必ず少しずつ と ひどい夕立
があり だんだん秋らしくなる様になって来た 今日も昔も相手に仕事をするのだ

七月廿日夜十時

良人

妻へ

1201

俺は元気だ。毎日兵格納庫の前にあって焼けつく様にあつい
内地も大分あつくなって居た事と思ふが皆変りはないか
あついのと毎日の当番使ひに追はれて中々手紙をかくことが出来なく
なった。便りがないなくと思って居ることと思ふが、夜の休みにはあつくて
かけない。今夜は外で涼んだりして居るので一寸もかけなくなった
こんな便りじゃなかったが日課をかかなくなってからは今は此だと明日に
しようと一日のばしにのばしていて其代りに来るのも少なくなった
この頃は多くの演習も出来たので不自由なく日を送って居る
一頃毎日の様にうるさくやって来た敵もとうとう勝の立たん位やられて
出て来なくなったので のんびりと[illegible]様になった。
空は相変らず当方相手に 汗を落して 追ひ追ひ風の無い暑い
あつい日輝一つになって 汗ならぬで輝がかぶくになる位あつい
動いて居る 当方は 丈夫に育って このあつさに 汗も大して流さずに平気で

1171

仕事をせつせとやる。あついから相当な事だ。この山へ来てからもう二ヶ月になつて来た、何のかんのと言つて日は遠おつて七月ももう三日で終りだ　早いものだ。今日一日あるかすだ、しれないものだ、八月の末になれば秋風が立つて　山は朝夕うんと寒くなるだろうと思ふ　山は朝夕はとてもよい気持だ　この頃毎日のやうな雨ばかりでしまいには家へもつて来る　天つるを　天井へはつたりしてゐたが、それ等と彼は寒く眼をまし外とうをかぶつてね　室で小さくなつてゐてゐたが　一回も止んだ　又大変な天気になると女はやり。あついとは　あついのだ　もう之な陽気がてつてゐたが　二、四五日のあつさと言つたらひのすごい位だ、風もかない　山の川のあたる所は言ふに言はれん位　あつ苦しくなる位だ、今度は大て風もあて涼しくなるが　いつれ言時には　作家を止めて気力を帰し風呂へ這入るのだ　山の上の極風呂は又表れん様だ　眼下(ガンカ)に山や平野を見下しるるのは何とも言えない　あつさも之ばが遠ざるを勝つと　風呂へ入つて　後人が気をすます頃には　涼しくなる

1172

3

それに今後は うちらの給料が 少しの日当も出てくれるので 金はいるが
品物が出来るのがない 家族も作った所でとっても全く足らない為に
ことが出来ないから 出来る限りはこれだけと言って別けて送ってくれる。それを山山
に分けてもらって上っている。この前は沢山来たよ。最近三十五円からあるのが福
三斤、ぜん十五斤、その外 砂りこ来るん、ピーナツ、塩えどう、ミカンなんかあ、うちも
福建が出来て山も来て来た、そこへ服装が福二件あって一件のものは増し
く家の会事へ入れて その時に取ってくるのだ 風呂へ行って あれこれで 一番山を
見ながらしてのみ 旅行料をうたうたりして 時がたに少く寝るのは何とも言えない
福をもらったのは十六人、のまないもの五人だ、で六人で寄っておいて のみたい時にあるのだ
一個に二斤以上はのませない 旅行も一斤五斤の人だ。ぜんもあるし 夏はめずし
ぜんになるが、沢山はないが、先ず お手まの作り位のものだ。うまいことはとってもうまい
又旅行 去年の給料が ぜんかあめ、ヨーカン、ミカン、ピーナツ、塩えどう等が上って
来た 甘いものは 男は出 ぜんを二本買って 会事へ入れておいたが 又風呂から

1173

上つてのもつもりだ。酒もまだあろし　たのしみだ。何もかまふを追人もないが。
さぞく酒のぜんが来るが　たのしみに働ける様になつた
日中汗を流して働いてゐるので　めしはうまいうまい。秋地米のはうれんものか
いかなにはいもするし　もみは多く砂が混じつてゐるし　石が混れてゐるし　これから
外にないものがはなはだ多い　とれてゐないを働けならぬなべるし　なれるから又
たくられる。なすびのつけものもさよつく有り　みそ汁にはとうなすが入れてあり
豚をなすのみそあへもしてくれる中々おいしい。ころしてはおり所つけはよしし
うまいが、胡瓜も玉葱も自分の分だけは手一杯でいろくを平げて失ふ
まだまだ大変なものだ　土用のあつい最中のことなあ　肥をつて行ふことはな
かろうが　やせることも又ない　別にかならず　一寸も分らないが　要は水をの
んでゐるし　腹はこわさない　働くのが苦にならず　南向に住むないあつりのが
しかたない　これは天のすることだ　どうにもならぬ　夕立があるとよりがたを皆
まつてゐるが　昼は三十度も四十度も越して　虎光が光つてゐるが　皆よろこ／

1174

にげて来るのだ。三人は見ない。一ぺん父母があつたら又家が恋しくなるのだが
下の部落へ比して又別にあついが、山の上だから寒いと言つても知れて居る
夏の兵士は忘れて一日が経つて来る。良夢はうまく出来た心地はよい——
昔は毎日曇つたが、お蔭で風呂は不自由もない——ありがたいことだ
手紙も今一人出せるといつでも出せるのだが、書けないでいるのでいふだけだ
お前達の手紙は来るかと思つて居るが、少し遠くなつたので何となく淋しい
田植は過ごし畑の田の草も一度も取るし、あとからゆくとよいだらう
今日朝方家を出た夫から一年が来たが、田の草の最中だとかいてあつた
どこかへつとめることになつて私が行つてみると、工業へでもはいれるのかな
父夫も大分よく運んで家族へ帰つても近いとかいて居るが、もう
一ぺん実印へ来ないだらうと思ふ。一所豪勢な男だ。本二人の身を一生に
一生の未練も無かつたなつて来つたのがよかつた。あまりしみじみ近い山がめしく
言ふことなど、この頃始めて出来たのだが、彼の心には同情して居るのだ

1175

もう今日は七月二十七日だ　いつもなら暑りで　田の草も終って気分良だ
が今年は田植がおくれたので　月一ぱいは田の草をとるだろうと思ふ
何しろ多い　水廻りに行かねばならず　手がないと俺も居る　様しいことで思ふ
畑の草も伸びる　依男エ定に田の草の終る迄　男と思ふとよいのだが　これを
よふ頃には又終って居るかね　田の草がすめばよいが　なかなか　大分に
気をつけてくれる様に　夏休みも近づいて来た　あと三日するとだね
検も書えがあるだろう　一学期の成績はどうか　だいぶあがってしているかな
下ってしまって思ふが　一生懸命に勉強をして居るのだろうと思ふ
二学期の始まる頃には皆に今迄うかれてするが　俺も一生懸命にやって
居るが、久三、久美、かつを　三人も入れていいばかりはなくし　お前を困ら
せて居ることと思ふが　もう少しの辛棒をしてくれる　みんなにえらいか　病じし
体を大切にしてね　今年は大熱とうかのこ配は　夏休みはどうだ　泳ぐんだろう
二十一日頃かにねてよかろうと思ふ　今日はこれで止めし　又かいてやる

七月廿七日　朝九時半　　父より

直へ

1176

毎日あつい夏 獨特のあつさは殺人的と言ふて一寸大げさだが内地
に居つた夏はあつくやり切れないものになつてゐるがどこに居るのだことでその土地
のあつさになれるもやはりあつい〃と言はずには居られないものだ 何故と言つても涼しく
なる訳のものでもないのだ。うるさいものを言ふとよけい汗が流れる位のものだ。
田の草を倒す時だとなかなかあつい〃ことと思ふ 毎日あつくはえた水田へはいつて汗みどろに
なつて取ることこそ田を思ふ。思へば三度三回田の草をとらないことになるか家へ帰
つて来るかしらと思ふ。お前がそれにでも殺へつてらはなければならないで
でも暑さ気でやつて居ることこそ思つて安心して居るが、一寸二、三回お前からの便りがない
ので何だか心配して物送りなり気持なりそれに便りも文をよこしてくれればいいので
涼しい時だから一寸もくれないので赤ちゃん首も早くないか。全く涼しくなつて御前当分さよなら
わる今月も日本の中の送車をくれた。百五十枚ぐらいでも三十枚くれればよい分だ
送つてくれは思つて出したのではなかつた何も思つて居なかつたが、
端書けは 将来が好字を毎週一回づつ送るのでは十二三枚の小字でよんでゐる

2

又七月始め小包を送ったと書いて来た。この次の手紙には一ヶよたしるだろうと思って
たのしみにして待って居るがあんな親切な男は又とあるまい。物事と言っても二年からになる
るがなあ大したものだ。今度停電したら僕と言ってそれを上げたらを送って居る位だ
夏休みもいよいよあと二日で(今日由)終りまでだ よろこんでまってゐるだろう 早く皆の顔
を見たいとも思う。この頃はよい店もあるのでよろこんで居るが又こうして言ってこの前の様
にがっかりしはしないかなあーとつまらないなあ いよいよになる迄はわからないね
毎日暑い中を若者を使って汗みずくだ。若者もあついので座敷だ。友人の所へ
また何も以外にぎやかなのが出も居たが十二日からは雨で秋日らしかったね
下宿の二人があまり人物はよくないし、とかくあったがそれでも淋しいね
田の高い人をたのんで居ることと思うが又ゆだんしてしまったのもあるだろう
ゆだんしにあると気楽でよいが人をたのむのは毎日つづいておかなければ金がいる
だろう。細く長く伸びるーあついー大していかないだろうて 蚕は夏蚕
はいるだろうかね 今蚕を仲間で飼っているのかね。夏蚕を止めて他みにやって飼ってもらいて

1203

思わずよく弟と相談をしてせめて立派にこれでも今迄つらいを二人で生き抜いた時の

苦労を傷つけない様に仲よくせっせとれ今俺かになって人に笑われる様では今迄

の二人の苦心も水の泡になるからナ、何事もしんぼうしてしっかりする様にたのむ

弟も力俊が出来るので何でも甘えるよろこんで居る様子が目に見える

力俊が出来る又よく考える俺もその内には何もならなければこれでも体に気をつけ

て力俊ふたんの事、二千部が始まる頃にはね！！！！！……と思い出

次に思い出しても母の死去ならね今年は入らないと若しまわれないことと思

うがよく弟と手紙で母の事を相談をして弟と相談する様にしてくれ。

十月には一週忌なので早いものだ母の百ヶ日には家に居ると云って居た俺が

一週忌もあと二ヶ月になって来た、八月二日には母と父上の居なかった墓を送

って来て帰ったと思ってゆかった様子こそおあれ、ただ全部待ちにまた

今年はその母も居ないなんて誰も思い出すと淋しいよ、思わず俺も何かして

母居ずと思って何だか力のぬけた様な気がする淋しいよ人生し

1204

4

いつかは一しよに家内安く暮らせる日があらう　それをたのしみ
にして　あまり体に気をつけて無理をしない様、丈夫な体であるやうにしやう
俺の本分（従軍生活）も今年の一月末日には無くなる訳になるがもう少しで済む来
て貰ふと思ふが　あとをかけるのは　俺の体として　苦しい人に来て貰ふことについて断る様
れしておりますれば宜しい所なので　家の経済の方も少しは楽になったか。うまく
切り廻せる方ならば　一ヶ月中に　とるだけの金で　出来るだけ支払が出来るか。思ふように
はならぬ様なもの　それが思ふ様に買へんので　どんな風にやって居るのか　気も
かかることだ　ものがなければ　仕様もないんで　あって　ぜいたく　生めるい水にひやして　のんで居るが
浮ぶだらう　気ままには出来ないだらう。ものは　ある時には　あるが　無い時の方が多い
へらしあつい日などは　物をさしておかず　其の来る迄　一寸これだけかいておく
よく　おかれていると思ふ　又様子をきいて返り迎へだ、言葉が通じないので困る
この頃物価の沸騰をうしてみたが　兵隊迄に見る様に　一目でわかる。誰と
誰かと、あの人には　よろしぬ様にしてくれ。お前今日は之で止めて又次に

有難し　御机下

貞也

妻へ

1205

發	月	日	時	分	發信地
著	月	日	時	分	於

受信者：昭和十三年五月二十日ヨリ 昭和十五年七月三十日迄

發信者：手紙ハ東京野戦郵便局ヨリ ヲ差出シタル人ト数ノ一覧表

人数ハ 百六十一人

名	数	名	数	名	数
新藤民枝	85	岡本ハル子	7	田中政二下	9
梅田清子	125	岡本庭二下	5	ミ々ル	7
野瀬治江	63	永井みさ	6	山本春子	5
福本進	32	谷島吉	6	中村幸吉下	5
中村寅乳	26	深田ふも	10	山本石子	三
鈴木友下	23	加藤光乳	5	中村久夫	39
小林利吉	40	岡田政吉	9	梅田政乳	4
中村初二	28	八木次乳	8	藤倉嘉保	3
加藤末之助	14	新藤二の	16	藤本よし	2
町部円下	9	安藤兵金	21	南保正下	84
中里高一	15	鈴木貞之助	20	渡辺信夫	6
福本房子	12	野瀬佐藤勝	15	鈴木石松	4
中村オ三	6	野中作市乳	7	深田作平	3
野良嘉雄	14	土田幸松	15	鈴木幸雄	3
中塚市松	11	久保よね子	14	倉田金下	8
橋本仁	9	深田仁之助	14	深田寅三	4

1225-1 161

氏名	数	氏名	数	氏名	数
中村調吉	25	堀友千	9	川端勝太	2
村田仲松	8	松田三九郎	2	野村松三	2
つや子	8	加藤宗雄	2	高村吉太夫	1
かずつる	5	山口民之	1	松川清	1
かほる	10	深田安三	2	沖田安材	2
阪本宗助	5	市長	2	中村万太郎	4
伊藤米代	6	平野ハナ子	1	西市キヨ	3
つる	6	野村利一	2	西村安正	1
村田米代	15	西村勝吉	2	森川芳江	1
橋本隆一	3	勝田正	1	北村政郎	2
宮本吉蔵	3	池利太郎吉	10	金田一郎	4
松本之助	3	田中慶七	1	周防婦人会	3
村藤正三	3	太田本吉	3	清水伊	3
小林政一	5	坂口辰平	5	加藤秀吉	2
岡本正夫	3	中村浪之丞	1	久保田文	1
深田周吉	4	川崎峰吉	4	森増一	4
橋本みつえ	3	山口半七	1	松本光枝	7
竹上泉	2	金田徳三	5	橋本かめ	2
辻長	4	深田源之助	7	立川助衛	2
大橋宗吉	2	中村来一	8	牧野よしの	1

1225-2

發 月 日 時 分

著 月 日 時 分

者信受

者信發

於 地信發

姓名	数	姓名	数	姓名	数
深田勝一	3	梅田まさの	7	近藤吉一	1
深田久三	1	秋本きぬ	1	廣瀬竹子	2
鈴木駒三	1	深田さわく	2	岡本ふさ子	
あん寺	4	鈴木笠也吉	2	鶴家富三	1
勝田正ト	1	鈴木ねの	4	柳川社ト	2
永井ニヒ	1	山林社ト	2	川口良吉	1
山辺波一	1	梶川せい	3	中里梅吉	1
佐多数子	1	梶川恒三	2	林りゆう	1
山地弥生	1	安藤いろく	3	永井ちえ	1
吉西数夫	1	飯野正元	3	倉田ひさ	1
ドアン4カ子	1	伊田口ツ子	2	橋本まさ	3
高橋平子	1	清水さみ	6	加藤三ト	1
小宮新衛	1	中目休印	2	深田広生	3
サミヨ	6	丸仰	1	川合良一	1
盛岡音子	1	鈴木よし子	1	高山寛七	4
栗原サ子	1	牧野一	1	高嶋正平	1

1226-1

深田寅一 1
中村み子 2
深田久一 4
村林添助 2
鈴木とめの 1

1226-2

七月ノ収支計算帳

○七月一日 六月分弥金 八、〇七

[illegible]

支出

六日 ビール一本 、一五

〃 タバコ七 、二八

〃 酒保品 七品 、四五

七日 酒保品 一品 、三〇

〃 ホウ二本 、三〇

十日 酒保品 一品 一、二七

十五日 酒保品 四品 、二二

二十二日 マッチ五 、一五

二十二日 まんじゅう九ヶ 、三六

〃 酒一合 、五〇

廿四日 貯金 一〇、二四

七月廿五日 酒保品 四品 一、九九

廿六日 ビール一本 、二六

〃 タバコ二三 一二

〃 ビール一本 、三〇

支出計金 十六円八十九銭

収入ノ部

七月一日 六月分弥金 八、〇七

〃 タバコ二十五ヶ 売代 一、一〇

廿四日 俸給七月分 一〇、二四

収入計金 十九円三十一銭也

差引金二円四十二銭弥

八月分ヘ送ル

2 （[illegible]）[illegible]ノ月五

五月ノ受信 フートー 三十五 ハガキ 二十四枚 エハガキ十二通 63

受信 フートー 十一 ハガキ 三十五 封書 六

小包 一 49

[illegible]

六月ノ郵便物（受信）子

六月受信 フートー 十五通 ハガキ 一三通 封書 五通 計52

發信 フートー 一七通 ハガキ 九通 封書 九通 計35

日付	氏名	種別	数
6/1	深田村附	フートー	一
〃	福井也	〃	一
〃	堀吉平	〃	一
〃	倉田一六	〃	一
〃	後東敷治	〃	一
〃	中村久夫	ハガキ	一
〃	福本賢子	〃	一
〃	中村貴?	〃	一
〃	隆野達之	〃	一
〃	安藤兵庫	〃	一
〃	村?定晴	〃	一
〃	梅原?	封書	三
6/7	村?治	フートー	一

日付	氏名	種別	数
6/?	中村久夫	フートー	一
〃	梅田治助	〃	一
〃	鈴木貞三郎	ハガキ	一
〃	中村初己	〃	一
〃	高山寅七	〃	一
6/22	村?治	フートー	二
〃	深田?	〃	一
〃	中村久夫	〃	一
〃	中村雄太	〃	一
〃	村林深助	〃	一
〃	土田兼松	〃	一
〃	深田貞三郎	ハガキ	一
	中村久夫	〃	一

日付	氏名	種別	数
6/22	鈴木とめの	ハガキ	一
6/24	深田村附	フートー	一
〃	中村常一	〃	一
6/26	梅田治助	封書	二
〃	河相茂雄	封書	一
27	村田半仁	フートー	一
〃	中村久夫	〃	一
〃	村?治	ハガキ	一
〃	深田貞三	〃	一
〃	梅田治助	封書	二
〃	中村久夫	〃	一
28	梅田治助	フートー	一
〃	河相茂雄	封書	一
6/30	村?治	フートー	一
	鈴木貞三郎	ハガキ	一
	中村久夫	封書	一

1212

七月ノ郵便物（受信）中

受信（フートー二六通 / ハガキ三〇枚 / エハガキ五通）六一

七月七日 深田康算 フートー 一
十日 郭統志のフートー 一
〃 梅田次郎 〃 一
〃 中村光夫 〃 一
〃 安藤英金 ハガキ 一
〃 村田佐藤 〃 一
〃 高山寛七 〃 一
〃 梅田次郎 封書 一
十一日 永井みき フートー 一
〃 北村政郎 〃 一
〃 梅田次郎 封書 一
十六日 村田佐次郎 フートー 一
〃 小林秋吉 〃 一

発信（フートー 一〇 / 封書 五 / ハカキ 一三 / 小包 一）計二九通

七月十七日 中村久夫 ハガキ 二
〃 鈴木貞之助 〃 一
〃 村田佐次郎 フートー 一
〃 梅田次郎 封書 一
二十七日 中村朝吉 ハガキ 一
〃 中村久夫 フートー 一
二十八日 梅田次郎 封書 一
〃 前川重助 ハガキ 一
〃 鈴木貞之助 〃 一
二十九日 梅田次郎 小包 一
三十日 伊藤某 フートー 一
〃 村田佐次郎 ハガキ 一
〃 中村豊之助 〃 一
〃 福本康十 〃 一
清水きみ 封書 一通

1214

5

毎日暑い田地に居た頃でもこんなに暑かつたがどこへいつても夏は全くあついものだ 夕丈はあつい〳〵と言ふが 田地より一寸あつい位だが それがこたえるものだ、御前の父一寸ふは柳吉にあづかつて居ると思ふが、でも山の中の事務に居ては気候に居る柳さんと比べてもしなさいよいもの 気楽だろう あつければ裸になつて事務をとつてみれば思ひ帯になれる。父一寸でも気楽で居ると云ふ〳〵便りがある。大分なれて来たことゝ思ふ 夏眠さうえのは苦いが かしはなせてみよう。昨晩 死んだ父の夢を見た 大きな体でとうとう来て 来た迄のことを思ひ出で来るんで居た 便地へ来てよく指図をしてゐるのだ 俺があまりつかれて無理をすると体にいけないと言つてくれしく居たが 早くなつかしまる二十年たつた次なのね、七月九の頃だ 夢を見てみが 夢なんて妙なものだ 大分長い間会えてない〳〵居たい 土佐の方へもすつかり御無沙汰をしてゐるが気にして居られるか、すまない

1216

と思って居ります。それにあいので、なんでもかまはないしけれどもなかなか来ました
おかげに追はれて居るが、手工のようなのはどうな居るが、田の事も終ったら又秋
迄に英語を勉強しないと為にならない。中正生を英にする様子を探すのだ
が、一寸骨が折れる訳だが、この冬十分に手紙が来て一つ[illegible]も居るには
何と云ふと言っておるが、そんな居らと人事によるから又多くの相談に
のってもらへるならば又相当に良い何家を外にして何うなるのだから余りお
に御苦労様だ。もう帰られてもよい時だ。もう今後は家の人ばかりで
出来るのだからせめて思って居るが、[illegible]しと思っているので、と
思ひする三年も、それは、大いにも何かなろうに、新友だちの話を聞くと
又来年のつれが、お宮を受けたとか言っているが、早一人日男なるとか
云うなると治印なんかして、又居ないので、なるのでしょうと思っても今
などが、そして世の中というものは大分手がすいて、その中、もしそうなったら
何と言っていいか、分からない。父母もかわるがわるせられることと思ふが

子供達も元気がいいだらう 学校は今月中に夏休みも始まったね
暇がないだらうが 母さんは住みなれた東京の姉が病気で困ってゐるらしく
先方からも言って来たが 方針の方へ何とか便りはあるかい 福田からよこして
先方の方へ言って来たことだ 来れば来るがいい 病身に弱って困ってゐるらしいナ
生活にも困りぬいてゐるらしいが 先方が都合へ引きずってゐると言って相談に
来たが 先方も一軒家を借りてゐるらしく 君も一度行ってやってくれるのか
どうか分らないが 東京に居てもどうせつまらないことはないから 出来たら一度休
みに行ってもらって 福田へ行け。みんな二三日の間が始まる頃には俺も都合して
何とかよい考へも出ようと 姉さんも言ふ。先方にも告げてやってくれ
きみよりも二三日うちに家を出て三度の食事手伝がはいってゐるが 今年は
おばあちゃんが所在ないから 田舎へはいかないのだ とにかく今年は
止めるつもりなのが 大森の姉と行く 福田へ行けとは話すまい 言ってすぐ
とまった者のないのが 当分行けないだらうと思ふが 病気で困るだらう 又

兄より

八月一日

[illegible]へ

1218

七月二十九日 土曜日の小包（フーカンリカキ 二の枚 ミカンカンヅメ 一カン リンゴカンヅメ 大一カン／フルーツポンチ 一カン フルーツカクテル 一カン 高ね 一本／チャウメン 一カン ノリカンヅメ 一カン リビ豆、佃煮 一本）

二三日前から 一寸天気が崩れ出した。ひどい風で山の上は立って居ると息も出来ない位にすごい。兵舎は穴にはり下げてあるので 大した事は はいらない。晴天の日は 風がはいらずに 一寸あついが 風のひどい日には 又安全だ。兵舎も この間 古くなって あまった トタン板を二十五枚位もらったので 一日かゝって屋根にはりつけた。床板のあつみを よろい張りにしてある草の上にはったので もう雨は 一月ふっても 二年降っても 大丈夫だ。ペーパーが急だから 中間ない仕方なしに二十二枚だったので 全部はるとは出来ず 半分だけで あとは 行ってあんだアンペラの大きいものを はりつけておいた。今度は 板の高さなものが見えて 体裁が悪かったが トタンをはったり 天井をはったりしたので どうやら屋根だけは家のようにし見えた。上から見ると丁度 土の上に屋根だけある様に見える。家は地下室の様なものだ。四方土だから あつい日でも何でも 室の中は割合に涼しい。が 家は暗いから 人はきれいにしてするにはするが でも 家らしくなりたくはられるのでよい。今度の小屋は物置に使って 古い日仕事をした

1206

2

するのに困って居る。二三日前に於いて井上砲兵少佐と財津大隊長殿とが陣地へ巡視に来られた。先への路の方へ行かれて次に俺の陣地へ来られると言ふので、前晩十時半頃に始まり翌日一日朝から掛りまして陣地を構築したり手入れをしたり、タマを並べたり、家の内外をはいたり、へとへとになる位作業した。四時頃に馬で来られるので路の方へ上って来られるのを見て、その内にこちらへも来られるであらうと待って居たが、折角十分にしたのに来られなかったので張合が無かった。骨折ってこしらへてあるをほめられたと喜んで居たが、大きな道路を作って居るし、あちこちへ人を出してあるので、人は二人位しか残って居ない。俺と一緒になって本当にせいせいした。おかげできれいに困ったかはよかったが、此事を言ひけれども兵隊は仕事ばかりね。六七日前に居った毎日汗みずくになって作り上げた陣地の兵舎を見てもらいたかった。が、多くの部分もあって急に任じられることになったかうで、仕方は無かったが大いに送って行ったが十時頃になって却って帰って来た。ところが保管して居る所だ。

3

日本は梅雨のやうな陽気になつたとか清水の手紙にかいてあり 私の所もない
日は一日もないと友達の便り、どこも同じだと思つております 七月からは ハチテが多
くて ちょっと毎日一回は夕立だ それで空は少し大分涼しめの様が見当へはいる
時なので うつくして居ると風景をゆかしつつも はらずに終ることがある
露天なれば 雨の場合には どうすることも出来ない 調がは室へ入る一番だけだ
それがただ かくれしかくしらくまって居たかたに大雨があり ひどい雨だと思つて
居ると 組中に火を上っていい鉄板になったとして居る 又部では夜降る
雨が多く 空は別にかはない、と云つて 降り通しに降って居る時もあり
いろいろな様だ、此日など 三月あたりが悪くて ひつそりな様な 雲行も悪い 雨が多くて有り
地雨になるかのやうにあるかと思ひや 倍な、日がてらんのが 済しいが 雨雲が去つて
一どは この様な日が来るのだらうとは思つて居るが
雨の多い日は 仕事も出来ず 家の中でころがつてねて居る 他のものがり便
なれた人は ひまつぶしに 余もあるわけもない なとうを 幸ふしては 困るのだ 困

1208

ろ。うまく行かないものだ　高い山などが見えて居ると　とても面白いよ
三里塚では　ジャンジャン降って居る。二三日は雨が上つて　あつい。其の内　又雨は急
だ　やつて来る。急いで兵舎へはいると　物凄く　あたるし　思ふとザアツと降るやう
しまだあつと降るも又　少しく止んで　あまり日がてつて居るし。ごろり上面に
下に見るから一目に見える。さあ兵でいくら降つても家の中は大丈夫かしら
れるはないやうになつた。もう安心だ。箱を破つて　下駄も作つた。家へ帰つても
下駄を買はずに　他用品を作れるやうになるが　果して出来るかどうか
うちも下駄が六七足出来た　それを　なわにして　分列をすげて居る
何もない所へ来れば　何でも身に合はせるものだ　今後に傘屋さんがなる
材料がないので　傘を作つてもらふことは出来ないのだ　惜しいものだ
昨日○○○へ稲荷神社を過ぎていく兵隊が○○へ行つて来たしをせんだんに
こちら出て来てあたり一帯の海だ、と思つて居たら　昨日は中隊長殿
から海一帯もふつた地図をもらつたので　やつつけて言つて来つたのだ

1209

5

昨日の夕食はブタ汁だけでそれを肴に酒五合と生をかしの人だいい気持に
なった ユーヤーンをたゝいてくれたこともある中に眠ってしまった
何も知らず口が満足して居るのの太陽が近くて 太陽の光で中を
思いだしてくれる 十時に三つ 田舎の太郎今の作るあつじうだ 何とも一時には
これも亦おいしいものだ 今日は五月もめずらしく来て 悩ませてないと居る
手紙も来ず 又来るし不自由はない それでもあるし まだ結構だ
この田は沢山稲も倒れて こうして色づいて来た 稲こなのが目を居から
みのるのに見に 又其田に刈り付けを始めなさる 古い農耕作の道具で こう
来年の方 山の上から見て居ると 又来るで居ると思うだろうと思い
この国の僅に暑や冬祭の通りが一年十五枚来た ストーリーは村田作
大きくと好きは囲炉裏の番頭が ここでいつも炉を焚かして居る
田の草も二百回には取りかけて居るが 雨が降らないので まだ大方に来て
居ないとかしてあつかったで月一回りには取り終えることと思って居る 田の草

1210

まだ[illegible]と思って居るが、ぬって見へばもうしめたものだからな。柳吉房
なお君、良吉が今年は寒さはだいぶやわらかいがよいのだ しまりが早いと言って居た
のだ。春[illegible]が居る…そうして又田の草が終ると疲が出る事なしになって居たね
俺も皆休みで家の中は賑やか…仕様がないから、毎朝うわ木[illegible]の
には使[illegible]がね、毎日おまへはして居るか。久美にいへば柳[illegible]の川
つけて水なかりをして一日泣いたり笑ったりして居ることであろう。賢男
は楽な[illegible]ははってたが田の草も終ったら又家へ戻って居ることと思はれ。
る中に生れたお陰で賢男が一番苦労をする訳なんだ。可哀想だ
が、それもこの家のため仕方がない。又一家なれば[illegible]しく暮す事も出来ませう。
弟ら兄弟も元気で働いて居るか。お前の便りもこないのだ。どうし
様…今度は来るかと思ってたのしみにしまって居る哉！
今日は朝から悪い雲行きで時に雨が降って来る。昔のもあれば[illegible]かも知れない
今朝めしを食って一服して お前を思ひ出して之を書いた。又かく

11月21日 前九時出

良生

[illegible]へ

1211

留守宅はどうして居るか　俺も相変らずお世話の大きな厄介だよ
今月沢山便りが来た　中にお前のが必ずあるだらうと思つてゐたが一通も来なかつた
が今日やつと来たよ　もう来る頃だらうと思つてゐたが　しかし日付を見ると
大てい七月廿五、七日頃のだから　田の草の終りで忙しくしてゐる頃だと
思ふので　疲れてとても書けないだらうと思つて　あきらめてゐたのだ
今頃は田の草も終るから　もつと休めるだらうと思つてゐるが　さてどうか
今度の便りの書かれは　其方、みち子、久信さよ子がついた、村では梅田、
小林は　虎三、五之助、久米の竹田、柴松、久次、西川の永井さんなど
みち子がいろいろなことを書いてくれるので　この頃忘れてしまつた　二年ばかり
一寸もくれなかつたのに　今年になつてから　維徳、田村、平沢等　沢山に
くれるので　大変にうれしい。　尊いものだ　五十銭には一寸出せないのだ
女房の様に俺を慰めてくれる　貴い女房の便りは　心がおどる位
にうれしい。　お母の死をいたく悲しんで居る。　大きな事だ　御母と一しょに

1258

2

ゐてゐたのに死なれて失つてつまらないよ。みつ子がもう少し大きくなつてゐれ
ば何かしてやれたのにな。又祖母は一生苦しみ通して楽もせずに死んでいつ
たのが、ひどくせつなくなつてゐる様だ。今年は和泉でよくと思い
出して来てゐるのだらう。青い娘のことだ。いろいろとかせ。胸をいためてゐるのだらう
朝吉さんも素子女史はいつて毎日通つてゐるとか。何ら結構なことだ。
久夫も牧中だける様になり、この夏海水浴に行けたとかいてある。
みつ子は田植をはじめてやらかされて失つて二日あまりになるさうだ。
よく働くさうだ。おそさんがなほにしてゐたのだと言つてひどく思つてゐるさうだ
例の無印元な朝らかな三ッ人をよれるまよ子さん与中久無も出しならず
送つた。又いろいろの面白いことをかいて来たよ。みんなゐると笑はずに居られない。
「今年は姉さんは身重でないけれども」。今後身重だと云ふ。大変だ
オツカンの留守に見られたらとかいてあるのだ。笑つたが
ミシンを習ひによこしよくの服を作つてゐるさうだ。女将をやつてらしい

125 P

まだ方法もあるんでしやう。叔母さんも出来て仕舞ひと思つて居られやう
兄さんは叔父さんが一人静岡へ行つたかもしれないが、其時には諒解へしよう
ならう。俺がよろしくと言つておいてくれと言つてゐた。もう行つてしまつたら
俺と思ふ。叔母さんも三年程みながら帰つて来たと思ふ。風呂かの叔母
さんの困しがるだらう。五郎の行も年をとつたので、思ひがけない中の方は大してちがふこと
はならぬ。なるべく行つて見ばならないかもしれないが、所を見てこれに使ひやう
など又、自分で行つて様子を見て来なければいけないよ。柳原へ早く
知らせておく事。都合にもよることだらうと思ふが、気をつける様に言ふことだ
一寸も便りがないので写真を送るが、いくらの値段にならう。それを女の物をとし
て置く。この間写真を見た。お前にも今もう一寸待せて
ゐつのに思ふ。色は白い。それも古風だので写真をして行く
来た。しかしのせなの目が大きい方のか。この際又いい顔な あいつのなほどうし
さうらしい様に思ふ。もう今度は前の様なへまはやらないといふ

なつても内地へ上陸する迄は気がきかないから そのつもりで居て下さい。
金には負けない 今はないが 秋にはお前に教へてもらつてあげたくて仕方がないよ
に出来ると云ふ 大きくなつた子供の談も尽きるまいと 楽しいことなので
思つて居るが 無事に実現して欲しいものだ。
この頃漸く下つて今迄の暑さはなくなつて急に涼しくなりました
夜などは前と比して下の家はまだあついさうだが 山の上は夜から
の風が吹き上げるので 此の風で吹きとばされるやうにひどい 時には寒いと言つて
居るくらゐだが 涼しくなつた 日中も今迄の様なことはなく涼しい。もう九月
陽気は日本と変らないかも 今月の末 廿七日はまたお祭り 盛り
なのに どうも一寸淋しいと思ふ 又来年の日本のことを思ふが 何うも
もう去年の今日にあつたことだ。秋風も立つてあつた あの時をこした
ことと思ふが もう忘れたものだ 七月一日 全くあつかつた夫をと言つても
アラカイの方面に居たことを思へば 何とも言へないことだし
お前より 加田生

1261

をやつてゐることを思へば又何でもないことだ。いくらあつい仕事がうちにあつても
攻撃、前進や追撃でない限りは俺たちは楽なものだ。めしが飽きてゐる方
がどれだけうれしいかわからないくらゐだ。雨のことだ一日御飯も食はれてゐる
この後は各自各の相手におちず気骨は折れるし、又果てもないし、判もつ
て追跡してゐるわけなのだ。何もかも抑つてしまつてよい
若者は一生二十に体が在るから疲れたものが俺たちの前に汗を流さない
ぐしやつはどうしてもぬかない。なにしろあまり思はないのらしい。俺たちは毎日
揮一つだが、若者の大方は多勢中弦の切れくの中は皮、手の指の方まであ
るから手や足に大きなまめのかたまりが何もつけずに、大きな赤い口があいてゐる。ここで
痛みの事情上無数は一つもみない。つんぼ、おし、寒も来る。
それで百人に一人か二人位は人前らしい。何しろ粗末なのもあるが、
よくなつて御しものもある。皿の文字の端りをかきよせてゐる合い
ました…ゐる。小事なことにだぶかけ日本の文字の方がかわいけ

おいしいおかずを作って、病後しにうっかりしのすいものははき出して失ふ

めしが炊けて家へ帰っていくので家内に食べさせるのだろう、

この頃は毎日二回朝めしだけがいにちゃんとえるけれども少し、がすぐ

暗がくるので近所の出来ぬる節米を実行して居るのだろう、支那の部

落の村長らが集まって話し合ったが、そこで一人に二合位づつで

かとは一人にかまわりのを三つづつくれたが何も味のないものだ。がしてしまうかなかった

田舎はがまんしてもらいたい、今月末にはかりうらめがあるうち見ておかうナ

めり年は去るかと思ひ切って妙な席がるた、来月に俺が貴方に会ふつもりで

ふかし方がらひどい目に会ったろう、悔しくってね、其代り妹には沢山の米かと

わるし、お前と二人で働けるようになるとを思ひながら、あの楽しみにしいかすこれ

もくしも体に気をつけて無理をしないように、俺が行ったら、体

をこわさない様子はいよいよいいが、とにかく体には丈夫だけをつけて

お位らの整月を今少しがんばって楽しまれる様に、お願いする、今日は是で

11月十八日

妻へ

1

家内皆元気か あついだろうナ 田地も今日のまん中だ
子供達も夏休みで賑やかなことと思ふ 夏休みも もう半分たった
こんなえらいで宿るか 毎日おさらへをして居るかナ
田の草取すんで今は田の草がありませんことと思ふ 相当な辛苦をなさったろう
御苦労様でした 人と思はぬ程になったか 作業する人は田の草の除草も来て
去年のか 重吉に 去年の人は人の都によくあったかと思ってゐるか
先が田の草取すんで せわしくなって 夏蚕が来ると言ふことをきくが 最初の
予定通り今家を作ってやって居るのか 今は昨日ですんだ 春蚕休み
所では少し上ってから休みになることと思ふが しぐれの都に 二十三日頃の地和居
にゐるのかと思はれる 兄さんにくっついて 仲よく泳ったり笑ったりして 裏の川へはいって
例によってお話を聞いて居ることと 思はれるが 済んでから居ることを思へば また
よいとしなければならない かつをも大きくなり 方々歩くやうになり カタコトを言ふか
さぞ可愛らしくなり 子供達の それ〻に なってゐることと思はれる

1264

中支の盆はおかしい、山の上で三回目の盆を迎へた、今度も去年とどこの
おあきやつぱ十三、十四、十五、と上がれ、去年あいのは恐く、戦争には休みも
何もない、例によつて仕事をしてゐたが、仕は済んで十五日の月で明るい外で一日々
盆の行事をしておこなへ遊んでゐた　三日前から月夜で其の様に明るかつた
二十五名が班毎と食事、風呂場三つを一ヶ所へ作つてゐたので大作業だつた
一ヶ所位の所を苦力に地ならしをさせて外側は二の字を書いて土地の
掘りだして二三のたくさんある山の上での作業で食事を入れる岩の土台を
利用して一尺五寸位堀下げて、一山を利用して[illegible]を作る
風呂場を作つてゐたので割木を一ヶ所へ入れ[illegible]
それから一棟入口に二ヶ所の作りそこに風呂場をこしらえて手分け相談
水の位置に依つて割木道具をおかきかへ[illegible]日本は[illegible]
各自の風呂場を作つた　水がめを割つて置いた苦力が割つてしまつて大い
又下へ探しに遣り[illegible]目の通り探す[illegible]また[illegible]来て風呂

1265

勝手な何思ひなやたり 中へ仕切の板をはつたり よしなり 濡しさせずに
出しまれつなにになつたさうだ 自はしなければならへが やつと よくなる 此事も今度のは
火をおこし よそれえた、早く濡れみこし一寸許で あとへ風呂へ、湯は近いし
電割がよくなつた 午后の日がまつく入口へ ヒカンを作つたりした
多数やたこンラの財物があつて 左のれへしてもらいにいつたりして、足からは
休んだ法外のあとは ひどい仕事はあまりない、ゆとおつて ならしていい
どこにつ所の為になに 俺は足はよくなる、之は生れつきまで本に ならない、なんだ
足めとこて 自分で散歩を見てあるく 自然 ぶらぶらで つくゆて大ふ
ねこたつぢらぬ最后 自分のあし迄はゆておる 大きい四時半頃迄は ぐつすりゆて大ふ
迄来は中々起きられない、困たものだ、そうなると中に後はねられず 十二時過し
一時二時も ねられない ごろく ねむれ はおもいすてゐて いろんな事を考へておけらいに
ねられない、で朝めむりから起きられない、足によくゆかうと、結局ねむれない
のだ 足は ねない、なにか考へていろいな自分のことをして起きてるので、その後はよくね

1266

ゐる、家に居て夏のひる休みを思ひ出し 皆に逢へる日じこそだとしみじみ思ふ
浩は多分十条の兵舎から七月廿四日に出て 二十年十一月振りで凱旋せられた
と手紙をもらった 郷里へ帰られ ゐられるし 皆つれて お目にかゝったことゝ思はれ
久振りの帰還で 父母も皆大よろこびだったことと思ふが 当分一人でとまってゐる
下宿住居をしてと言って居られたが 互ひに本当に御苦労様だった
然し浩によると次ののに又行かなければならないとあったが つゞいて又行かれるね
召集があれば、さうい事だ、今度は浩が野戦へ出られるだらうと思ふが
弟治行 平一の方にも今の所召集は無いが すぐに外の所では出られる
人があるやうな話の折、父公は本当に御苦労だと言はねばならない
今年の盆は母の初盆 皆さん沢山あるし 淵田に親戚が多いから こうい
ったことゝ思ふ。お墓に母の初盆だから 弟と相談して 盆へなるやうにも力
を借りて すませてくれたことゝだらう お金には僅かで母に居なくて思ってゐるため
為に此の上に居て 大和で三度目の盆を迎えた 思ひがけないことだった

1267

5

去年の今頃は大分悪かった様だった。当時の事を思い出す。
文郎はもう秋のころ、それに刈って居る。下を見るともう黄金色になって居る
植えるの早いのが色づくの遅い。早いのは刈って、ニヨ、わらが田にほしてある
田の草も毎日暮方に出るので十分にとれず、ヒエや草が多い。山をまわる時も
なし。じょう山には余りまわるので田の様子はわからない。山から見るだけで
刈ったあとはなんとなく田一つ一つ色が違って見えるので少しわかるだけだ
この月一ぱい 山中のヒエ取りに忙しく暮す。米なくなると言う話だ
又この珍しい米を拾わなければならんから と大変だけは させるのだろう
ニ三年は跡先の中にあって思いやなしに来もとれなかったこそと思う 植えられず
植えても荒らされたり水なしで話自になったりして生活も困ってるから何より
百姓の方がよいなだ 商人は商売出来ない。今頃は敵に荒らされて
失ったー あちこちーかえたーなくなったのが多い ますます 二三年しないと作
も完全には復興しないだろう 田んぼの見回りの印象や作はなかなか むずかしく

1268

二・三は何時になつても野菜がない 畑は持つて居ない 十石位なんかはどうして
あるのだらうと思ふが すわだりが様では なつぱをくふのは二三回しか無い
めしは多いのだ たまらなくなるが 内地の様にぬばらかなし 味がないものなんだ
山の生活は十月になつて来た 早いものだ 兄貴は七月廿日に出たのだがもう
今は過ぎて去つた 貴い人がまだ来ると言ふ話 来たと言ふ話があるかもう
二三日すればはつきりわかるだらう 来れば今の一番で 俺達の番になるが 人の話は
どこ迄来ますか うまくわからないなら アテに出来ない こうしてゐて居るが 二年と
三月も過ぎて 四ヶ月目になつたのだ 三ヶ月目の夏は とうとう終りに近
づいた 朝夕は山の上のことでとても涼しい 夜はうかくして居ると 風をひく位だ
九月になれば寒さを感じる様になるだらう 秋は山からと言つてよい位だ
冬籠を過ぎ兄貴をそれ迄に 嘆くことをかりくして居て 会産で 今日は今山
にはじふんとしてゐる淋しい 風が冷つてきてよい 此様だ 夕日もなく居る土民
の家がは見ぬ煙が ふらふらと上つて居る 又始に百三 皆達者でゐて 気
八月十三日 夕方会書に涼しい風に吹かれ乍ら ・貞より
豊へ

(手紙出スノヲ中止セヨ)

八月十一日昔の病室 今朝(十七日)に通知を受けて 表し寄に下へ降りて下りて来た朝めしと一しよに上つて来たので見たお前から病室の本多答がないと思ひ 来れば悪いことに違ひないと思つて胸がドキドキしてゐた、才僕でも悪いのかどうしたのかと思つて急いでよんで見たが、かつて安心をした、悪くもなかつた様子、しかし才僕の事がいつも来てないので病気にでもなつて居るのかせかせかに、又一人でですなつたのか やはりかと思ひ込毎くを過して案じて居るが上手などもり手紙がないし 先ごろからもフトしかまし才僕らも元気でやられるとかいつてあつたのか 大変だろうと思つてゐるがぜんたい帰るたびがあつても家へ帰つて見るならばかしもわからない生活では困つて居ては手術だけのことでは心配もしますとどこかよと思ふかえつて見たもしらない お前などそうだろう 僕が元気で居ると言ふつた所で 大変に元気なのが 孫人でやつても 友人等を自分の代りに手術を

1270

2

あつてゐるのではないかと思ひますと心配でしかたなく仕事も手につかなく
なるだらう、俺が家に居たころ弟の事を思ふといつもそう思ひ本当に生
きて居るのかしらと思ひ得ると字がなく本当に顔を見る迄はたまらなかつた
になつてゐたが漸く会つて本当に生きて居たと思つたものだ。
が、お前も俺の字を知つて居る。他人が親父にかいてやつてはすぐ代
筆と言ふ事がわかる。俺の方がよみたいだらうし、字をかくのは俺には
なれない。字が違へばすぐわかるし人には見えないらしい事をかんじ
れようか。次にはわからない。皆達者で居ると思つて安心して居るだらう
長い間便りが来なかつたので本当は寂しく思つたのだ。田植 田の事だ。
りまつた大きな鬼い文 今日も安の最中なかなか忙しいらしい。七月の末に
なつたらあつて先やうと思ひますがまつてゐた、三田田あつかはづれてかつたら
したものだ。えがけくとおもてゐたら今朝の船で来た。思ひ事があつたに違
ひないと思ふのも無理はないだらう。でもよんで安心をしたか。待宮もう少し

1271

てれ共今の手に届かないと思い、まって居た様子、然し思ふ様にならんのは

除去のことだ。いつも言ふ通り前の時の様に又がっかりしないではならんから、いよいよ

田地へ上陸する迄はいつまりしたことをかかりからその通りだ居てくれ

いよいよ俺達の番が廻って来たなだ。今迄はあきらめてくれ人なりの様ですれて

居たが又いい話になろうと思ふ。ようこそ待って居る。

俺の便りも来ないこなかった。きんにいつも手紙をかかしてあとしてほしかったが

もう時期がすぎ、一年期の休暇がとれないのだ。何より淋しかったよ、

が何よりも喜び、留守宅一同元気とあるので安心をして居るわけだ。確付

田の草取りも留守人で骨が折れた様子、御苦労だった。もうしばらくしてくれよく

なるまで田植の植手も無く困ったらしいな。植傍も三十日、三十一日とは又

高くなったものだな。植えつけは別にやって出来たか、もらって貰ったか

仲は悪くないとのこと。でも辛抱はよく言うはなかなか、聞けばあまり無様に

思ふ。其自体なければ疲れてやらないというのが方が前にとっては結局

一人づゝ人をたのんでしても医者が家業でよいだろうが 弟等夫婦揃っておつて
猶自分の生命を張っておくと云ふのは どんなわけがあってもよいことではない 三人
体よく一とよりに仕了もして左官に当り前と思はれるのだが、もう少しい
又先生のはあり勝なことでもあり、今の所仕方がないとあきらめてゐるが
結局は弟らが自分の為によく云はれない、なければならんだ、それだけにもならない
先生も当分の間、東京でもしてくれる由、死亡警察の人か二人位一日で、
お前だけしてくれる者が、皆先生が芸術人であるとのこと 今日迄での代りに礼を云っておいた。
其他美術生徒さん方が沢山来てもらうとのことを探がしてもらった。
蓋し要点は出来た由、其の方がよかろう。又晩秋は系と政法の上で安定した。
するんなの話、人一ちょう 飯食で話がある者とか、その通りだ 人一定らは
よく知って居られるが、自覚はない。あつかしてゐるも知れる必要なことはあるまい。
字がばその話で俺が大人気とのこと、悪口言はれるのよりはよいと思ひ、あの所
から出ても悪い気持もしない 泥臭い山の上、助めしすんでよんでゐるな

1273

5

内地では さかんに 徴兵が 召集やられるとか 弟妹等は 大丈夫かな
子への教育を俺と どうするか 早いかと言って居る様子 つるへの 腕に 早く
見ないとには 分からないよ、子供が 多くを言っては 俺の方が早いし、早く
シャベへ 出たいと言って ないたら 俺の方が お前といいこと、俺の係 つるへの 様の
お使も 早く 相当あるが いっそ はっきりした 日がわかったら 又 面倒い
母の預金の件 全部になる山形へ 送金されるが、今 迄 立て一しよにした
とのこと 平木 弟も 賢之に 相談して 出てくれたら それで 異存はない、今年は
いらいい 十 十五日 そのこと、女官へ 知らせ 下さい よく 並みの ものが あってほしい
今年は 物價高で 大田が 多いとのこと、もう 之も かれの 自在だろうと 思ふが
お前一人、お様 男人 なれ 仕事の方、お使の方 等に 相当 お金が 出ることと
思ふ、金は又 二人で 働いたら あるから、お様 男人 お前の 体が 大丈夫だ
ことが 何よりだ 金に かくされん 幸福なことだ、預金に 早く 預 母 券などが
ら 分からないとのことを 婦さんに 隣的に 熊子が 行ったものなども また 何とか
ら

1274

々相沢さんのだが、結局松沢へ引きとるのがよかろうかと思ふが

療養生命も金もかかることを思ひ、会社でも全く当方より訳だ折を

使はれなければならないが今一回を経て手にはそう方がよい。少しくかいてあるんので

よくわかった。総会も世界大会のこと、まづ一つかたづいてよしとするんだね

子供の方顔の中折ホ生も出かけて居るか。中々気でよいことと思ふ

之が近子無事なることにする。之一生として返って一月で始終治をしめるか思

小さには少ない。あいまり研究の手帖をして居られることとなろうと思っている

この頃友目の頃の大文字であまり淋しくなった。しかし之は山の上の済で下は

中々あついことと思ふ。船の中も中は暑しい位あつい。本当、何と言っても八月の中

頃からは十、山の上は別世界だ。あまり知らずに来て下さい御知らせする

当地雲もなく、月が実に澄み渡し。金もすんだ。税金は三百円に

なったとか。金が終えからにするのだろう。いい便りでもしたいが少しいことをもって

ゆかれないのだ。又様をみたら安心するなろうから、それまでまつように

八月十七日

妻へ

1275

十月八日

一夜汽車で過す。隣席の大阪の紳士と話す、田舎者見たいな人と油断して悠々と話してゐたが色々の話で此の人の冷静な話より紳士たるの話、が段々むつかしくなって新体制論や経済論のあまりくわしいので職業を聞いたら鉱山を二、三関係してゐる人だとの事四國くんりへ行くと途中の駅で別れたが大いに頑張って下さい青年にも新体制が仲々徹底してゐるのを見ると頼のもしい感じがしますとて蜜柑を一袋を呉れに別れたが忘れられない偉い紳士だそろそろしてゐる中に廣島につき朝食をすまして宇品、ここで昼食を喰べる

2

十二月八日

午後一時、会った時、皆元気横に天を衝く
りがいあり。艦も楽しいもんだなーだ。
感傷的気分少しも起きず。
迎龍丸（大千トン）とて軍の病院船だ、白い
大きい船。嬉しい。六方様の乗船だから
煙筒に✚赤十字マークあり。
注意をして精に笑み所、並つして凡絶
に注意して下さいとの話。不思議だなーと思
ってみたら、看護婦さんが軍人ばかり
乗船だ。美しいのもみる。目鈴もつけてみる
賢こくて理智的が大いね。があまり興味
が起らぬ。自分は希望があり理想があるし

3

五月八日（ますらをの、門出祝ふや、かもめ舞ひ）

夏ならし　みでいふすぐはないが

又北支慰問團、万才連一行とも一緒だが船室は皆別で我等は七十人程一室だ

天気晴朗で洋々たる大海エンジンカタ
ー寸ゆれてゐる程度、少しゆれれば

京都出者二名、福知山二名、神戸一名、都合五名
一緒に並ぶ皆好い人物だ、話合っても、希望
で溢れてゐるそうして健康で朗らかだ、境遇も
よく似てゐる。皆始めは親の反対したが遂に
説伏して来たと、新体制論も将来の方針
等語合って意気投合する、五人が今は
しっかりやってゐるところと、僕の年少乍らリーダーだ

4

十一月八日（着く迄に、早や慰問ヲ受ケテ居ル）

夜早速慰問団の予行演習だそうで見せて呉れた、皆仲々上手い、写真師はよく太つゐる人だなあ三十才だ

夜もぐつすり眠れた　夢も見ない

(1)

十一月九日

五、五〇分起床　体操　遥拝す

東方に向ひ洋々たる大海に、かしわ手を打ちつつ日本男子ここに在りしと勇気凛々たるを覚ゆる

体には冷水まさつをやつてゐる者もあるが少し寒いので僕は自重して止めてゐる

嬉しがりに見えるからね

5

何等心配することはない。食事もおいしいくらい
だ。希望のある仕事だけ何んだか嬉しい。
大陸は歩いてゐたよりもずーとよいね。
北一兵隊さんで無いと駄目だ
お母さん、僕の事は少しも心配して下さるな
はっと嬉しいのが僕は、今日の話だと十月の
末日は月給と共に賞与も頂載出来るらしい
僕が心配なのは「お母さん」がくよくよして下さる
事だ」ちがう。心配せずに、ほっと遊んで下さい
「僕は男子ですから、今、今度の連れ部隊要員
全員の指揮をしてゐます。四五十人に号令をかけ
るのも楽しんで愉快ですね

6

又好いニュース等があれば知らせます

お母さん寒さに向ふ折柄十分大事に幸福せにお暮し下さい

兄さんも母さんの事今後共よろしく

章子ちゃんもよい娘さんになって下さい。一通りなれて来たら又送って上げるかも知れない

お母さんにも僕の代りに宜しく頼みます

大陸の夕陽が入ります。大きくていかけどうい大きさ。も見てゐる様な眞赤で一寸劇的シインがなし

支那の子供可愛いね、同じだね

皆様へ

正男より

（2）

十月九日（玄(ゲン)海ハ何ダト皆ヲ云ハセケリ）

船室は毛布も、まくらもあたつて寝ながら本を読んだり蓄音機を聞いたり、極楽だ希望に満ちた人とばかりだから、愉快ーた空気の中にとても嬉しー！友情が見える内地で二人なり友情は今まで知らなかつた他国にいけばいく程、友情はむすばれる「玄海なだ」はまだですか聞いたら、先に少しゆれて居たでせう、あれが玄海なだですよとの事。何んだか頼りない一回船酔いの味が知りたい兵隊の心も知らないのだからね

船室にも酒保もあつて方々を國なするも珍しい

（1）

十一月拾日（ピンポンの試合デ得タリ柿一ツ）

起床六〇〇。

今日は二千六百年の奉祝日だ

十時半から全員、皇宮遥拝、君が代

奉祝歌を唱ふ。厳粛な空気の中に、何

人も云へない気持、即ち軍人精神が

目をさます——。「我れ等は火に辞せん」と

午後「ピンポン大会」御催、選手六名、其の中

の一名に選抜さる。

船員外便乗組、外看護婦隊だ

台が小さく、ネットが高いので此日兵隊の

方がずーと強いのだが此日、ぼくが手に

負けてゐる、然し——我れ——名は「ジョット」

(2)

十一月　於。かくし藝唯ぼう然として見とれけり）
得意だがなれんので、帆もやれないので、船員外に
はれ、れのテニース近いつたが逆に負けた
又衛生婦のみなストレートで負かすが大分
とぢ、すきな球でおし込み合んで二回程ー
が出来なかつたが、勝つたが僅の差で。
此は負けたので、柿一つもらつただけ
で残念だつた
夜は演藝大會だ、看護婦と船員
の藝云何んて云ふのは、玄人手前素人
以上だびつくりーしたすばらしーね又衣
裳を仲々持つてゐる。又婦長さんも琵
琶何んてすばらしー二度びつくり

(3) 十一月 於ゝる（萬才ヲ叫ブ是ノ意氣天を衝き）

万才の一行も感心して見せていた。人間、藝人の「つどらい」は覚えて其か人と駄目だ中でも事務擬と蒸汽車擬との猿と猿廻しの、うまいのには度びつくり万才より面白い。敵兵て藝達者だね我々の方よりは流行歌が多い。新潟縣の人が皆勇敢にただ上手くない。心臓の強いのに感心しただけだ。

中には十五六才の従軍志願者も、ハモニカでやった。勇気のあるのには感心した某都は駄目だが他國の人は偉いよが看護婦の、「そうサ、げてる人サ」の情けの言葉には

(4) 十一月十日 ワオだ 清國とくの國なまり

げっそりするお國なまりは男はよいが女は不可に見える。その点京都の女性の言葉はよろしい

三度の食事は仲々良いね

まあ三ばいづゝ喰べてゐる。あまり動かぬので

腹はへらないのだ

十一月十二日

清水本部隊に到着。兵隊と同じ事だ、食事給與

仲々よろしい。萬事予想してゐた通り、いや

以上よろしい。気候も、そう心配した程でない

ストーブもたかずに、多からけ何んともしない

緊張した生活又宜しいものだ 不自由もしてゐない、

（三日三十分間）

お母さん十二月、三日附一回の内地よりの便り受取難有う
一層安心しました　現在は昼休み一時間休憩だ二時近かい
間があるので懐しく読んだ是所は本部内だストーブは無いが
暖かぼう装置がしてあるので暖かい上着等は勿論しない
並近の机を並べてゐる同僚も皆親しくなって来たが相当
な年輩者が多い前の机の人物は大阪生で京都も、
染色の関係でよく来たので京都の人間見たいだ、それで
大いに論じた廿四才の青年で二年少しになるとの事、あまり
確かりして将来の方針、人生方針等語るので驚いた特別偉
い好青年だ、世間はやはり廣い、上手がかくれてゐるものだ
彼等は月給七拾円程も規約貯金して残金、六、七円で、やつ
てゐる、持てば若い者は身の毒だと云って悠々としてゐる
決心を続けてゐれば大いしたものだ、なるだろう、期待
好敵手だと喜んでゐる　来て間がないので規約貯金が出
来ない故、送金しましたが来年よりは本部内で貯金して
置く考へだが月二拾円程は送る豫定だ
室外出ても暖い、空は実際澄み切ってゐるのには感心だ
空を見るのは大好きだ　御製を思出す
（一時間だ職務に着手だ）

仕事は字を美しく速かに書けばよいのだ、簡単なものだ四時間から六時迄すればよいので月給取の生活は亦樂なもの

本部の庭園では大いにテニスをやってゐる。皆古参連で上手なので吾々は出来ない残念だ

酒保ではピンポン台が七、八つあって盛にやってゐる此は、むこうばかりで上手いと思ふ。仲間には入ってやるが、そう負けない

日

蓄音機も六時からは必ず聞えてくる一方は浪曲と端唄等、賑にぎやかなこと甚し。ボーイは支那人だが、日本人が経営してゐるらしい

五

税土勤途中には各関門では苦力がすばらしく多勢
並んで検査を受けてゐる、カーきたない、汚し苦力頭とな
ると、男も女も仲々確からしてゐてちやんとした服装してゐる
女の子供も殆んど白粉を、つけてゐる服装が悪いので
不思議な氣がする。勿論彼女等は小細民階級だ
から、じゝむさいのだが
二竹程行くと支那町があるが皆きたない汚し其の中
日本人もちよいく商売してゐる
は、甘栗でも一つ二銭の割合ぐらい高い、子供連が袋で
ゐるのを見ると、まり見たいなものを、手でしないで足でポンく
上にけり上げて遊んでゐる、ニユースで見た通り面白い
物売が何んやらふてくると多くさんたかつて買つて其の場で
喰べてゐる、まんじゆうか、ぱんか其の団子見たいな、すばらしい
大きな物だ又ワンタン見たいなもの五倍程、入物で喰べてゐるの
も居るが大きいのに驚く

とも角物價が高いので外出も使ふ気がしない
使ふ者は馬鹿だらう
あちらこちら建築物が見立って来た、此所に家が増して
来ることは確なものだ　廣いなー大陸だ
ダートーとゐて、何んだか間がぬけてゐるのは確かだ
本部内では異國とは少しも思へない　内地と同じ以上の設備
だからーーたまに掃除夫の支那人を見るくらいなものだ
気候は未だ寒くならない　当地は外套を来てゐないぐらいだ
寝室ではストーブをたくと暖いので弱るぐらいだ
油が腸へ入れ便秘をしたよ　章ちゃん、ニキビが相変らず出来るよ
洗がへ、たのむぜ、ハンドバックは止めておく、内地で買へよ
金はあれで買ったらよいや、ないか？
一週程、横でタイピスト嬢が何だかんだ　しふけてゐるよ
よく頑張るね、女性とは偉いが、たいしたことはない、デブだぜ
が自分が一番新米だからなーーが少しの辛棒だが来月になると人とね

仕事を終えて風呂から帰って来た、風呂は支那のボーイが
たくのだ。仲々可愛いシヨウハイ（小使）達だがまだ／＼日本
語を知らないので弱る。（又なれて知ると、秘密が洩れ
ることになるだろうよ）。
煙草もちよい／＼（軍から）くれる。（二日は、おれ自の煙草二つと
羊羹をもらった。大阪製らしい上まい甘いものが好きになつ
て来た。飯は内地より美味。（麦は少し入ってゐる）
副食物は大いしたものだ。ほうれん草も、ちよい／＼ある。
之の間さばが何んだか知らないけれど、「作らくを喰べた。実際炊
事は栄養に注意してゐる。それにとろろなどかずも喰べた—
おれは梅干がちやんと入物に入れておいてある—必らず味噌汁
だから中流階級の食事だ。其の点心配は更にない。

然し國家の為めに役立つ人物になりたいと
絶えず念願してゐるので先ず職域奉行して
ゐる先ずは僕の生活の報告迄
「日生涼し强者(ツハモノ)どもの夢の跡」
之の附近にも相当激戦があつたのに話を聞いて
興味があつた
「之ノ町モ住メバ都トナリニケリ」
異國来て
涙うかべる感激は

我よくぞ日本に生れたり

佳作を送る（自分一人の佳作）本日の便りにて

お母さん

茉之

章ちゃん　には特に体を大切に

（あめ、浩ッさん　たのむ）（横真十八近）

五日夜

正男

より

内地ヘノ書信ハ同封セシモノ

十二月八日（日曜）

今日始めて單獨外出許可がある。
色々と買物がしたいが何ろ外は高くて話にならない
ない支那租界等は安いが日本租界はびらぼう
だ。偕行社は甚だ為め非常に廉價に買へ
いただけるので結構だ
租界内の支那料理店で焼めし（六十六錢）
を食べる。皿のきたないのには閉口した
日本の婦人達は、かなり贅澤過ぎるのが目に
つく、其の為め生活者が高くなる物價が自然
に上るのではなかろうか、
偕行社で新聞、雑誌を讀み、時（五分）一杯（三、五十錢）買ふ
世休持見たりだ暇のあつた時ぐらいは茶ぐう
いたさねばならぬものじやね
早く帰つて全部洗濯、電氣待ま
日記、現金出納帳を書いて寝る。
「休日やあれも／への子苦力達」

「にこにことほがらか生々と職域奉公」

十二月十一日

「光陰矢の如し」とか毎日、日記をつけようと思ふが
平凡な生活安易な生活で四五日も便りする
ともうなにもない
是の際は先ず其の職の第「一人者」を目指し
自己の職に懸命に精を出してゐる
どういふことゝ云ふとこれは秘密に属するので
何うこうへないが つまり字を美しく早く書け
てゐればよいのだ 其所にまた興味が出てくる
また そうして興味を見つけて向上を計るので
進歩があるのだ なまけてゐては何の職でも駄目
だ 鉄筆で書くので一寸一字釘んでは字がふ
るへる
乱筆で読みにくい事と思ふ 意味が通じた
らよいのだから ね
帰って風呂へ入つてあつい茶をぐつと飲む 自分の
茶碗で自分が茶碗で飲むのも又嬉しい
平凡だ 矢一 何んだか腹からこみ上る喜びがある

十二月十四日（松興東京撮影所慰問隊）

前線皇軍慰問團来る

千治三州より演芸が始まる

司会者は一寸で海野光一　漫談相当なものだ

彼氏も去年迄上海陸戦隊で活躍した勇士だ

そうだ女優氏には清川夏江、白妙衣子、大津

嶋ひろみ其の他三名男二名だ

萬才、タンゴ、ラヂオドラマ「裏切者」女劇、松舞

踊り、手盛澤山な演芸の数々だ

こんなちょつとしたものでも兵隊や軍属の人達は

大喜んで見て居られる

そうーこの自分も又興味深く観賞した

内地ならつまらぬ演芸だがこうしてみると面白

く見えるというのも単純になった別かと思ふ

六時より防空燈明「サイレン」暗い空が明るい

星月夜だ

爆音が聞える

其の線に於ける警戒防空燈明のひととき

十二月十五日　日曜日.

支那クーニャン(女子供)達が自転車に乗つて遊んで居る。人を乗せるのを前にのせないで後で立つて乗つてゐる　ぶらぶら支那町(近所)を歩く子供が不思議さうに見る。(見られる程りものでもないのだが)八百屋が菜葉をつんで来る人力車に積んで来るので　びつくりした

日本の婦人も何んだか買つてゐる　自転車で遊んでゐたクーニャンが立てかけてあつた自転車に衝突した　荷物が引つくり返る。支那のボーイが何んだか恐て云つてゐる「ワイワイ」(これると云ふ意味)らしい　日本の子供に「いゝつし」「豆つし」と云つて遊んでゐる　知らんかほして遊んでゐる　珍しくないらしい

相変らず真赤な夕陽　美しい　夕焼けだが附近はじいむさい支那町だ

「物売の声が聞えて来る　不多明瞭(りゆう)な言葉だ「焼くりむく」とか云つてゐる。「いらぬかうはい」が栗売だらう

「大自然の或る一今の一日が暮れてゐく」

十二月十五日
今日は少し風が出て来た　少し寒くなって来たようだ
出勤して十八時頃より珍しく雪が降り出した「まあー
雪が降ってゐる」と此日珍しそうに窓外の雪景色に見
とれる。ぼたぼた雪だ　みるみる中に銀世界に
變ってゆく、異國の地──
苦力隊は寒さうに固まってゐる。問「寒いか」答「寒いピチャクチャ」
と支那語で話したので寒いの外は残念ながら何を
云ってゐるのか解らぬが「うんうん」と、にやっと笑って
ごまかした
一服煙草を大きく吸ふ　給仕が茶を持って来て
くれたのでつい熱い茶をのんで同僚雑談、
雪、門松、正月と　あの想出が走馬燈の様
に頭にちらつく「もう正月ですね」
宿舎に帰る　ストーブが焚いてあるので一寸室内に入ると
眼鏡がくもって見えない、支那のボーイが茶を
土びん(僕のもの)にくんで持って来てくれる。シエシエ(謝謝有難う)
と云ってやると喜んでボーイは帰っていく

靴もぬいで、室内を掃除して風呂へいく、カー、あつい
が二人入っているので我慢して入る
「好い風呂ですね」「いや全くです」「風呂に入る」葉は
実際楽しみなものですね」風呂と食事が一番
有難いとも思ふ。早く「ふとん」を出して「お先」と
寝ます。
相変らず、粉雪が音もなく降っている
ドーむきいでもあたりの様子がすばらしく美しく
情峰に見える。

「初雪は無情に一句を捧ぐだせ」（川柳）
（如何？ 雪を見て無情な一句を作らんとす。僕の様子）

「化粧せし異国の町は見とれけり」 俳句 如何？

十二月十六日 晴

今日は快晴太陽がさんさんと降りそゝぐが昨日よりずーと気温が下る外は相当寒くなつた

勤務は室内にかう換り、午后より種痘とパラチフスの注射、午後休み

雑誌を讀んで寝ることにする

ストーブがにくくほえて暑いくらいだ

お早く寝ましょう

「母さん休みやす」

十二月十八日 晴

日用品（紙、洗濯石ケン、便箋、封筒等）若干支給サレル

平常通り勤務何等変つた事なし

小包がまだ着かんと不思儀千万だ

平凡な毎日になつて来た

仕方がないので酒を入れる相をつくろうて

来てふたを取横を上手にはずすとよい机になつた
テーブル掛けは風呂敷をかぶせる立派な机だ、間に合
「人が「よい机やなー」「おれも作ろう」とまねしてやり出した
「廢品更生」か一斗がふるくなるに従っていろ／＼せたい道
具がこうしてふえてゆくのだ、空いばいあまり仲々手のこん
だ作工」をしてゐる、それを見るとわけないよ
ぼう／＼云ってストーブがもえてゐるしう九州過ぶ
ではお母さん「おやすみやす」
「当方よりの發翰書ハ検閲があります
家からの便りは其の儘、開封なしです
茶勝等は不要です。こちらで揃へましに
秋の（出こしバ置いて下サイ）饅ごんばさみ
つりとが在った際に送って下さり
油ト路の便りは早く出したいものです（次回の便りより三日位たします）
（小包ハ未ダ到着シマセン）

章ちゃんの許に。

十二月十九日 晴（二十日午后、無事、もう一つの小包受け取った）

待ちに待ちたる小包本日無事に受取った

給仕が「平井さん」と云って渡された小包、「あゝ来た」長くかゝるので

困る」と云ってそうごうくずして笑った、人も皆「やあー来ま

たね」にこ〳〵笑って見てゐる。

例の如くすぐで机の上に置いて又仕事の続きをやる

が仲々気になって仕方のない嬉しーい 実際嬉しーい

六時三十分 ストーブががん〳〵燃えて居り部屋に仲に入って早速開

けて見る。達筆で宛名が書いてあるのも懐しーい

章ちゃん上手いなー 自分の字が恥しーいよ

下着が出て来る、針も茶も腹巻も足袋も腰ひも

下駄、（仲々上手だいきなねー）ナフタリン かん、やあー

あられた、嬉しくてたまん

直ぐに食べるし惜しー、下着を着るいきだ——が勿

体なりから、仕舞って ——風呂あびる ぬるい風呂だ

2

鼻歌唱って中で手早くひげをそる　惜々しくて飛んで
帰る。
ボーイに湯茶を求んできこさす、宇治茶入れようか、知
らんと答へたが勿体ない、軍のもらつた茶を入れて机に
坐って待望のかんを開けるすこしへつこんでゐる
隣の人に二人客が来て話してゐるので惜しいがカー
福わけして同居人に分けて喰べてゐる。「上手い」「上等だね」
とほめてゐる、内地でたべたより一寸うまいね、かき屋の味だ
五分程喰べてやめる。一日で喰べるのは惜しいからね。後は
酒保で買つた飴玉をねぶつて淋しく辛棒ちや
んの手紙を読んでゐる　母さんと君が僕の為めた荷物
をこしらへてゐる姿影がちらつく　有難いよ
こんな嬉しいことはない。やはり兄妹だなー
「郁さんのめい福を祈る」
お母さんは田舎いき、よいことだ（楽しく暮してほしい）
考へるとおれは親不孝だすまないと絶えず思つ
てゐる。

3

「親思ふ心にまさる親心、今日の訪れ何と聞くらん」松陰

先生の歌知ってゐるか、時々口すさぶ

此の僕は新体制下の青年だ、世間を認識して立派に生きたい、一時は親不孝だが末はきっと何とかする決心だ

其の間辛ちゃん如才はないだろうが、僕の分もよろしく頼みます

小使ひが要ったら遠慮しないで使へよ、生きた使ひ方なら、何ぼでも出すよ、銀行にあまってあるのだから

来年よりは内地より送金出来ないから、当地で軍で貯金をしてもらふ（五〇円程）約一割二拾円、送る筈にして送りたつぷ、母が七月、君が三月（だったか）遠慮なくこれは小使ひに残りして、十月は大阪貯蓄に入れなさい

君には何にも足しに出来なんだが、結婚する時は、相当のまとまったものを出すよ（失禮だが）

マントほしいが高いだろうし、もう少し考へるよ。近くとはいけるだろうね

欲しいのがあれば知らしてほしいね

足袋はよいのを(黒一揃え)一足持って来て貰いたい
もう一つ都合なので待遠しい、正月も近い——
明日来るだろうよ。
(コンポン様子が目にちらつく、面白く遊ぶべーだね——
(タイピス懐しい仲く感心な人だ。話したくはないが五十円程
毎月貯金して居るとの事だよ)
貴子の件 彼女も話せば好い人間だ。内緒だが僕は
将来、妹、今として交際したいと思ってゐる
彼女も近く好きな人と結婚するだろうよ。上手くいくかどうか
ぬかは運命なのかどうなるか?(力になってやる積りだ)
君も親切にしてやったらよいだろう。親族の不幸娘だから付
一人でいそがしいだろうね。倒すぬく景気を入れてやろう——
そうして愉快にほがらかに聡明に生きて行きたい
国から、手紙も出したよ。僕は不用のお使と一緒に出した
心配なく、何かの間違いで一着かないのだよ。よろしくね
まあたまも有難う(茶腕はいりませぬよ)不要買ふな
4では大、致、偶々幸を祈ります。

お母さんへ

十二月二十日　晴

干柿、写真、小包受取りました　非常に有難く思ひます
懐しい着物、上等な帯（上品ですね）ねまき、襟の新しい襦袢
足袋、それにまあすばらしい羽織、好い羽織ですね　こんなに好いとは思
ひませんでした（仕付もついてゐる）
本当に有難いと思ひます　しみじみと親の恩、有難さ
が身にしみます　早く着たくてたまりませんが　近く正月
ですので楽んで正月迄に辛棒して　元旦から始め
て着始めようと考へて大切に整頓しました
次の日曜は着物を入れるはんびつの様な箱を作ります
手紙を書いても送って頂いた品物がちらつきます
こんな嬉しい気持、内地で考へればおかしいでせうが
異国へ来ると不思議程心が躍踊るのです
下駄、又すばらしくてぴつたりした気持を考へると一人でに笑が
出て来ます　何んと云つても出来もしないが　下駄に着物何んて
一寸考へられなく　洋服（軍服）と上靴ばかりなのですからね

ありがたう　昨日、喰べました、上手だ美味しかつたです
今日はお客（友達）が来ていたので出さうかと考へましたが
昨日大分出したから惜しいから止めて、酒保で買つた菓子
等出して止めにして明日の楽しみにして置きます
宇治茶は正月飲み始めすることにしてゐます
ほんとにいそがしい中をよろこんで有難うございました
お母さんも大変達者だそうで何より喜んでゐます
郁さんが死なれた由謹んでお悔み申上げます
又それで五七日にお参りがてら御会合の寄りに行かれたさうで
さぞ御疲れの事と思ひます
後は十分休んでゆつくり、おこたつにあたつて元気
になつてゐて下さい外は、寒さうです
小包二つ共、そう傷んでは居りません（然し、こちら着
いてから中を調べるらしく思ひます（危険なものが
入つてゐたらいけないから）　先日日用品を（軍より）色々と頂戴

しました。之の間は恩賜品(煙草)を頂戴致しました(前線の兵達に我等に聖旨傳達がありました。皇恩の有難き極みであります)

私は相変らず元気で張切ってゐます。是の間から少しだけ寒くなりましたが内地よりまだ暖い

僕おっしゃる通り無理をしないできばってゐますから、どうか御安心を(下さり)なされたら、こちらから何か送りますが、まあ僕等がうるさいので止めにして置きます

又其の中に、いそぎませんが、鏡(ひげそり用)一ヶ願います

お母さんの寫眞を送って下さい

また八橋盆茶碗等はいりませんから、どうかやめて下さい。思ひましたから

では今日は之れで終ります。「お母さん」おやすみやす

母上の御多幸を祈り二十日の日誌を終ります

お母さん 桐夏さんも元気でせうね
十二月二十二日 日曜、小雨
音なく小雨が降る。降てゐるのか ゐないのかもわからう
ぼんぼんと細い静かな雨だらう
千辰も休んだが 仕方がないので ハンビッ代りの桐を作る
酒屋で牛肉の桐をもらつて、上手く蓋をはずしさんを
打ちつけるわけです(二時間程修理がかゝる)
風呂へ入つて 羊羹を食べて 茶器で熱い茶をのんで
汗をかきながら 懐しい 雲をのんでゐるんです
別に変ったこともなく 今日警察で二十六日は炊事へ
「餅をつく手伝いにいくことになった。どうなるか解らないが
そんなものです
桐夏さんも元気でせうね 皆様は 僕も桐夏さんも風邪
一つ引かぬ元気さで 実際、男だけ健者だといさ、が 男信が
持てますし、来る時には、桐夏の健康方面心配して準備
を一ますが 来て見て 案外ひようし抜けの感がするよ

それから賞與金（金参拾五円）は送金の予定と云ふ

軍の経手続上で規定貯金（金四拾圓本月よりずーと続ける）に入れて頂きました、故御承知下さい（現在高金七拾五円也）

本日、金貳拾（圓也）送金しました故御承知下さい

次に送って頂くものは別に急ぎませんが暇な時に

(1) お母さん寫真（机の上に飾る）

(2) 鏡（ひげそり用）風呂に持って行けるのを

(3) 夏の寝衣

(4) 風呂敷 で（どうせ包むなら売りの結婚の時に頂いた物を包んであった、横しまの風呂敷を願ひます）（一つ目分のは持って来て机にかけてゐます。仲々よろしいです）

(5) 帽子（白鼠色の薄絹がありましたねあれを四つに畳んでかまひません故、常に帰営用にして使ひます故）

先日受取りました小包、傷んでゐませんでした、仲々上手に荷造がしてありました、（が破れる様なものは注意しないと破れるでせう）

今日は之れで

「お母さん おやすみやす」御多幸を祈上げます

（第七號）　出　章子さんの十七日付ノ便リ見ナガラ

十二月二十三日　晴

お正月が次第に近づいて来ましたね　張つてある廣告にも「賃餅致します」が目を引く

相変らずお元気でやつてゐるから皆安心下さい

お母さんも此の様に元気で何よりです

金はいるが茶碗等は買ひましたか　間に合つたら止めて下さい　家計ある方が便利は便利ですが無駄な生活になりますからね

それから田中様は第二週に出したのに「前の人」とは不思議ですね？

特に手紙を出される時には必らず「第何報何日發の便り受取ると」を始めに書いて置いて下さい、そうしないと前の人のか前いたのか解りません故に

お母さんへ
章ちやんへ

當地にはもう少し早く来たらよかつたと思ひます、去年あたり来ていつたら非常に都合がよかつたらうですがまだ／＼若いから遅まきながら早く氣が付いてよかつたです[illegible]よ

貯金は見てゐる間に出来ますね　内地では仲々貯金が出来なかつたのに、普通にやつてゐれば残る様になる人ですからね

三度々々食事も仲々美味しい　好い風呂もあるしほんとに結構です　それで國家の為めに微力なから盡せるなんて一石二鳥とは之の事ですね

朝早く起きられないのが残念ですね　八時にならんと夜が明けないんですよ　仕方がありません

十二月二十五日．小晴．古参連の昇級祝だ

向ひの雑貨屋で野菜、20銭、コンニャク二つ（十銭）ふ（十五銭）玉ねぎ大7 小サイ

ほうれんそう（十五銭一八）葱（伊ろ高いぞせう）買て、嫁さん持ち

の人がうなべを借り、電気こんろも借りて来て、独身者

ばかり一係五人がお祝の為め一ぱいのんで大いに気焔を

上げた、切締スキ焼だ　肉は豚肉、一斤一円で仲々上

牛くて、かたくない、牛肉と味は同じだ、看板には猪肉と

かゝげて豚とは書いてない不思議だ　それに、ほうちようの

大きなこと、人間の首でも切れ様なやつで、内地の様に薄

く切れない、こまかく切る、つまりこんにやくの如く切れるよ

珍しくて、面白いよ、室内も、清潔ではないが愉快にやった

あるだけの歌も唱うし、歌手も歌った、酒は一升一、八〇銭

裸踊とか、好い酒気持よって廻る、五人で一升と、ちよっと飲まん

肴もなくなるから相当ごきげんになった

外でこれだけやれば、まあ、五十円はかゝるだろうよ

最後近所のカフエーでコーヒー（五はい）をのんで解散す

コーヒー代　行人で　味はいゝが、一ぱい二十銭だ　安い方これだ　酒なんて

飲めば国をむくね、死金を使ふのは馬鹿げてゐるよ
五月も近ずいた 酒保で明日は一本頼んでわけてもらふことにしよう
ではごきよう「おやすみなさい」 うーい 好い気持に
この文のつく頃は 正月だろうよ
「明けまして お芽出たう
本年も 相変りませず……」

十二月二十九日　晴

只今着いたばかりの手紙を読んで喜んで居ります
ストーブがどんどん燃えて仲々暖いですよ
皆様に少しも心配なく元気でお暮しで何より
嬉しく思ひます
お母さんも大変丈夫になられて、ほんとに結構ですね
章ちゃんには毎晩小包や手紙でお母さん代筆
に出してくれて　ほんとに便利ですね
手紙は「第四、二十八日発」は四日に受取った「二十二日小包受取へ（手紙）」
第二回「十日発」　第三回八「十七日発」　第四回「二十三日発」
を只今読んで早速返事を書いて居ります
為替は「十日発」の手紙で五十圓受取ったとありましたが
軍の送金はなかろう安心なされます　五十円も大邱へ
貯金したら足らないでせう、十円は足があるでせう、足らん分は
どんどん出して使って下さいよ　お母さん毅章子ちゃんの
小使は遠慮なく「与へるもの、喜び」です故　少ない
が心よく心よくんでお使ひ下さいよ
昨日は事業室、夕方は同会の大掃除、
をしましたに　いよいよ正月です

2

同室の人達も皆よい人達です、事務室で一番
仲良くしてゐる人達で事務所の上品な人達で皆仲
良い連中です。国分寺はまったく一千年の都ですよ
室も使ってゐるので行ききは自由です　そうさびしい
ところの世間はありませんね
飯ももう十程たべました、ほんとの飯で仲々おいしい、
酒も買へば買えもう入るし一升正月用を買って
部屋付の者四人とスキ焼きをする話がついて
ゐます。
三度の食事もわり麦は入ってゐますが外米のこと
を思へばずーと美味しい　朝は味噌汁に
相当なものです
私のゐる本部の中本部（庶務）は優秀な人達ばかり
で年ばの家族持ち殆人で若手何人で若年です
それもたいがい軍書級の上品な、まじめな偉い人も相当ゐる
かなりいます（他の部には感心しない人
様ですね）毎日愉快に希望に溢れて生活してゐます

今日は閣下の各室、各病舎の巡視も無事済み
正月の準備一切出来ました
異国の正月は兵隊の時に一度やりましたから之で二度
目の正月です。此の様なお陰で良い正月が迎
へられそうです。正月は四時頃より天津神社に参詣
して遥拝をしに行く約束が同室の人と出来ましたから
約束しました に煙草でもらつたでかい餅を四つ分けて
ストーブの上にのせてあります。あゝよい臭がしたと
思つた相当こげました。今醤油をつけて喰べてゐます
周りの人は皆自分の故郷の正月を語つてゐます。僕は紙
凧とか火縄の話や、蛸とりの田舎は八幡参りの
話をしてゐます。聞きながら餅を喰べながら話してゐるんで
す。

3

それからの後は是の間云つた写真どうしてでもう何
にもいりません。故郷が送つてもらわなくても結

4

構ひます 心配なく 入いるものがあれば云ひます
故勝手に送って頂くと無駄な贅沢な生活にな
って、此文来たのか何んにもなりません故一応断
って置きます 之の点、念の為申して置きます
それから少し贅沢になるがアイススケートを二十円でありま
したので友達も買って遊んでゐます 今晩買ひました
明日より遊びにいきます
他のものを倹約してこういふものを買ふのが僕の趣味ですから
故止めなんでなさい危いものでありません 僕のことだから
大丈夫です
この手紙は二日か三日頃に着くでせう
そちらの方が繁盛して正月を迎へてゐなさる
事と思ひます
遅まきながら
お母さん御目出度うございます
本年も相変りませずどうぞよろしく

呈上へ

一月六日 快晴へ（待ちいねし 京（今日）一珍客 文の紙（神）

本日「元旦」の午後 矢ケ崎ー に 相変らず
名文句 感じ入ゐます
京の初詣りの足影が思ひ出されて 流石に懐しく
なります

「着初めせー和服の運び 京の香」

如何か新年は久振りで友人の家へ和服でよば
れにいきました、その様にして家庭の団欒を
作りつゝありますす故 楽しく生活出来ますす
孤独感はなれるに従って自然減少していきますす
が未だ 穏やかな感情で慰藉されると
云ふ点、之れは殆んど認めそうにはありませんへ
が何んとかなりていく希望はありますす
（若人よう）ですす何事も

一文 芸人な物まねして つと大きい 喜び 印ろ 希望
が出来ております

十二月頃より近所の中学の夜へ夜間支那語を勉
強にいく計画を立てゝゐます
アイス、スケートは相当上達してスピードも出るし
ころばなくなりましたし「人も上手いな」と云は
れる程度になりましたがまだ色々な藝をするまで
にはいきません　片足で滑つてゐられる程度です
全くスケート場に恵まれてゐるのが幸です
仕事の方も自信が出来て余裕が出て来ました
何事も割合に順調にはかどつていきます
万事計画通りで喜んでゐる次第です。御一
安逸に慣れず一段進歩せんと意気込んで
おりますから何とぞ御安心下さい
商売の方も割合にいそがしいそうで結構ですね
2 又株の利息の事とも面倒なのによくや
つてゐただいて誠にすみません、有難う御座います

よい兄さんを持って幸福です。人に自慢したい様、
な気がします
お母さんも達者で元気で正月を迎へられて
何より芽出たい正月、心より祝福します
日記帳、「白紙の中に希望と期待の綴らる様に」
に、同感ですね。内地は内地の日記はあ
りませんので安すらんでよろしい、武運て欲しい
と思ひます。又「ついでに僕の課長、佐藤中尉殿
暇に一度兄さんより僕の世話になってゐる礼状を一つ出し
て下さい。宛名は僕と同じく本部でよいのです」
御迷惑ですが一つお願ひ致します
元旦正月実際嬉しいのですね。では今日はこれで
しめます。今年も一年大いに頑張ります。
今後よろしく御指導御願ひ上げます
兄上の御健斗と御幸福を祈上げます
元日記　正男より
兄上様へ

一月廿九日（日）小雪

旧飛行場に於て、駆足（放課後）後外出する
民国スケート場に於て、少々滑る。引く時は
引くようにして、鏡の様だすばらしいスピードが
も出る様にはなったし、飛んで行く感ですべって
ゐくのだ。バックはまだ〳〵下手だ。
上手になる程面白くて、仲々止められない。
仲には五六才の子供もやってゐる
中学のもあれは断然上手い。上には
上のもあるしのもある。ホッケー試合もあった
が大学のあたりと違へてまるで下手だ
夕方帰って、葉の祭典を見に来すれ
なかなか来て、同窓の者と一杯、三個合内
でやる。缶詰をあけて、夕食の菜と正月の
残りの酒三合許二人で飲んだ

外で飲むのはあまりに馬鹿らしい
死金で生きた金なる何かに使へる事には
なるのだ……。今日又貯金の中で事業
債券を拾枚買った。当籤するつもりでなく
「滅私奉公」の念で貯金の金銭を
活動さす意味で買った。予定の方針
通、着々と静かに急いでゐる

一月十日月（晴）
豊子式の来たら又通知して下さい
まだ許可されませんか？
歯が少しいたむので早期治療する。セメンを
つめて頂いた。安費でしていただけるのだ
軍隊のお陰でありがたい
6「衛生設備は殆んど完備してゐる
ようは大樹の本」とか

十一日 火 晴

幸福な恵まれたる生活だ
何人の苦しない 何人の考へることもしない
悠々と前進だ
慾を忘れ國家觀念に立脚し職域
「奉行」を唯一本目指して静かに進む
偉大な平凡人たらんと修養しつゝ
毎日にこ〱微笑み一日を送る

一月二十六日　日曜日
寒気相変激しくなったが、それ程大したことはない
休みなので十時より隣室の矢野君、同室の
佐藤君と三人民団のアイススケート場に
遊びにいく。五六才の小い子より、若い娘さん達
青年達、男女多数入り乱れて滑って
ゐる。皆相変らずなのだ。僕は最近は実際
すばらしくなつて、少し足上げして闘を立が
しつこく練習してゐる程だから、週りを競走し
て滑ってゐるくらゐ、ぼろくそだ
一度見せたいくらいだ。二、三間程して一の安い、
子供達と仲良しになり（三年生）二人程相
手を一つなぎで滑って色々遊んで気持ちよ

く帰省した千代は天野氏と茶をのんだ
りして、彼氏弟さんと同タイプの人間だ
細型の秀才型でギターもマンドリンも拵
そゐるのでギターを引いてもらったが獨甘ったるか
中々うまいものだ甘ったるタイプで、常々は
支那語が通出来た頃は「速記術」を十時
吹込逸選してゐる、
上には上のあるものです。まだ二十六ッ才の青年
と聞いて全く尊敬する余りカー六年の
人物だアースストレード行って全くすばらしい
去年いうやってゐるんだからね、
数の中で偉い者でゐるも人だ
好い友達と交際出来るを喜んでゐる次第だ

3

今月は家へ本部より金貳拾圓送金した
学校から受取ったら返事を乞ひます
入用だけは遠慮なく取って下さいそれに
お母さんと達子の小使に取って下さい僕は
本部で規約貯金を金四拾圓毎月しております
合計、百十五円の貯金の出来ました
今日は休みの日ですから勉強は豫定に
のって居るので性深は（僕です）今手紙を書いて
ております毎週發輸日は水曜日に定まって
おります故そのおつもりでおって下さい
ではお母さんたちも
寒さのおり柄皆様十分体を大切にして
お母さんも風邪をひかぬ様におやすみなさいまし

二月六日　清（事務室で書く休みの餘暇に）

二月一日附のお便り本六日受取りました。大勢人揃ひ寄書して頂いて有難う。皆様風邪一つ引かぬ健在さ何よりの結構ですね。僕も相変らず健在で風邪一つ引いたことがありません。足の腫は凍傷に暖かくなって来ましたし、氷も凍ってゐるのがなく皆とけつゝある様子で天然のリンクはもう駄目ですで日曜日は租界内の民團スケート場、軍人は無代です故よく滑りにいきます。まあ、上手な方になって来て、後滑りし自由です。上には何ほども上のあるが、下手になることもないので遊ぶ諸めたや。でねえですよ故、何んといっても日本人ですよ。僕も今度昇給で八十三円二十五銭受取る身分になりましたに、全部軍隊でやって頂く

2

けふあたり十日程のお使ひがいけるんです
故大変結構ですが、これからはだんだん
上らなりませう。まあ、大陸の一般の会社
百七八十円に相當しませう
の世体持ちにすれば、どうでせうかね?

二月七日(金)晴

お前の二日付の清ちやんへの葉書受取りました
陣の二寸雪積、つもつたげなんで珍しいことですね
當地は新次暖かくなりて来ますが氷もとけ
つゝあるので足の具合はいゝだらうと話して
ゐるんです 明日は民國のスケート
場へ行く予定です
アイススケートへ行つて滑れても出来ますよ
つまり靴の悪いからでせう、僕の安さん

コクヨ

3

たから、特に滑りやすいのでせう。二三日前
は支那は一寸[illegible]雪がへつたので、やすりをかけ
させました。さうしないと、横すべりしてあぶ
なりから、片足ですべるのでも、擇あり
ません。内地でローラースケートした為め
滑走するのは、苦労しませんでした
支那語はまたく勉した自一年りしないと物に
ならないでせう。昨日の授業に二十分間程で
丁度三十の手習ひ、といふかつこうです

二月八日　晴（土）

昼休み一時間新聞を一通り目を通して時
間があまつたから、雑誌ペンをとつて
みる。元気は溢れるばかりだ
が何も書くことはない
そうして「箱根澤」日記と一緒に送つて

4.

聞きたい。本や雑誌は二月程で送れるさうだ。
此方でもらつてゐる。まうすうた月刊新聞の
寫鉄の様に様に紙をまはして、住所氏名
を書いて送ればよいのだと思つてゐますが、
明日は日曜日。嬉しい。アイススケートにいくのだ
は筆もなれて、いん能律がよろし
餘務が出来て持越し支那語も面白味が
少し出て来た。
十二月の体操は一日も休んだ事もなく
続けてゐる。自分一人ではなりが此方が揃つて
やるのだが、実、愉快気分のよいものだ
気候に体、操出来る程だから大した事
はない

コクヨ

二月十八日 晴（木）

今日はぽかぽか暖い陽春だ 体操をしてゐてもとても気分がよろしい ラヂヲも毎朝一層朗らかに聞えて来る

「我が世の春は来にけりしか」

毎日同じ事を繰返しながら静かに生活してゐるのが現在の状況です

支那語も暇を見ては校で相変らずやってゐます。今帰って風呂へ入って着物に着替へ熱い茶のんで、まんじゆを喰べながら、今日の事遊迎（青輪僕）故郷への便りを書いてゐます。

2.

火曜日は毎日僕のするお日課ります
「二月八日附」の小包十六日頂戴しました
色々送附して下さいまして有難う。一番くのを
楽しみにしてゐます。
(1) 豊臣時代の鎧兜の様子など如何でしたか。
(2) 支那の様子など少しは解りましたか。
「写真」見ましたか。僕のありのまゝがうつってゐる
でせう。ちよいちよい友達にとってもらって
ゐますから、又其の中にお送り致します。
お母さんも相変らず丈夫で何よりと嬉んで
ゐます。
皆様にし 皆健在で何よりでしたね

3

僕の方は云はずもがなでゐて様々ですね
ひどく張切ってゐます
氷も融け自からうピンポンし又そろそろ
やろうと思ってゐます
仕事は織筆である澤書として本にする
のが責任になってゐるのです
毎日同じ事で之の方面は平凡ですね
気楽でよいかも知れませんが
他——之れは間接ながら直接澤す仕事
で役に立ってゐるのですよ
書くことして居なければありませんの
今日は之れだけ、
では さようなら 御幸福を祈ります

No. 1

二月二十七日　曇後晴

明日は清水部隊、創立日で天津在の知名の士が多数招待されて大いに祝ふのである

今日は其の為め準備ですばらしいいそがしくわさしてゐる。僕は始めて珍しく人の中に立まざつて[illegible]記よくうろ〳〵してゐる

又宿舎内の壁のぬり替へもあるので実際雑用の多い一日だ。

午后休憩の時間に煙草を吸ひながらぶら〳〵歩いてゐる

「今日五月巻の報国債券一〇枚運んで頂いた」（午后一時過ぎ）

郵便局に貯金して置いてほしい

中には一枚位、当選しそうな具のがある様に思ふ（然……あれば）

豊家氏の来訪　如何なのか暇なのか[illegible]

No2

一度様子とか印象を聞かしてほしいと思ひます

支那語はまだ人に話す程度にはなりません

まあ、学校で習った英語程度で話す人たち

するのは、どうやら出来る様になりましたが

先生（センレヨン）、質問は一つか二つ、ようやく

解る程度です

大陸的にゆつくり（マン〳〵デー）でやつてゐます

ぽつ〳〵として春だと思つたが又昨今少し寒く

なつて、昨日は内地の様な霙がちらつき

ましたが外套がいらぬ程です

元気に又上品ににこ〳〵と笑ひながら愉く

とやつてゐます故御安心下さい

母上には元気のようですね

食事もおいしいそうで之れに越したる事は

ありません　朗らかにやつて下さい

203

三月一日 快晴

春ですね。ぼつぼつと書のラジヲ体操を

今始つた[illegible]。気持のよい天気です

大陸には楷しい程渡んでゐます

今給仕君が手紙を持つて来てくれました

「二月二十四日」附の手紙ですよ「十八日出」の手紙

も受取られました由、葛氏、僕が一番好いて……

何かし　口が上手になつたね

豊島氏は見直何んては悪りだろう、風さいも

ぱりとしないだろう。か彼氏課長に民河の

會社だがなるのだから、[illegible]まあ見らい方だろう

大陸の人物、大いした人は居らんが、二三人

優秀なのが居るが

小包の到着は些か間して非常に有難いかし

早速翌日一度航空郵便で出したが

No.4

二三日位で着くだらう。

実際こちらは気楽にやってゐるから、呉れ〴〵も心配しない様に、これで此がうつたら命令がないのだから、そうは何迄は御しません……

お母さんも毎日お達者で、美ちゃんも章ちゃんも皆健者、之れに越した喜びはありません。

之の上望むのは、總勝になりますね……

油小路も早速礼状と金弐拾円送金して置きました故、正さんに要しただけ勘定は勘定ですから故とって置いて下さいとお母さんによろしく

章ちゃんが御礼を云って取って置いてもらって置いて下さい。

265

二八・

二十八日 創立紀念日 実際すばらしかった

防衛司令官閣下は臨席になった。

総領事の挨拶、民団長挨拶

天津市長、並に何人かの支那の

人の挨拶 これには甚く通譯(支那人)が譯

したが相当な日本語なので皆感心

した

演藝場は仲々大したもので

天津租界の一流の藝者の日本

舞踊を始め カフエ 等の女給さんし

コクヨ

No 6

の舞踊之れはまあ子供だましみたいなものだ又軍属軍人素人の優秀なのが八もこれが、派は即席やったが比り桐島たのもしいのだった嘗て見た商売一下合品で一はりやり合いら比り、大いに祝金はいを上げた葉はあの「モボタボーイ」を一席やって煙にまいてやった、が皆々それぞれお國音弁で中々味をやりよる

愉快な一日で夕食は折詰で、宿舎でゆっくり

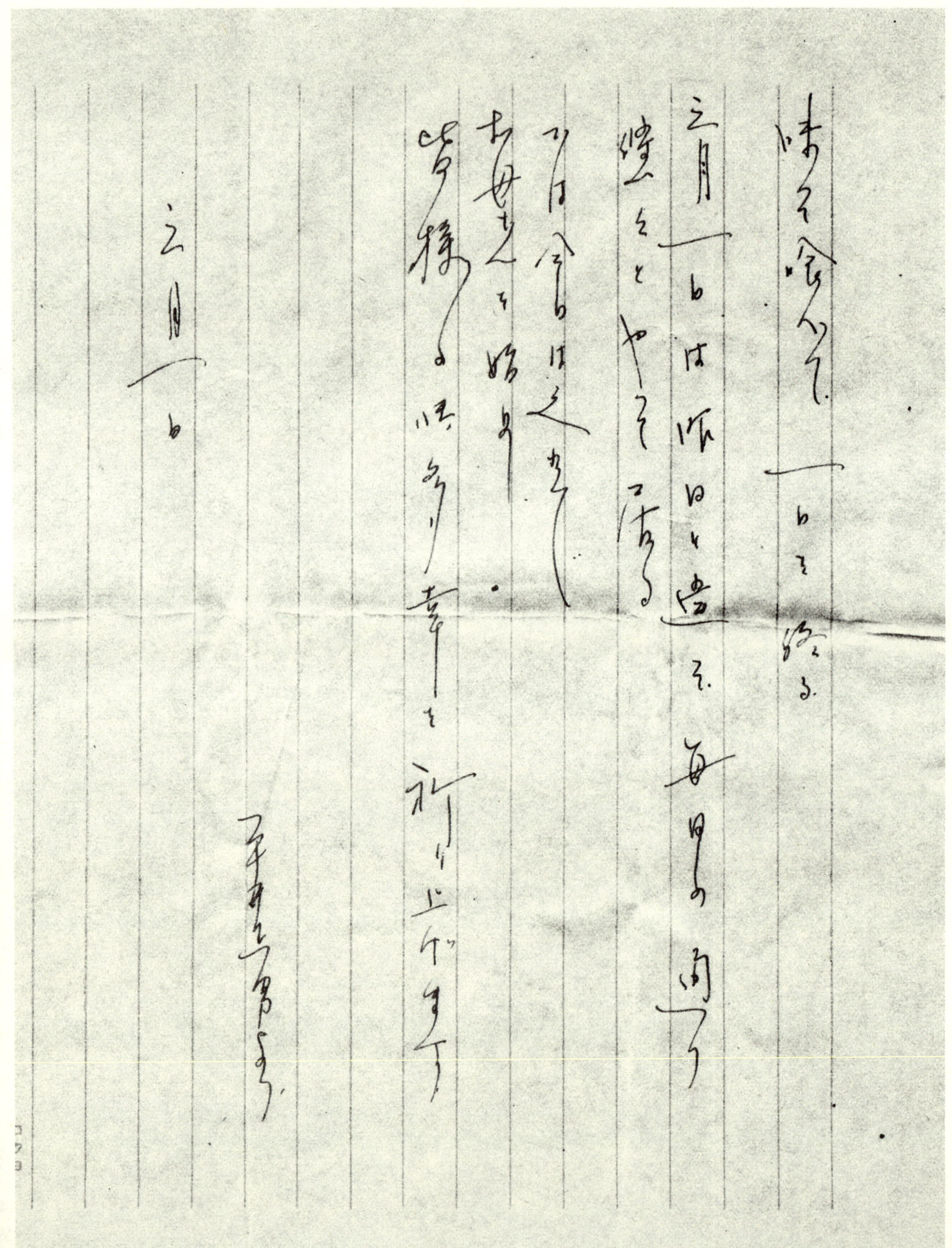

時々会って一日を終る.

三月一日は昨日と違って毎日の同じ
練習をやって居る

では今日は之で失礼.
お母さんと姉弟
皆様の健康と幸福を祈り上げます

三月一日

平井三男より

「二月七日附しの御便り 頂きました 有難う存じ
ます。
三年の新時代を迎え 決定付けました
又歸継の儀式されたそこで 仲く 面白く 總て
時代を考へますし
毎日大変暖かくし ほがらかにして いますか。
なつかしい… 歳月を大いに 大陸の陽
春、如何かと さぞ 思はれると 次の体
はに 計画して居ります
佛国も 最近は 人を出さなかった
当然 支那語は ヒンポンに 翻訳させ

2

一ぱいだ　忙中閑で悠々たる態度を取つてゐますので、内心相当いそがしい

支那語も最早興味が出だした

「ピンポン」を主としてロングばかり練習してゐるが毎日の休み時間やつてゐるのでますます上手な方になつた。ショートは殆んど駄目になだこのじらいだと云ふ種のピンポン場でも人が見ていても出来ると思ふ

テニスはすつかりだ

アイススケートが駄目になつたのが残念だ。

3

冬が又早く来ればよいとさへ考へる
大陸の花いくらかの興味をもつて
待つてゐる。
今月末文藝賞が開ける事になつた
家人達の手紙を取つて置いたが
う。又要取つて置いてない
部隊長閣下代り作戦閣下
来られた。又新編入者も数百名
のりかへに来る。
連絡の軍団一名軍曹（衛生）が軍
にも来る。頼のもしいことだ

201

三月拾日 晴

十日の休日は租界に外出する
又少し寒くなって又風がびゅーと吹てゐる
仕方がなくて活動を見る
「春風千里」「親子鯨」でエノケン、武蔵渡辺篤
川田義雄が銀幕で活躍してゐる
たまに映画見て又よきものだ
誤楽本意映画だから見てゐる間だけ
楽しめる
夕方は酒保でピンポン 一ぱい飲んで休みを
終る
平凡な休みの一日だ

Vo2

三月十日 火 晴

昼の体操は実際気持よい
春だ さんさんと陽光が降りそそいで
からっとした風は寒い
午後の昼休み 主としてピンポンをしてゐるが
数の中だと気になり ロングばかりだから
五分一時間もすると疲れる.
英語もやってゐるが 練習を十分にやらな
いので 僕は学校の時間からからんのだ
力はつかん. よいかげんなものだ
かせられて仕方のないので こんこん
でやってゐる
仕事のは十分なれたので 非常に楽にな
つた. 悠々とたすのだ

「二月一日附」の御手紙拝見しました
京都の方も大分賑かになつたさうで
電車の件で喧しく騒立の
利つゞきゐる
航空郵便はやはり速いですね
関信も当分さうなりますか あるでせう……？
又拾円貯蓄して頂いて有難う
宮崎の空気にやつてゐる状況がよく
わかりませう
又大日本の機械株も私債有難う御座
います
其んのためさん姉がお産ださうで
うめよふやせよで結構な事だ

2

満足出来ない 其の中には又よくなるだらう
気長く待つことに仕ませう
悪いことも悟りには決して喜い事嬉しいこと
の様なものです
お母さんに皆様に相変らず達者
なく健元気で何よりです
昔與よさんの事で僕と一緒に働い
て居たに人がいなくなるのは閉口
天津にある華北交通に勤めてゐる
人が僕を軍隊一緒の人だ

3)

二度程会って大いに語り合った
仲々しっかりした人物だ
すばらしい。家の腹の底までは、はっきり
わからない。母が悪くなったらしい。會社
より休暇をもらって帰ったのださう
うな？
では、今日之れで失礼します。
此の様に毎日朗らかに満足して希
望をもって生活される様祈上
げます。
筆 さようなら。
十三日夜。

コクヨ

103

十曇、後、はれ

シエンツアイ（現在）八時五十分　仕事の為にペンを取って

ゐる。人が続々と集って来る

タイピストル二三人　やって来る。

既又今は一日の務めに入らんする

暖かい　シャツ一枚でよい程だ

今日一緒に油谷様、河合…の千住にそれぞれ

絵葉書の便りをして置く

この頃は夜　女とよく話して出て行かる　淋しいものだ

語り合ってゐる。面白いものだ

時間の早くたつのも残念だ

では中尾様お身体を大切に

（部隊長閣下が御栄転なさった）

No. 1

二月十四日 晴 金

佐藤閣下着任されまして晴天、一月途中に難打する

後着任の挨拶あり 二十五条まで成等の心得にあきしたさる

天気清朗 季節の前途も澄み渡ってゆくだろうの感を深くする

午後ラヂオ体操をしてゐると ぽっとして快、感を覚える

春日。若にはし人の心をして人々に陽氣に調うらにするのか

然し そよ吹く風とはいひたいが風はまだ寒く、内地の様に柔かくはない

コクヨ

No.2

食事も見栄は悪いが仲々美食に富んだ食物ばかりだ 変ったものも多く いもめし「大根めし」等も 汁もあるが仲々美味しいものだ 晩「一ぱい飯」ではチト足りなく思はれることもある程だ

食事后は一服しピンポンをやる 好きな連中ばかりで仲々上手いのもゐる。まずい僕では駄目だ 然し練習の為めか少しは上手になる 台より二尺程離れて打ち出しはロングばかり 来年には英語と共に同じく上達しゐくだろう?

No 1

三月十八日 火 快晴

昨今すばらしく暖くなって来た
ぽかぽかとしてシャツ一枚で運動して
ゐると汗がにじむ程だ
閣下も代られ、佐藤部隊となり伴う
緊張した空気と一変して来た
前よりかなより一層よくなって来たし又
新に数百名補充も来て庶務の事
係で一名新しい人が来た
増々基礎は堅実になって行く

No2

日泰伊中・同出席 関満交渉係り
次第に晴れ渡ってゆく大空、雲無の出
関東軍 幸あれと祈って ペンを置く

三月十九日 水 晴
今日も快晴だ 春だ 内地も櫻花咲きそめし
美しいことになるだろう
暇な時 櫻の押花を手紙の中に入れて欲しい
さてこちらは何か咲くのかな？
大陸の花の様子も 其の中に 送ろう？、

二月二十日　快晴

出勤して外はまだ何かあるのでぼんやり
大煙草をふかして昔をねる
ゆかう〳〵と出勤して来る。お早う〳〵お早
う、済ますしと仲とやがてにしらいだ
意外に目をやれば、とても明るい陽気だ
柳に風をふかせしたり……
若人を何だか浮き〳〵さす様な春
人の心もかくありたいとしみ〴〵思う
春の如き明るい暈しさを接する人に皆
与へんと決心しよう。　（二一四時分）

三月二十一日　金　晴

昨日の暖かさはすっかり無くなって、また寒くなった

今日は祭日で休日だ　問屋が休んだのでゆっくり勉強する

何しろ言葉を覚えることではない

其れは例へばピンポン仲間に上達しないものだ

テニス見たいにピンポンの毎日する人勇ましいものだ

支那語もすーと上達の早いのだ

又帰る時割には加給器として酒が出る。

きゅっと一ぱい湯のみで飲んで帰る

今天（今日は）完了（終り）にする　これで[illegible]

キンテン　ワンラ

三月二十三日 晴 風サンアリ
日曜日とて北寧公園を散歩する
相当大きな池あり ボートあり 樹木、小山
図書室等あり 支那ノカーニヤン（女） 日本ノ女ノ
女性等が割合に華かだ
廻朗を廻り池を見 風景を賞す 健築
物も支那式 極採色をほどこしてあって
相当なものだ
然し ニュース迄すで見る程美しくない
なく端の方へ行けは相当な風にかわ
蒙古風がふくのだろう 隆い池の水に
波が立てゐるぐらいだ
入場料もいくらか要するらしいが我等は無代だか
ら知らない
警察も無代ならぬ兵多が支那人思いこと

2.

要するに支那の人とはある面不幸な奴

自然を要するといふこと、京都の様に風光明媚

といがない　こんな公園にいいが唯一の散歩地

らしいとはあはれだわと思お

平凡六劉程度は美しゅうにが、めらす

ぴくしているきつい表情が多い

植民や風景の表情が少し思考する

北京あたりでは、仲々さうでないともいへてゐる

が見てはいけないのでわからない

ボートに乗る。乗馬は特別安じに乗せてくれる

がやはり代金はとります。一点（一元）（一時間）

絵をとり様だ

気が出きたへに、あきやが所を見せるがボート

3

駄目だからたいした事はない。橋の下
側り池の廻り弄じる／＼廻る。陽光の降
りそゝいだ喜々とし／＼たはすもれる。春の一時かの？
日本のペンクーニャンパチリ／＼と写真を取って
ゐる。一つ写してもらうと思ったが眼鏡を掛けに
面白い顔をしてゐるのでやめに
おもろい顔の人は、ほうがタイプの多いものだ

三月二十六日 晴 水曜日

お母さん 皆様お変りありませんか 毎日お健在の事と察し上げます

僕も相変らずピンピンしております

一度こちらから何か送りたいと思っておりますが手続の事

非常に面倒なのでね それに税関事務によって

でかかるそうで 話に届けなかったので よう送らない

のです 作戦員にに書けばよいのに 残念ですね……

最近は何にも変ったものはない 洗たくも風呂場

でするので簡単だ 洗ひも支給されるので

三日一回洗たくして 清潔でよごれたものは着

No. 6

No. 1

看た事がないくらいだ
昨日は又寒くなったが 今日はもう暖い ストーブ
引下げられた
「逆照はさみ」を昨日買ったが 炊事場の前へ 九才
の小ボウハイ（子供）が売そゐる「針包」一銭一個
一ついくらかと聞くと「硝子アール」一個一個二銭と
こそゐる。大へ貴、高いと云ふ高くない
とつおいそで五つ買ってやった 竹ーでこーろ入れ
しのでじ 安いものだ
ピンポンも割合に上手になったが 上手になると
よく玉がわれるので困る
では今日は之れで 完?
一郎 にします

二十一日
今日、劇は河原郎しく「私は犬」があるし
松竹と日活の「おしどり歌合戦」しゃ悲花、
映画、一寸用が出来て見てやりたり見てみたりして
面白く愉快だった
此れ今日は涼しくなったり寒くなったりしますからね
月末には七十円余り費用が家へ送金されます故
又貯金しておいて下さい

2

一日 晴

今日あ卯す金魚売ガラスの器と金魚

四匹買った 明るく開く金魚だ

いても楽しく一の楽らしく泳いでゐる

柳も芽をふき出しはじめ入れてある

毎日ぽっくとした暖っき 春日暖です
ラヂオ体操をしております とても気持よく、大変気持よいです
毎日例の如く机に座って字を書いているのでしょうか、
退屈を感じます
下り者生来たので 最近は鍛筆、従耕はじめて
洋書は読んで来ましたがしかし忘れて大分ぼけています
同封の写真は北海公園で戦友に写してもらっ
たのを引延ばしたのです 前に送った写真と
同所です ハつちの家し 冬にはアイス、スケート
をした所です
あまり上手には描かれてゐなりませんが 代ではよろしく
かないのが書き残せう
僕は相変らず健康で暮して居ります
何卒御安心下さい

当ったんし十五日に発見 今から春ですね
多く見合はして一番好いのをしらたら
よいでせう
俺は運命の神にまかして——
がだいりたい平井家はくじ引して何んでも
よいのだ「詩」の為た何の為いあります。
是ねは一生一度の「くじ引」だから
過ぎすは引い将来の為にさし
考へられますね
之れは凡談ですね。 呵々大笑

衛生掃除はすんでやれ〳〵ですか、谷崎の家もきれいになつたでせう。の荒地けとは宅の方がずつとよろし。狭いといつたら話にならぬでせう。一家族四疊半が二間あれば上等の方で、我々など疊一枚ぐらゐの座敷をとつて居ます。軍隊式に整頓して便利よくしてゐるのですが化粧もろくにしませんよ。其の後日本は家はかなりゆつくりしてみませんね。大凡一軒の家に住んでゐるんですからね、競べものになりませう。がこれは大陸の話ですよ

四月三十日に二十日は受取って頂いたそうですが
これは毎月のことですから、着くのが當然で、
でせうが ボーナス五十日程遅れますが、
は遅れて来ます まあたいがいは會計か、
遅滞します故
「それからおりそのいでせうが、「セル」
浴衣」「ズボン」「カッター」位のが残ってゐたら
早く送って頂けませうか
右取敢ず御依頼申上げます
では皆様の御幸福を祈って
今日はこれにて失礼致します

お母さん

小包昨六日確に受取りました。

毎々色々の変つた籠つた送り物で唯有難うございます

頭がさがります

ほんとに有難う御座いました

品物は全部横濱など安全です

浴衣も仲々意匠が並で結構です単衣物も

仲々上等ですね

「襦袢」「肩掛」「カッター」「ズボン」「チョッキ」、本[illegible]

皆欲しいものばかりで大変喜んでゐます。

「あめ」も頂きました

「食物」の方は当地は何んでもありますから

そう珍しくもありません
あれも当地は何んぼでもありますよ
面白き事は三才だ十才ぐらいで何処へ行っても貰
っております
たまには買って喰べております　この夏は
少しも心配なく当地は名物に不自由
を感じる様な事はありません
お爺の為いだけで金銭を出せば何
んでも買ふ事は出来ます
ほんとに嬉しくおります故　少しも心配なく

お母さんの江年代し大変有難く嬉しいです

て大変お健者は何よりです

当地も初夏です。左程暑くありませんね

わざわざ着物仕立をして頂きましてほんとに済み

ませんでした

有難く着る事に致します。

又お父さんの十三回忌を六月五日に

なさったそうですね。結構ですね。

嬉しくする。お供をしなかったですね

又是非一度が遅まきでよいから何かお供

養にて代りにお祀ひ致します。

「[illegible]」です。毎月持け、幸子と一緒に

要所々残りを続けて下さつたら、結構ですね
後は相変らず身体だけは、人後に落ちて
ません故安心下さい
御主人様方も夏季は特に注意する
様にされて下さい
では時節柄一層健康に注意して下さい
先ずは右品の到着の御礼迄　早々

母上様へ
喜子様へ

六月六日　正男

「梅雨ノ候」トナリマシタ 皆様には何のかはりもありませんね
僕も健康ですから御心配は要りません 別に何も変った事
もありません 元気ですしね
そうして この月より五日ほどから 学絵に事を定期
ボーナスがちっとも頂けます 新月の末には到
着するでせう故 又許して置いて下さい
毎日学校に通ってゐますが来週より夏休みになります
ピンポンも仲々あやしやで 義ちゃんと宗ちゃんと
もう僕のすごい球は打てないでせう
この夏は又水泳をして遊ぼうと考へてゐます
この間支那語の試験があった 初め五十人以上
居たのに漸次減少して試験の時は十四五人
だった。僕は八十二点 一番6たが 一人あった

七七ちたし 柯家あり 平的へ 真人(じろ。にと) 老師(ロウシ)(先生)
かえって中國語(コクゴ)、頗(テン)難易(さ)しければ、困難なしりだ
又最近は、健兵対策として、野球遠足(ピンポン)
奨励されてゐる
野球も其の中ケームへつうええ考へてゐるがピンポン
あなたが適応の運動ーい
私は浴衣に着かへると大善のびしてと気持がよい
又浴衣が上等なので「流石は京都の人だなーし」と
感心してゐる人もある
つゆで二三日降つたが昨日より又快晴、
それ今日は之れでさようなら
母上様へ
2.

1

御母さん御変りありませんか。相変らず健者。ラヂヲ体操と銃と書二回励行してゐます
仕事としては字を書くのですが固い字楷書ばかり
でかなり上手になりました。（やはらかな字はまだ〱下手です）
もう大分なれてきましたので、何も珍しくもありません
内地と同様な気がします
緊張した生活で銃と腕は実弾があります。無断
外出は禁じられてゐます
若い者としては確かに身の為めで、品行方正となり
貯金もどうしても出来ます　結構なことです
これからの青年は、よろしく、かういふ生活をすべきで
虚栄に生きず実質に生活しなければならないと
痛感します　私の考へ通りで嬉しいと思ひます

先日金七拾圓程ナ一回送金をしました、ナ二回、ボーナスとして二、三拾圓、それも、陣の方より母上宛に送金していただける筈です。とったら皆使つても、かまひません。ビ、三の間云った通り（母上は七円、章子は三円）はどうしても、志です故少しが心良く受取って、あまり性（僕の分は）貯金でもして下さい
それから蓄音機の針はじめにて下さい、何か八橋とおぼん（お盆）（茶入を二茶腕載せる台）丸でも角でも、何んでもよろしい、針はあるが、糸をかし
相当では何でもあるが、三、四倍すると思ひ、商人としては馬鹿らしくて買へません（高い）送ってもらつた方が得になると思ひます故
それに[illegible]味上げます（便箋も頼む）
華正さんも其の後如何ですか、ラヂヲ体操やラニ人とやって居られることと思ひます、又僕の分もよろしく
北海道の人物は人が荒いがさっぱりしております、伸こちりいです
章ちゃん どうしている？孝行せいよ。物が高い故送れない
結婚の時はまとめて進呈する どうぞ皆様体を大切に
新具

1

お母さま 皆様も御元気ですか
僕も相變らずじつとしてゐます
傷の分は割れたせいか未だ當時より
いそがしく思ひます
別に變つた事もなく下げは至元如しく
若手が出来たので、カー業に又カー行け
上に段が上つた様なものです。が、それ
けれ表信を持つ様になつたわけで極まり
開に事かけ
毎日の食が出た十日より夏服を着てゐる
有様ですが汗が出る程でありません
書体みはどこンポイとして進んでゐますが
大分ようくになりまはーーに

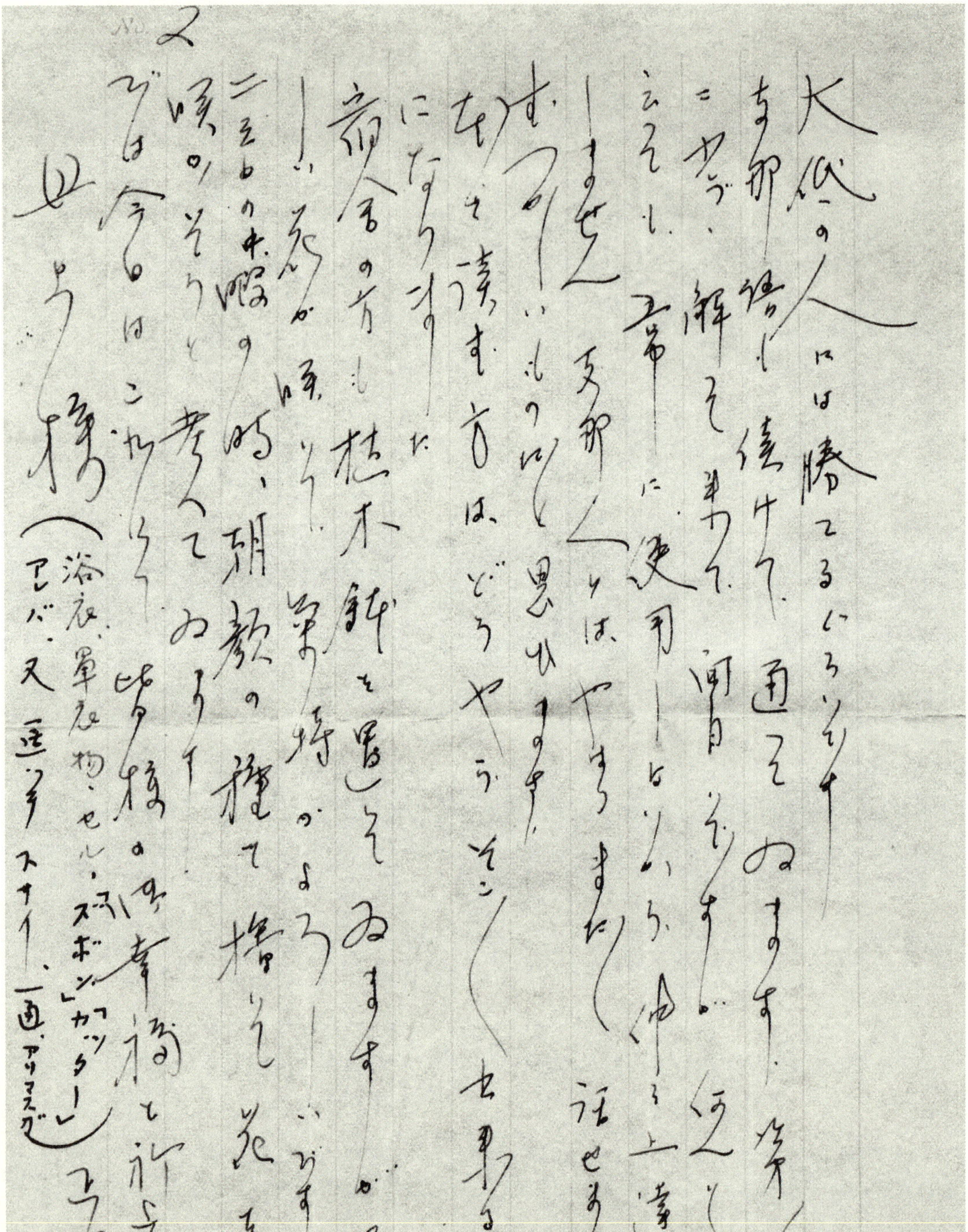

No. 2

大抵の人には勝てるくらゐです
支那語も結構通じてゐます。簡く
に分り、解って来て面白いです。何しろ
ても、常に使用しないから仲々上達
しません　支那人とはやりますが話せませんね
まづいものだと思ひますね。
私を護す方はどうやらそく出来る様、
になりました
前会の方も植木鉢を置いてゐますが美
しい花が咲いて、果物等がよろしいです
二三日の休暇の時、胡散の種で播いて花を、
咲かそうと考へてゐます
では今日はこれにて皆様の幸福を祈ります
さよう様（浴衣、単衣物、セル、ズボン「カッター」アルバ、又送ってスナイ、一通、アリマスガ）正男より

お母さんへ

毎時もお便り有難う御座います

僕も仕事も同じ、場所も同じで慣れた事

もあり仕事も一段上で少し責任を持

つ様になったけれど

部隊は同じですが「清水河」より「佐藤

河」と替えられて佐藤部隊と改称さ

れて方針も少し変って内部も

仲々緊張して一層気も引き締まり

当地も春で支那の春も割合に好し

気持です。其の中「写真」も送らせますから小

便を送って下さい。又貯金もして置いて

下さい。七十円程送ってますが今は之れで

正男より

へ

る

ハ荷物ハ未ダ受取リマセン 本日10日 書信確受取ッタ
(2)油小路ハ河原町ヨリ二日後ニ出シタ 子供宛昨日着キシタ
(3)夷川ハソレヨリ五日目ニ着シタ
(4)茶碗ハ不要 宇治茶不要 準備出来タ故断ル

お母さん 持之気で持暮しの事と思ひます
京都も大分寒くなったそうですね
風邪を引かぬ様に注意して下さい
僕は相変らずぴんぴんしてゐます 一まり
張切ってゐます
弟妹も健康でせうね 商売は如何かね
支那の様子は未だ全然わからぬ 目下研究中
衛生上心配したのは取越苦労だ、天津は気候か
は心配いらぬだけが自信がついた、それだけです
章ナどうだったのかね。
それから七拾圓送ったの着いたか(支那内京都郵便局)
二回目に軍より送る賞與金(何で母さん着いたか)
(2)送ってほしいと色々と前に書いたが便箋等はいらぬ
心配して色々送らんでもよろしい なれると何でもゆずり出来るから
以上 (1)(2) 時候 返事 時候 相敬上げ 敬具

No. 1

お母さん　お変りありませんか

今日は四月一日（晴）興亜奉公日です

八時半から式があります

又今日も起床も七時になってゐました

当番にぼくの番がつたのには張切って

やってゐますから御安心下さい

一昨日、今日は日曜日だったので終りの

北寧公園に遊びにいきました

様子を一寸話しませう。

アイススケート池もとても多くの人が満ちて

皆がスケートに集まって遊んでゐます。一時間二十錢

でそれ以上集まってゐると監視人がうるさく

ゐて、時間がたい、帰って来て居れと呼びに来ます

ボートは、金少して兵隊が多いですが優先権

って遊びに乗れますからでもし。

利して子供や家族連れを連れて集せて遊んで

ゐます。中には、男郎のりーダーや、掛って

2.

三四人集って何か話してゐるのもあります。

3

支那宮殿模様迄がとても美しいのです
中で図書部ピンポン室音楽設備大いにや
てゐるのであります
向うから図書部の生徒が新しく来ました
十二三才から十七才迄いろいろのとても可愛らしい
十七八人新しく来た生徒の一番大きな生徒の
音どで樹検正ます休想しております
頭には大きな蝶々の様なとても美しいリボンを附けて
ゐます　皆あまり可愛いので見とれて
ゐました　今私共写真を取りましたし

「いけません」と手を振っております

「私達、生徒ですし」それから貴方、皆、日本語でいっております

ハーモニカを吹いて合唱しております「お庭の池の枯葉」と

が日本歌を唱えばぽちぽちと横に居た二人

の女様が手をたたいて「ヨイデスカ、ワカリマスカ」と

云え、又「君」が代して来る分程吹いて止めて、黙

ってにう話しております

4

微笑を日支融和を祝福する様に「春の日指」

が何の人にも照らして呉れます

No. 5

十間程いつた土堤の上に桜が（何の桜か）一本立つて八分通り咲いて皆を立ち止らせて眺めさせます。見てゐる中に内地の桜を見てゐる様な気をさせます。

けふのグランドでは蹴球をしております。野球の練習をしております。「ロバ」に乗つて「グル」廻つてゐるのもあります。内地で見られないとても廣い公園地平線には森林らしいものが殆んど無くて見えております。当地も捨て難いものがあります。

No.

師父達「スパイ戦線」をつくしの猪突達映画を見て

師父の―に

ひは今日うれしく空ワンランります

みはお健者く皆様さようなら

四月一日　正男より

母上様

父上様

ソーパーがつかつたので予定日水曜日が来た
ました年賀も書きまにつりく出し礼ました
別に何もしなかつたことといつては毎日私
と暮しねました
が研究だけは続けたし週けなり積極的
ですし宿舎の務務で掃除やら
何しやうてみてもそれをくてそれに
生活も一段とでやつてむつかしさから
別れたので大いに気がない下には一人出来
た様なもので分けは自分になつたが
素直に要りも覚えて聞く事だ
支那語も仲々まつりくなつて来る
なかなかだ
ピンポンだけは相当じやのだがなー
どうも支那語は中々上達しないものだ

2.

未だ晴に比較すれば、大いしたものだが、仲々
周囲に活せないものだ 遅々たるものだ

お母さんも、は喜しくして母姉も健在で
結構です、満足の様子で高野山
へ八を詣さん弟といかれたそうで、大へん
喜んでゐます
仲々有難い所だそうですね
どんどん変った所を見て益々健在
にほがらかにお暮しなさい
僕はそれは真面目にやつてゐますよ
そう出世も一寸早く偉くなろうとか浅
ましい考へがないから悠々とあつさり
とやつてゐます それで目方もふえ
益々健康になつていきます

有難い事ただ感謝してゐるばかりです

がしかし遊びぶらぶらしておられないので

又期限のきまりがあれば、はつきりしてちやんと

一人前にやる決心です。

書物も新聞も雑誌も見ます。

「浴衣」と、「寝まきの（どがらの良いもの二枚程）」、「ズボン」、全部と

「[illegible]買つて下さい」

カッターの良いのが、残してゐたら（現在二枚一番よいの表

持つて来てくれますか）又お送り申上ます

喜美ちやんも毎日いそがしいでせうが

又右の品物お送りてくれりの、どうぞお願ひ致

します。

(3) 喜美ちやん湘南アルプスへ行かれたさうで

4

じゃや〱とはお菜の事かね
大変ニ難しい時はよく当るもの
らしいですね
又臨時で流せ来るシーズンになつて
来ますに私
当地は風薫る五月初夏の候となり
折ですね
ピンポンは赤町でも出来るぐらいになりましたが
支那語は不得手（好かず）ですね
が一年位たては何年か経ればよくなるし
思っております
の太鼓で平凡ですね当地は外地は
同じですね
では今日は之れにて失礼します
皆様の御健康と御幸福を祈上げます
正男より
お母様へ

お母さん

昨日も今日も雨で私は非常にすゞしい

梅雨の候としてはめずらしいかも知れない、平凡で単調な

毎日であるが身体だけは健康ですから御心配なく

皆様にも健康で、家庭の方も円満であるそうで

嬉しいと思ひます……

毎日読書とピンポンと支那語の研究をしてゐます

の体を心配はしないのですね 結果にやってし

る精しありませうがあまり頭の好い方や器いもし

思ってゐるがスポーツは実際薬特のよいものですね

汗をかいて身体をふくとすーとしていゝやへすゞし

めらすね 食物等は不自由する様な事はあ

りませんから其の点は御安心下さい 食べ放題ですよ

では今日はこれでさようなら 私の一刻を利用して

現在体八貫大 (モー八時デス)

平井正男より

お母さん病気ありませんか。
夏は特に十分体に気をつけて下さい。
当地も相当暑くなりました。只今、等は寮
勤務がさう大した事はありませんよ
南座の家庭劇どうでしたか。よかったですか。
たまには芝居も好いものですね
僕も道頓堀にいた時は活動を見に行く事し
ありますが暑いのでよしてしまって汗を出し
しかしそうして風呂に入る方の気持がさっぱりす
るでせう。テニスをやってゐます。仲々面白いですよ
「弟ちゃん」足の治し、テニスやってゐますか。
兄ちゃんは去年から相当らしくなったでせうね

僕はまだ止めるだけが精一ぱいですね
ピンポンはまあ一人前に出来ますネ テニスはドライブ
がかけますが又仲々むづかしいですね 直きに腕を乗り
越えるまで弱ってゐます 期待してやれば相
当なものになると思ってゐますが高慢じゃないだろう
スキー 若い夏は暇はあまりないかも知れませんね

章子さん
夏は洋装で忙はつきたがるから弱ってゐるだ
ろう 身体は半時間ばかりの午睡。建康の為めに
好いそうだ
母はいそがしい内あまり返事をすみません
三月の終り頃、又音選が早目程着
しっかり甚中の毎月のお使を取ってゐますい
それで残金は又入れて置いて下さいや
家庭劇如何?大いった事なかったかの?

大陸で御そだつた女性が仲々多いが皆下品な感じだよ。最も好い娘さんは自分等の眼に入らぬ所にゐるせいもあるが働く女性の中には上品な情操的な女性は皆無の様に見受けますね。まだ新来だから断言はしませんがね。又男女共男の人を多少りせゐふ点もあります。やね……

自分より二三人でしても風呂に入りさつぱりしてお茶でも飲めば互に十時過ぎて十一時には就寝するから寂しさも思ふ閑がない割合に充実した生活です。

先づ心配しなくともよい。僕も至て自信満々

の事で一つの宿命を持てゐるから仕方ないと
諦観てゐる
是も御心配なさるな
夏やせも知らず健康には益々自信
を増すばかり
寂しがって感傷的になる何もないし
そんな細いデリケートな男でもなし
心配はいらない
では、皆々様のご健康ご幸福を
祈り上げます

正男より

皆様へ

（代且ノ藤條ヘ返事ヲ出シタ）（浴衣もう要らないでせうね）

お母さん。

御変りありませんか　兄さんも妹も元気ですか　御陰で僕は益々元気です

本日正式に、僕は本部の重要部即ち庶務部に配属を命ぜられました

嬉しいことには皆様の御陰をもつて、数ある中より唯一名です。若年で先任とは少し遠慮したく思ひますが命ぜられた上からは軍人精神を以て自己の職責に出来得る限り頑張る決心です。そうして大使命達成の推進力の一端に即ち捨石になる覚悟です

部内の幹部の人々は皆親切なとても好い人ばかり、感激して居ます。宿舎の中の

第七号室に戦友これも大阪出身者と一緒に二人仲良
く生活しております。間借アパートみたいです。
ストーブの設備もあり、追々寒さに向うことは云へ結
構暑い位でもありません。第一回の送金がありましたら
金、七円は母上が、後三円は章子に、残金は大阪
貯蓄に預金致し上げます。
小使ひは十円程度でいけます。ビールが何本と云ふ
ですが、飯其の他にもわかるでせう。軍隊内ながら
品行も方正に絶体に安心されます。飯其の他
の点、心配なく
では乃乃筆を終ります。
呉々身体を皆様お大切に

正　敏

母上様

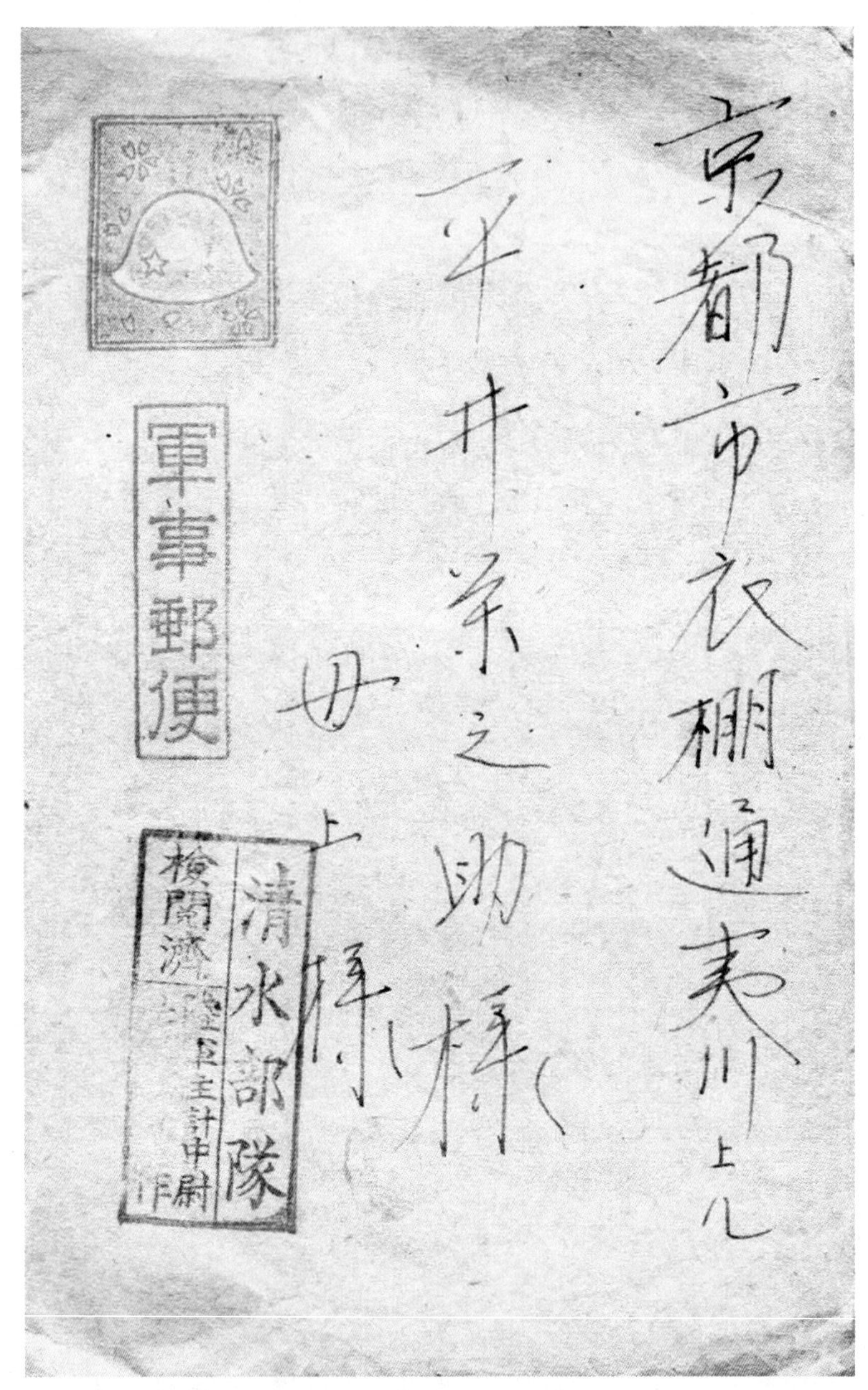
京都市衣棚通夷川上ル
平井榮之助様
母上様
軍事郵便
清水部隊
検閲済
主計中尉

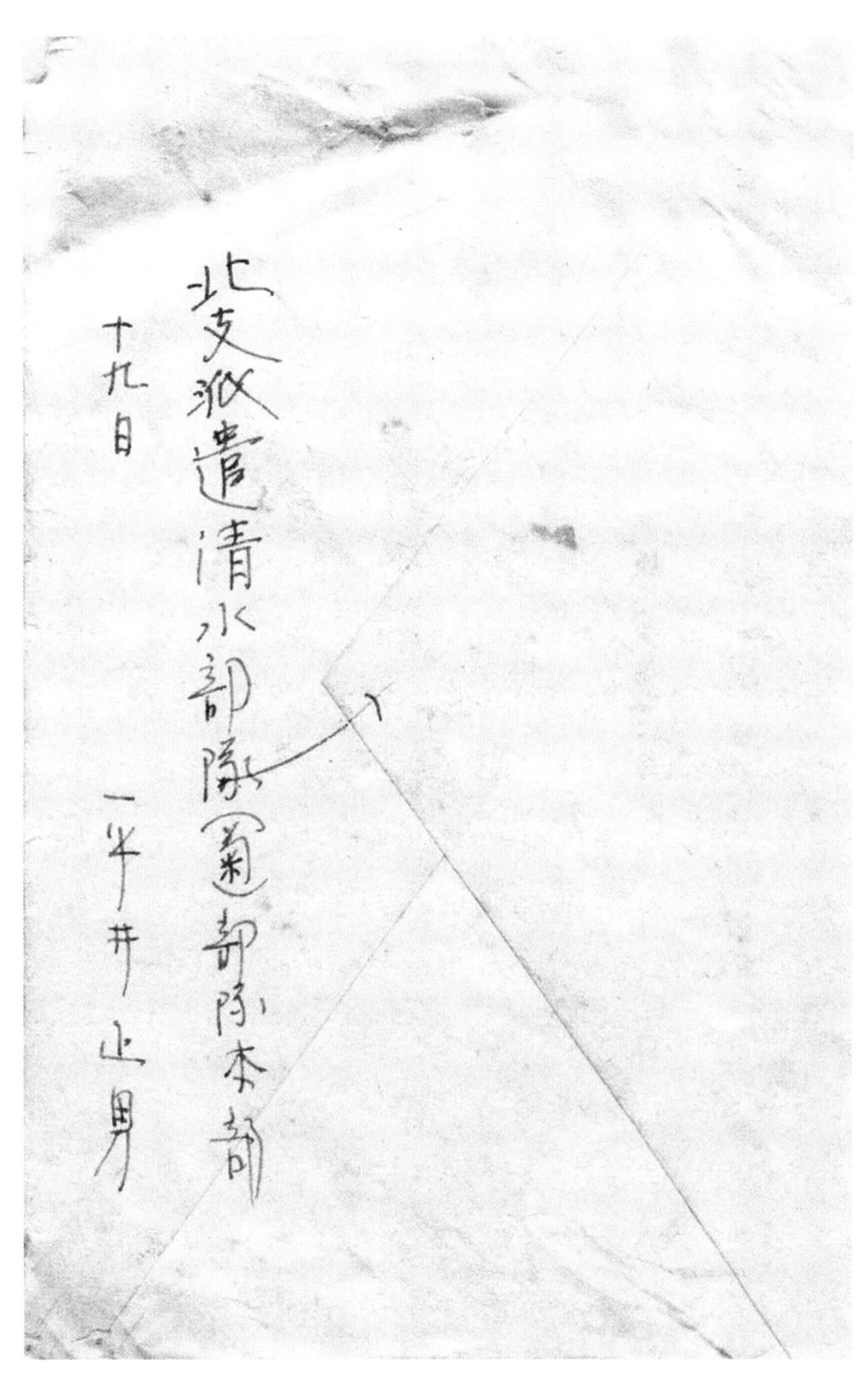
北支派遣清水部隊(菊)部隊本部
十九日
平井正男

茉ちゃん

其の后は如何か 相変らず 謀に通ってゐられるとの由

相当のものだらうと期待してゐます

僕の上(つまり早く来てゐる人(三十三才位だらう)も 昨日は同

僕の様に昇級試験でやられたが 十年程やったとのことで

上手いので同会の諸は敗しいので止めた

(モダンボーイの歌なので 対手を煙にまいたよ)

本部内だからテニスをやってゐる、やってゐる者は数ある

中以から皆上手いね、それ、サーブを止めることも

危い程だから遠慮して見物してゐる

ピンポン程上手にはなってゐたらなしと、練習不足。

残念だった。

来年あたりは切々入って練習させてもらふと考へて

ゐます

まだ 支那語があまりなく これでは 来年仕事が

一人前に出来るようになれば学校へ入って勉強しないと

計畫してゐます
物價は相當高く馬鹿らしくて遊びに行く氣がしない
今年の正月はスケートをする事に定めて明日あたり
靴を買ひにいこうと思ってゐる（二十円位であるとの事だから）
高ければ止めるがあちこち設備がしてあって大いに滑って
ゐるとの事だ（本の初恩なりが）
現在の心境を語るならば僕の取った道は確に賢明だ
新体制下の青年のとるべき道だと誇ってゐる
知らない中にしろ貯金が軍の方で七十五円出来た 実際
忠実にやりさへすれば國家の為めにしなり自分の為め
になる 一時の不孝は後で返せるだろうと確心してゐます
が以上はよいことばかり云ったのだ 喜の反面に苦し
みのある事は実際だ
急務は先ず家庭的の團欒を作ってやらねば
2 軍屬の氣持がすさぶ傾向があるとにらんだ

3

其の方の設備が不完全だ（實用的に人物を作るにはね）
が内地の事を考へれば其の他は優遇されておりますね
贅澤を云へば限りがないが
當今は理想に邁進する決心也 同情一層の
御健康を願ひます では御大事に
之の文も着くには正月になるだらうと
明けまして御芽出たう
舊年中は色々御世話になりました
相變らずよろしく
御願ひします

正男

平井榮（荣）さん様

No.

拝啓

是の間は在満兵士の慰問舞踊あり相当面白ーー

かったとみえても、ぱーーとーーない

の処ーー日本の人といふ人たよりく見たのが珍ーし懐ーーく

感じた。

又慰問袋は、此の戦ーーと、同じのは左京区、林町とーーて

あった劇合に観せなが、緑紋礼状をもーー出しました

変った事はこれだけ。

演習は四五年来、近迄、電話線構成、通信を始め

る。

機械類は、むつかーーしいが又愉快ーー

是の間、第二班の公課で森軍曹班長殿が帰って来られた（ハイヤル）

一千冊を、よばれて何故甲班に落ちたか、知ってゐるがーーとし

同じはせまいのか、お前への公務をするとは知らなかった第二班では

No.

勿論、上等兵、候補者に入ると思っていたのだが
調べした、おまへの手紙、感想文が悪かったのだーだれかし
希望はある人らしく、そんな小さな事を見ずにおるところを
見てやってくれと、班長殿は教官殿に云ってやったそうだ、又見とめられ
たのと、それから後、一週間程したら、二名、幹候生が乙班に通ったの
代りに必ずおまへの用いると入れたろうとの宣明の事だった
事情が判れば何人も云ふ事、自分は感想にかいた勤
になりたいと言いたすぐ、精神的にまずいと、云はされた
が甲班に入られ、再通信の成績が悪かったら何人も
ならず大いに論じ候よ（上等兵は中隊一名ならし）
先ずは勤告まで（サーあせるな吹くし）
京子　御中
六日
父より

英之へ

拝啓。

お手紙ね、内地すばらしい、お茶も

でしょう。

當地もすばらしいと近ごろはいいなつが、柳も

芽を出し、公園の桜が一二本見える

俳句を一句と思つたが出なくなつた。

ピンポン相当なものになつた。支那語は

十三日から始めます。開始、途中の者は五十余名で

一段上に行くが、具合は中途から入つたからう

一層書き物をやつてみる事にした

仕事も手紙をくれてゐない。「御信を無くて

ゐる。ぬかりが、怠りが知らん「ぬ」を信じた

2

事はどんどんやって行く信念が
持ち合せの身体として大層強かった
為にだが余計は一寸した事はない、云ふだけはであるが
野暮な事はしない方針目的が大きいから
と大きく構へてゐるのが実の現はれでし
聞くところによると氏ここ一人、これ常に信備へてゐ
が女性の餘つてゐる現象今
せかずあはてずし好い人冷静に判断して
「しらぶべきですね」
前者の、わた(錬れ)を云ふ事の無き様に
慎重に読んで下さい

が、又、反面より考へれば運命と因縁のあり
ますし、かう行くべき行方の定まりあり
ませうね。
が、之の度の話は仲々好いと思ひますね。ねー、私
気を晴らしますしね。
が、それに見て話さん来りは、誰かは来は判り
ません。が、北白河は好いですね。
が、北白河も廣かつたんですしでせう。
学者仲間は、きつと好い縁談を勧められて、僕は
信じてゐますし、僕よりも好しいでせう。きつと
いふ話印を信じられるんでせうね。
心境好みて。
又此頃ーます—。

失礼します

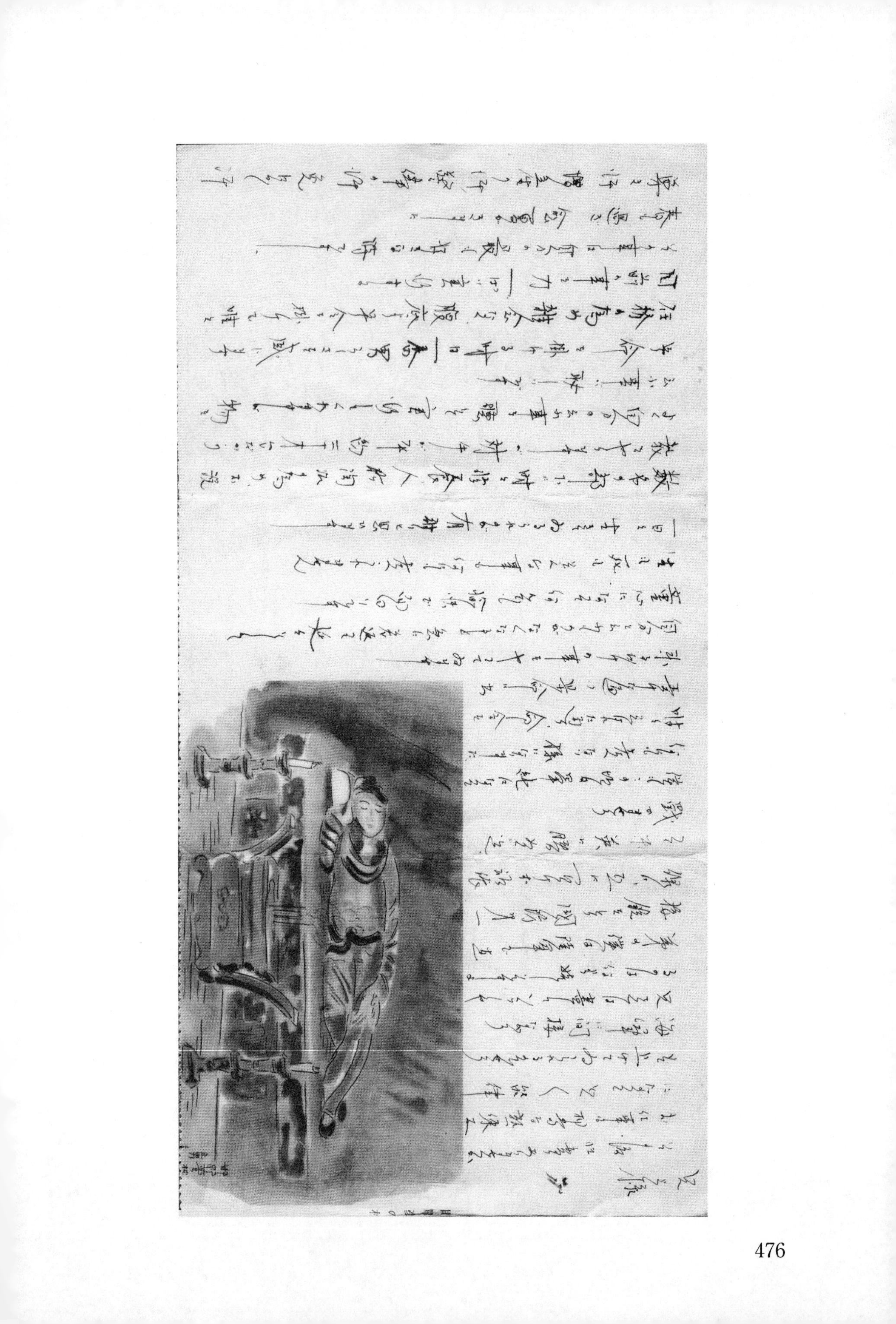

とかく筆は気持のよいものですね
健康者のみが知る喜びでせうか
銃後、戦線の別なく合一共に任務に
限りある身の力を試しませう
何もこれと云ふて書く事もありませんので最近の心
境の一部を書き送ります
では兄上、姉上の御健康、御奮斗を祈上
げます

弟　[illegible]より

兄上殿

章ちゃんへ

今日雑誌及役々受けとつた
毎時ながら有難う、貴女もお務め
で忙しくさぞ気苦労のある事だらうと
お察してゐます
が現代教育を受けた、仲々しつかりして
偉いと常々感心してゐます
一層、無理をせず、親孝行して益々
朗らかに、旅してその修養される事を念ずる、
また祈つてゐます
章ちゃんなら、相当すばらしい人が来るよ
きつと来るよ、信じて待つてゐなさいね
典ちゃんの事を思へば若いし（内緒だよ）
問題じゃないよ。競べものならんよ……
がお寺には云ふなよ
1
人の気を悪くするのは、いけない事だからね

2

お手紙 典子及長おさんより便りを頂いたが此の弟にとても皆嬉んで居られる
人の喜びを聞くだけでもほんとうに嬉しいものだ
典さんは交際関った人だったあちらの
頭痛の種だっただろう
が弟達に名声給の系なのだ
「世の中は禍福喜憂こもごも糾へる縄の
如く廻ってゐるのだ公平なもんだよ」
之の度は誰の番かなし
「そう美ちゃんだね
北白河のとても今村の別嬪さんだって」
上手くいくだろうがさん人な今村大丈

3

大町さん女はとても多くて餘りぬるいんだから
お京ちゃんは立派な人格者になれさうだ
善い教へをしてよい嫁さんの来る事は
確しだ彼人と云ふとすばらしい親孝行だ
がうなし、善行を積んだ上には、又
餘慶のあるものだからな——
「関清」氏は相当中肉だが人好きのする
よい男に入る部だらう。
お何さんと云へし何でないし。その友間、僕よりは
確りしてゐるが、ぬ……
運のよければ相当立派にはなる男だらう、

6

それを買つてやつて……男子と云ふ人なんだから
よい所はどうかと思つてね 悪いかつたが
積善をしたが
上手く いつてくれたらよいが 悪くなれば致し
方なしだし
か 天の神に任かせましよう
ば 今日はこれにて 君に感謝して筆
を取つて居ります
益健せずよう良之になる様に
且そして絶えず祈つてゐます
父

No.

拜啓

今日は演習で兵舎から一里餘り曠漠たる荒地で歩兵、戦車、連合の演習をするらしいのです

風が吹くと、すーっと雲が散って行きます。

~~内地の~~雲が風で海の波のさゞなみの様に見えます

はだの、とても細い砂糖の様な雲で水氣はありません。云ふまでもなく寒い事は

勿論冷たいですね

赤い夕陽がとても美しいものです。太陽の様な、まん
まるい、でっかくもっと大きい大陸の日常でら
沙原、荒地、廣い曠野にぽつりと近い合あら
附近に樹木ひとつも無い。また、夕陽も沈んでしまう真っ暗
衛兵、陣地が見えぬ草原、遥か、思へば彼の有名な
馬占山氏我が皇国軍に敵し難く一度逃げ
去ってこもり、再び抗せし附近なり。戦
闘、長くて来たりし今の闘い、農民の苦難が減

No.

お部屋の家は十軒餘が並でこしらへたのであります

まあ土人見苦しい小屋のありまし、豚は皆黒いのには

驚きますね 白いと思ってゐたのに犬は

とても大きく、黒いのです 猫は珍しいと思ひます

今日は石濱看護、二附き添ひで病中石原叔父下

引越しました外へある所が清いですか 收

其の中大宮さんと逢って面会しません

わたし夕陽の景はとても好きです

No.

知ト様、鳥にはかへりません。少しえみし汗が出る
じつとして居ますと体足が冷たくなります。夜
備が出来て居るからどうもなかつた。
当地は仲々塵が降りませんであまり積り
ません、道には殆ど無く、両側に七八寸
さくさくの塵があるだけです。けれども
ぬかないじぶんはして、風で、塵の様に有
ちつと行きますと、備人は出来なくなります

No.

地理に良き土人なし 又困わる事なり。

これも人間かと思へば不思議なくらいなり

二月あれば一ヶ月半に行けるとの事なり

それを思へば我が日本は恵まれし有難き身にしみ

ます 留守中は故に母様健康注意揮して父母を

子供と一緒に頑張りて安心させよ

元気でしきりさらば 父八郎

夜中三時書く 廣康にて書く

拝啓

小春陽きますに、遠足と言ふ事ですね

御小物拝受致しました

皆様無事で何より嬉しいです

御少額へ志様に差入れて置きますによう

届いた時分でせう

毎月の弐拾円は弐拾円です

当地も春が

やまも春が大いに張切って居ます

おかあさんも若ります大いに運動して益

健康になりますように、

皆様の健康を祈ります。

今日は之れにて

.36.

拝啓、酷寒骨をさす零下二十餘度の世安鎮に於いて無事教練で日を過してゐます。先ず御安心下さい。小生はせき一つした事はありません。至って大丈夫です。訓練も相當なものですが内務は左程激しい事はないとの事です。(昨年の二年兵殿の話では自分等の班に於いては毎日しばかれたとの事)自分等はあまりしばかれた事はありません。學課で毎日必ず一、二回は教官殿に習ってゐます。今日は第二回の中隊長殿の軍人勅諭の訓話がありました

二度目より教官殿(陸軍歩兵特務曹長大隅菊治殿)へ一度礼状を、挨拶状を上手に書いて下さい。そうして貰へば皆もやってゐる事ですから。それに班長殿(陸軍歩兵軍曹藤森一義殿)内務班長殿(伊藤政夫伍長殿)へもお願ひ

No.

しますし、皆のやつて居る事はしよく判りが得らせん。
軍人らしく書いて下さい。帰郷します。
今日は一月九日、昨日の一日陸軍始めで観兵式があ
りました。中々、寒くて弱りました。相当見事でした
世安鎮の所も面白いです。絵葉書も一度送
り致します。
お母さんもどうか帰心配なく大いに張って訓練
しておりますから何卒安心下さい。室内は暑いですが外へ
て弱ることあります。
妹達もよろしくよく勉強する様にして二月程した
ら又面会出来ませ一寸帰郷では。

No.

（五七八 矢野宛）

拝復。お手紙（矢野教授の萬年筆へ）どうも有難う
よく書けるね。今度休みの中会堂横で書いてゐる
のが、黒の吹付け別に変つた、筆は何より古いが
新教官殿。關（堂華炎義）へお手紙と足貴殿
おせ、伸びの元気な方が、何にを話してゐるかさつ
ぱり解らない。咄す課の時間眠たくて弱る。一番恐いのは
夜も眠むるね。ところが実際何と来る
嬉しい酒宴が、要らない何十石の空の曠野で
夜も昼も朝も、又寄席、伏見が所候

富士

No.

よ、たまらないね。エンジン色糸のしやツ、軍衣、外套
とだけね。外は（雨合羽）冷たいよ。足袋見たいな
霜焼けにならない様に一ぱいんで防偏だから
甘い果物は有りは安心よ。の冷たいね。気分冷たさ大
れて通信もしないと、風邪をひくよ
寒くて、はげしい痛みは内部からくるとせる。頭は
ずーっと寒くなる、すつかり凍り根がふさぐ
帽子か床と銃は室内に一つ持って入る。一ぺんに
水がはる。外で素手で金具に触れば、ひふ引っついて離れな

富士

OS

No.

ない、そうな隙が取れるのである。

是の点は又団結がぬけるし、実際出かかりた時課の若いす

分隊の人と方針が違ふのである。体力の状態を（軍隊のシンダンの結果決定）甘

く見る。実は内心は、保護兵が、つまり弱い

方の人間、脚気（かっけ）等したら是の方が十五人の中五六人居

る。今日は背嚢に外套をつけ、中が毛布を一枚入れて

五六里の行軍、保護兵は毛布を、入れずによいと

云はれた。大分楽だ。九州も夜では[illegible]る。

途中、斥候動作で五六町走る。雪の中

冨士

OS

道の雪も、深い所は一尺程、雪の積もってあるだろう。夫れが、敵の突撃には前に剣を着居なけりゃ、ようやく帰隊し、又演習が十時半、飯を喰が一時より又演習が四時終る。五時三十分飯を喰ったのが六時、夜間演習は夜の時一ぱいせ、靴の金具は恐ろしい。其時は八時、夜は九時、八時より演習終る。間々に二年兵殿の寝台洗ふ、同じかは勿論先程掃除、班長殿の用事洗濯、自分は体力如何なるかふらふらになって来て居りますが、参りました。ますます骨折ります。

No.

兵隊が改良するものか上等兵になるのか、内務によく「きばる」と
聞くは世が改良されるが、まあ現在では今の話では普通ぐらい
だと云はれてゐる、悲観だね、敵の大人しいと、之れは大
変な事になるからね、一度の内は寝る時間も所も寝
ます中途で起きてね、情けなくなるか、これで二等兵らしくな
れない様な事だ、ぐずぐずしてたね
まあ、上等兵ぐらいならなれるか、余り一寸なの、上等兵らがよ
勿論、自分は一選抜り上等兵、伍勤さ、ならなければ
自分の精に上げるゐる、一郎の戦友は殆ど上等兵

郎々伍勤

富士

OS

No.

新しい先生が出来ず地の利宜しいが
校長の交代も出来ず妻の健康の理由には一二番に見とめられてゐる
木下周信はある。体操的にも之れは見とめられたは機会が
四郎氏はあっても営は仕方無い
二年生学級の先生は出来ず好転が見られる。宮本氏より
告示もしてある伝氏に直接するとの事
伊坂から？桐寿のよいらしいのあるが
敬宜様に礼状、挨拶状を出してくださいよ
田上先生によろしく身体に気を付け保養しなさい
喜多さんによろしく福見さんにも。有難う
不渡番に此方から　今は三千円　貯金 6000 5000 1800 したよ

富山

春が来ました
野にも山にも街にも
昔の建物の中の学校がよくなりました
学校が今日から始まりました。今日は新
しい人達も出席されて今年の盛況
で果して何時まで続けてゆくのが何人かな？
僕は此の一度初等科で十分発音を練
習するつもりです
それでないと支那人においても中々通りませんからね
困ります　日本語の支那語ではね
知らずに花は咲き始めます　柳は芽を
吹き始めます

2.

僕は元氣でしごく朗らかにやつてゐます
皆様には變りなく何よりです
近所にも菓子屋が出来てあられや色々
香ばしい饅頭を賣つてゐます段々賑やかに
なつて行くでせう

◎それから私の鼠色の帽子ありましたかね
あれば小さく畳んでもよいから送つて頂きたい
安すものだから折れてもどうしても送つて安心して
送れるとも思ひます
なければない事を返事頼みます
貴地で一つぐらい買つてもよいのです
今日は之れで さようなら
別に何も書く事もありませんのでね

No 1

そよそよと吹き来る風も次第に暖か味を加へ早朝よりさへずる雲雀の声も麗らかに聞へ青々と成長する麦

自然は最早春めいて参りました

御一同様には御機嫌麗しくお暮し遊ばされる御事と御推察申します

先日御赤誠による慰問品戴き銃後皆様の御厚情に感謝感激に堪へません

早速感激に満ちたら銃執る手もしばし打忘れ戦友と分けたら美味しい祖国の味に舌鼓を打ち懐しき追憶の、戦ひ話や故郷の想ひ出を語りたらゆつくりと外泊でも帰る様な気持で戴きました

戦場にて常に粗食をしてゐる自分等どんなにか美味しかつた事でしやう

No 2

ここに謹んで衷心より厚く御禮申します 降りて不肖
私上陸次来幾度かの戦中に武運あつてか死線を越へ
益々元気旺盛聖戦目的に微力乍らも御奉公致して居り
ますれば何卒御安心下さい
戦火尚續く戦場も自然は変化なく春が刻一刻と深まつ
て参りました
地平線迄打續く麦は長き氷眠より目覚め好天候に
恵まれながら勢よく成長して参り亦彼處此處に點々と
して菜種が咲き亂れ壮大なる自然の美觀に唯うつとりと
されます
こちらは内地の様に梅や櫻もなく春の觀賞も唯名もなき
雑草にて味へねばなりません
此のお便りがお手許に届きます頃は円山の櫻も咲き亂

No 3

れ行楽の人々で満ち溢れ 亦名高き都踊も始まつて
京洛の春も一入更けて行く事と推察致して居ります
赤き夕日が地平線の彼方遠く今静かに没せんとする時 田
園の寂寞に何時しか心は故郷に走り望郷の念禁じ
堪はざるものが御座いますが先駆者の尊血今尚をかがやかさ
る此の地に於ても多々くまに消へて張切颯爽として
軍務に精励致し居ります
一日の激務も終へて更け行く夜をちら／＼と燃え上る
ランプやローソクの光に読書に談話に打ち興ずる時
こそ つわもの共の最大のオアシスです
内地も新体制下にて奢侈品は禁示せられ日用品の統
制など承る時 銃後皆様方の不自由を偲び誠に
御苦労の事と存じます

No4

而しこれも神より与へられる試錬であり、戦場に居る者も銃後に居る者も一億一心此の困難を突破せねばなりませんね

どうか貴女も銃後の女性として雄々しく邁進せられます様に　私も生ちの続く限り聖戦完遂に一層奮闘致しますれば今後共宜敷御声援の程お願い申します

唯ペンが走るがまゝに要文を書連ねあしからず御許下さい

では時候柄御自愛御自重の程お祈致しますと共に乱筆失礼乍ら御礼申します

二月十三日

藤枝　忠一郎

平井章子様

御机下へ

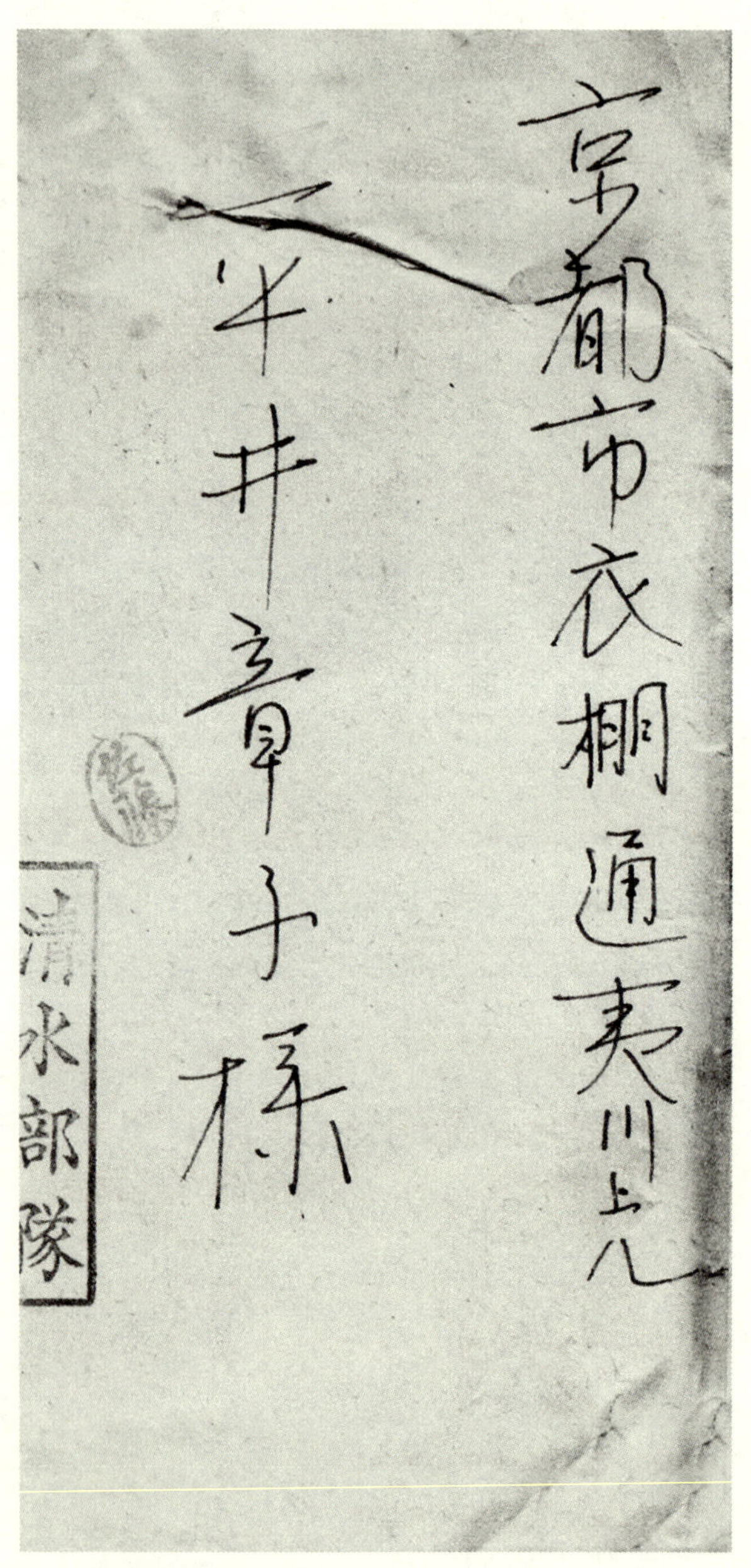
京都市衣棚通夷川上ル

半井章子様

清水部隊

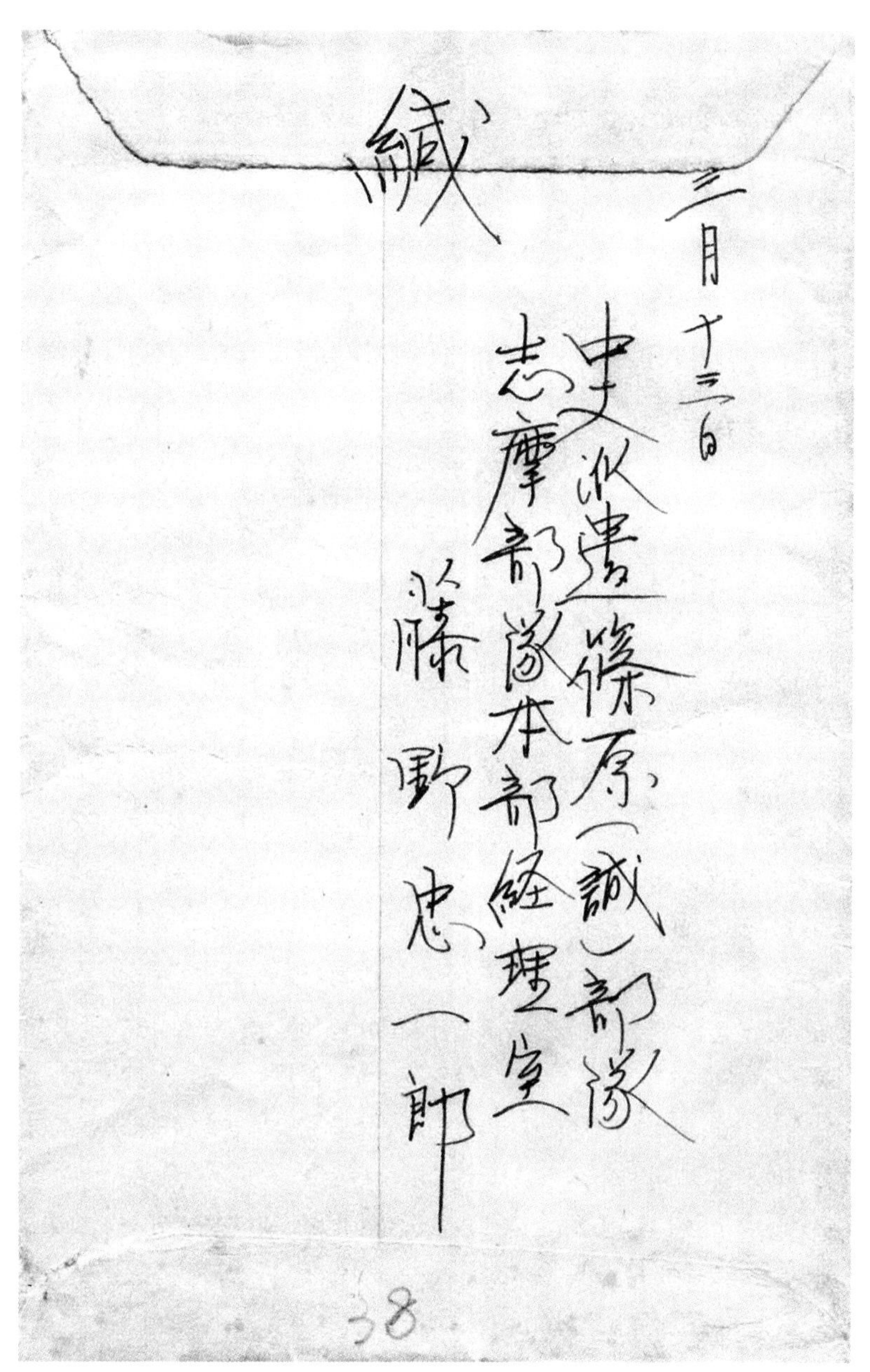

緘

三月十二日

中支派遣篠原(誠)部隊
志摩部隊本部経理室
藤野忠一郎

38

拝啓 光輝ある皇紀二千六百年の新春を迎へ今は
厳寒身に沁む二月の中旬と相成りました
誠に久しく御無音に打過ぎ不精の段不悪御容赦下さい
くの如く今迄は初年兵の身として又自分の性格とお便り差上
す暇なく其の段どうか御許し願ひたくさうらん事を御願ひ致します
偖貴殿には御家族御一同様御元気ですか私も入営以来一ヶ年有
余厳しく軍律を身にたゝき上げられたので今では多少兵隊らしく成る様
に成りました省みまするに過去一ヶ年間余を振返って見ま
すると其の間幾多の討伐に参加するを得中には相当の激戦あるを
事が出来ました而して宜昌作戦末期には不図も病魔に
冒され約二ヶ月の病院生活もしましたと云ふその、未だ元気にて居る事
人、実に皆様の蔭乍ら銃後援護の賜と思ひ深く感謝致して居
ります。

No. 2

今は○○○の警備は殆ど支那側に移して居ります故
他事ながら法設会として
備へ当地の様なものを述べて見る事は致しませぬ
事変以来未満四ヶ月蘇政権は漸次壊滅の兆し而政権は次
第に勃興して居りますと云ふ事を然しながら蘇方に属する軍隊を
少なく無く未だ相当の軍団は城下各地に駐在致して居り
ます。然し之等を殲滅する為に各方面並大陸の労力では
ありません。要は之等が如何なる訳で軍隊は共産力の味方に来は
於地に来ては何れも聴いて初めて分り得る事であります。
又我々が内地に居りますが時々帰還兵を見ました時は
当時の人々はあゝと思って感服致しましたもの、それ以上の
軍事も余り考へませんでしたが一旦肩にかかる今日要は帰
還するのを見て又思って無量な感じのことをつくづく考へかへ

No. 3

ところを得ません　耕地は如何程豊饒なものであります。然し
たら如何様な事は耕地を来て初めて知る事でありますから
此の様な事はさておき、自分等の居る村の又附近の住
民を今は全く独々な惜れまして居るも土を耕作を求めて
非常な面白いものであります。然し實験を流して来た如く此の無は
非常な枯娘が少く此の事に付いて申し述べる事はありません
住民として非常な繁殖素朴な風をなし又何分交通の不便な場所
故断る物不売買するを嫌いて行くのでありますから非
常な生産が縮小であります。又土地柄は一輪車がありまして物を
載せて押して歩く姿は實に滑稽であります。
陸変りまして現地の様子も非常な変化した様であり
ますが物價統制とか禁止令とかで非常な制限された様で
又隣組等が出来て非常な不平不遂なる道徳の由であります

No. 4

が、当方は職業の方は陰ながらやりよく、あった事と思ひます。それを以来
遂ひの為ならば一寸辛い事でせう。
清文如何ですか。さう身を固められた事でせうか。去年〔…〕
さんの便りに依れば未だとの事でありましたが、良い人があれ
ば御知らせあらん事を御願ひ致します。
又妹様も御機嫌よくして居られますか。
種々究文を述べまして失礼致しました。何卒御身体大切
に願ひます。益々御一家の御繁栄を御祈り致します。
御姉様御母上様にもよろしく　敬具

四月拾六日

靖武

中井七郎様

拝啓
時下晩秋の頃と相成りました。長い間御無沙汰致
しましたが、皆々様一同には何のお変りも有りません
すか。尋ね致しますが小生も元気で軍務精励致
して居ります。某日〇〇縣錢っ目かの入城をしまし
た。翌日は戦勝祝賀の為紅白の菓子一組スルメ
一枚酒少々等頂き久し振りのお馳走に戦友一同
大喜びでした。此処へ来てから今は滞在致して
居りますが南京だよりの唄の如く豚の丸焼もかなり
食べました。野菜が無いのでまずいまずいもこしらい
て食べて居ります。此処は内地と等じ位の
気候の暖さですが夜中明方はさすがの寒さです。
今年の冬仕事は如何ですか。忙しいですか。
六大学野球の成績は如何ですか。平安が

優勝したのですから早慶明も勝ってほしいですね。又變ったニュースが有りましたらお知らせ下さい。戰地では國への便りが一番の楽しみですよ。二三日前二月ぶりで便りをようやく受取りもらひました。なかなか自分の手に便りがあたりません。此の中旬頃、ある川を渡る時朝日映畫ニュース班でしたが車輛を支那馬で引いて行く兵隊が寫っておりますから、僕等戰友だと思って下さい。自分が川の中程を渡っている時に寫したと戰友が話しておりました。戰車と一緒に寫っているかもわかりません。書生の件お出でに成りましたらよろしくお傳へ下さい。金助君にお願ひ致します。先づは時節柄皆々様のお体大切に。又お暇が有りましたら又手紙を下さい。

敬具

2.2.7

御手紙戴きまして有難う御座居ました
覚兄様には其の後何のお変もなくお暮しとの事何より
嬉しく喜んで居ります。其の上に恵人も来年生まれました
さぞお目出度うありのまゝのコノミ、キでよわれましたね
扨て何より驚いた事に御主人様に其の後あまり良く、
ほうに行かず一時悪化されたその事何より心配致して
居ります。其の上福之様にあんなに元気で有りまし
た人が病床に付かれた由に二度、再び驚かされました
何より経過よくおいゝ良好に成られる由で一寸は
安心致しましたが御主人様にお[illegible]が過る様に成ら
れた由に此の上にも御養生にお気付き成されて一日も
早く全快なされます事を神様にお祈り致します、
覚兄様には看護に一生懸命に戦地に居ります私
の合間でもおたのみ致します。日夜看護に付かれて

居られます貴兄様にもお身大切に御自愛下さい、
お知らせの写真は送らないで下さい、受取りないかも
わかりません故又手に入る様だし多々お知らせ致します
先々御主人様楠之様の一日も早くなほられます事
貴兄様の無事でお暮しの程をお祈り致して居ります、

後藤政雄

六月二日、

栄之助様

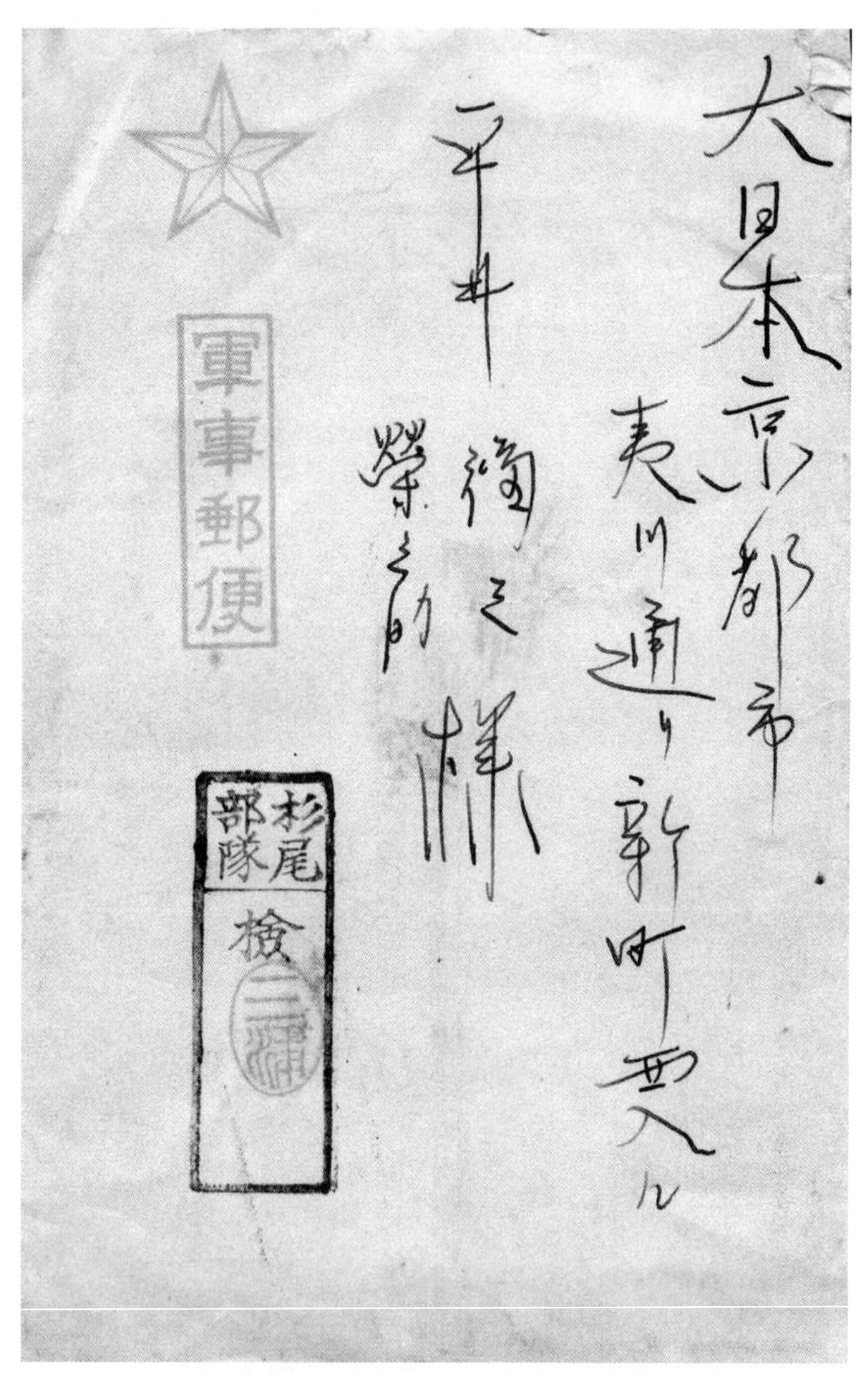
大日本京都市
軍事郵便
杉尾部隊
検

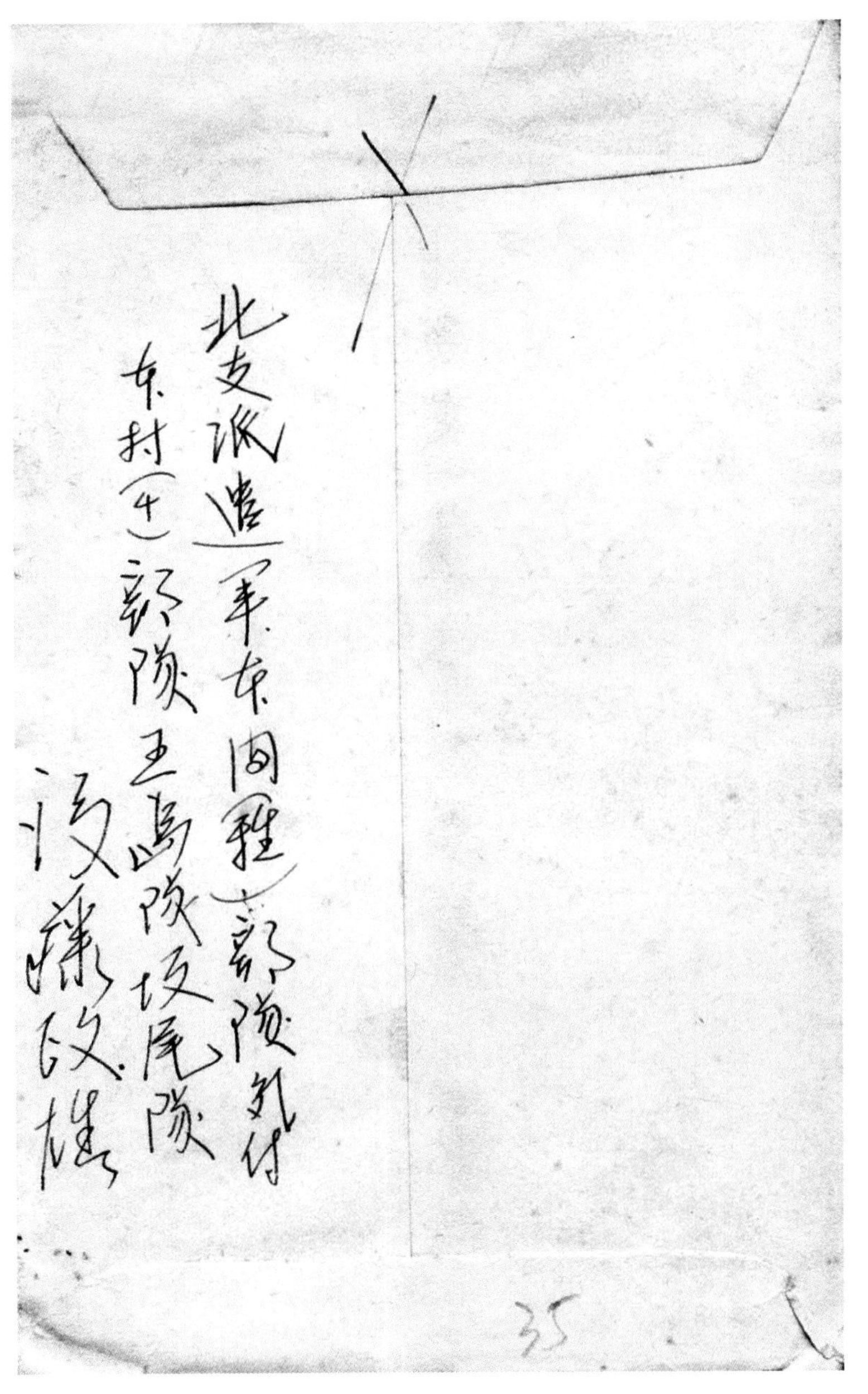

北支派遣軍東内(独)部隊気付
東村(4)部隊王島隊坂尾隊
後藤政雄

35